会计主管

建制、建账、记账、核算、管理

从入门到精通

（第 2 版）

平准　杨彬　编著

人民邮电出版社

北京

图书在版编目（CIP）数据

会计主管建制、建账、记账、核算、管理从入门到精通 / 平准，杨彬编著. -- 2版. -- 北京：人民邮电出版社，2019.12
ISBN 978-7-115-52286-3

Ⅰ. ①会… Ⅱ. ①平… ②杨… Ⅲ. ①会计学 Ⅳ. ①F230

中国版本图书馆CIP数据核字(2019)第228867号

内 容 提 要

在会计行业中，许多会计工作者都把成为会计主管作为自己的职业目标。为了帮助会计工作者更有效地完成自己的职业规划，并在达成目标后不断进步，我们特地编写了本书。

本书从会计主管的实际工作要求出发，分别从了解会计行业，建账与记账，会计核算，筹划与管理四个部分展开论述，不仅对会计机构设置、人员配备和素质要求进行了具体介绍，还对会计基础工作的相关内容进行了详细解读，最后从管理角度对会计工作进行了细致剖析，内容翔实，贴近实务，通俗易懂。

本书对会计知识进行了详细解读，同时列举了大量实务案例，集中体现了对会计主管工作的具体要求，适合广大期待成为会计主管，以及想在会计岗位上更好地实现自我价值的会计工作者学习阅读。

◆ 编　著　平　准　杨　彬
　　责任编辑　李士振
　　责任印制　周昇亮

◆ 人民邮电出版社出版发行　　北京市丰台区成寿寺路 11 号
　　邮编　100164　　电子邮件　315@ptpress.com.cn
　　网址　http://www.ptpress.com.cn
　　天津翔远印刷有限公司印刷

◆ 开本：700×1000　1/16
　　印张：20.5　　　　　　　　　　2019 年 12 月第 2 版
　　字数：398 千字　　　　　　　　2019 年 12 月天津第 1 次印刷

定价：79.80 元

读者服务热线：(010)81055296　印装质量热线：(010)81055316
反盗版热线：(010)81055315
广告经营许可证：京东工商广登字 20170147 号

前言/PREFACE

会计主管——企业的中坚力量，会计工作者期待的职业目标之一，他（她）是企业会计工作不可或缺的组织者、管理者和领导者。正确地认识会计主管的工作，做好会计职业规划，是会计工作者顺利实现职业目标的最重要的准备。为了帮助会计工作者更有效地完成自己的职业规划，掌握完备的会计知识，成为一个合格的管理者，我们特地编写了此书，以期能为广大会计工作者的职业发展提供帮助。

本书主要内容

在日常会计工作中，会计主管不但面临着各种专业性问题的挑战，同时也需要掌握一定的管理技巧。本书主要针对这两个方面的问题提供切实可行的解决方案，主要内容如下。

第一部分（第 1 章至第 4 章），介绍了会计主管的职业发展道路、会计主管的权限与职责、会计机构的设置与会计人员的配备、会计人员的选拔与任用等内容。

第二部分（第 5 章至第 9 章），介绍了记账的规则与方法、会计凭证的编制、会计账簿的登录、财务报告的编制和会计电算化的建立等内容，为会计记账工作的具体操作奠定了基础。

第三部分（第 10 章至第 13 章），主要讲述了资产类、负债类、所有者权益类，以及收入、费用和利润业务的具体账务处理等内容，是会计工作者日常会计核算过程中需要掌握的核心内容。

第四部分（第 14 章至第 15 章），主要围绕企业内控制度的建立、企业预算与财务预测两个方面展开论述，着眼于会计工作者的职业规划，将会计这项管理服务升华为一门艺术。

本书主要特色

特色一：针对性强，条理清晰。本书从会计主管的角度出发，为想成为会计主管的读者量身打造了适合其职业成长的内容。不同章节之间划分清晰，有助于会计初学者清晰地了解会计主管的主要工作内容和具体工作要求。

特色二：内容翔实，贴近实务。在讲述理论知识的同时，列举实务案例，更加注重实务操作的指导，实现二者的有效结合，使读者从了解会计主管的主要工作内容跃升到掌握实务工作的操作要点。

特色三：讲解细致，通俗易懂。从"如何成为一名会计主管"到"会计主管应该如何做"，本书详细地讲解了这一过程所涵盖的内容。此外，本书在会计核算方面，涉及了企业日常会计核算的大部分内容，条理清晰，语言简练易懂。

本书适合读者

本书体系完整，内容全面，并与最新的会计、税收法规保持了同步。阅读、学习本书，将带给读者相关的专业知识。

企业会计管理人员：掌握企业会计部门日常的工作流程、工作重点以及工作要求。帮助企业会计管理人员解决会计主管"做什么""如何做""怎样才能做好"的问题。

初入职场的会计新人：掌握企业会计部门的主要工作内容及要求。

大中专院校的会计专业学生：了解会计工作的基本知识。

本书撰写团队

本书由平准老师及其团队编写而成，具体参与编写的有陈家玲（中央财经大学）、马蓉（中国财政科学研究院）、姚敏（中国财政科学研究院）、普艳阳（中国财政科学研究院）、胥彤（中央财经大学）、王婷（中央财经大学）。

本书自首版问世以来，因其讲解透彻、贴近实务而深受广大读者的欢迎。为了适应国家新法规的要求，我们对本书进行了全面的修订，本次修订内容主要体现在以下 3 个方面：

第一，依据 2018 年颁布的《〈企业会计准则第 14 号——收入〉应用指南2018》的要求，对与收入确认相关的内容进行了重新编写。

第二，依据 2019 年 4 月 1 日起开始执行的增值税新税率，对相关内容进行了修订与重新计算。

第三，依据会计实务的新变化，对相关的实务案例进行了修订与补充。

在本书编写过程中，我们参考了相关的教材和资料，对相关专家的观点加以借鉴，在此谨向这些专家学者致以诚挚的谢意！

由于作者水平有限加之时间仓促，书中难免存在不足乃至疏漏之处，恳请读者批评指正。

编者

目录 / CONTENTS

第一部分　会计机构与会计人员

第1章
十年辛苦不寻常——会计主管是怎样炼成的

1.1　会计主管管什么 ……………… 1

1.1.1　我为会计主管正名 ………… 1

1.1.2　会计机构负责人、总会计师与财务总监三者的关系 ………………… 3

1.1.3　德才兼备，会计主管应具备的基本素质 ………………………… 3

1.1.4　能写会算懂管理，会计主管应具备的基本工作能力 ……………… 5

1.1.5　谁才能当会计主管 …………… 6

1.2　如何晋升为会计主管 ………… 7

1.2.1　玫瑰与荆棘，影响会计主管职业规划的因素 ……………………… 7

1.2.2　职业规划，会计主管的"登天梯" … 9

1.2.3　砥砺前行，会计主管的晋升秘诀 … 10

第2章
各就其位，各司其职——会计主管的权限与职责

2.1　为谁辛苦为谁忙，会计主管的职责 … 12

2.1.1　我的地盘我做主，会计主管的职责 ……………………………… 12

2.1.2　不越雷池一步，会计主管的岗位权限 …………………………… 13

2.1.3　做好"看家人" ……………… 14

2.2　移动互联网时代，会计主管有什么不同 ………………………………… 16

2.2.1　大数据的冲击，会计主管面临的挑战 ………………………… 16

2.2.2　与时俱进，会计主管应树立的新观念 ………………………… 18

2.2.3　信息化时代会计主管的职能 …… 20

第3章
排兵布阵——会计机构的设置和会计人员配备

3.1　搭好架子用好兵，会计机构的设置 … 22

3.1.1　因地制宜，合理匹配，设置会计机构的基本规定 ………………… 22

3.1.2　为业务服务，设置会计机构的基本要求 ……………………… 23

3.1.3　不设置会计机构，只配备会计人员的要求 …………………… 24

3.1.4　财务外包，实行代理记账的要求 … 24

3.2　会计工作岗位的设置及职责划分 … 26

3.2.1　分工协作，互相监督，设置会计工作岗位的原则 ………………… 26

3.2.2　要设多少会计岗位 …………… 28

3.2.3　各司其职，主要会计岗位的职责 … 28

3.2.4　会计人员回避制度 …………… 32

第 4 章
招兵买马——财务人员的选拔与任用

4.1 选用什么样的兵，会计人员的基本要求 ············· 33

4.1.1 要你来，干什么 ············· 33

4.1.2 会计人员应具备的素质 ············· 34

4.1.3 初级、中级、高级，各个会计职称的基本条件与基本职责 ············· 35

4.1.4 有才更要有德，会计人员应具备的职业道德 ············· 37

4.2 "分手"也要讲规矩，会计人员的工作交接 ············· 38

4.2.1 哪些事情要交代，会计工作交接的范围 ············· 38

4.2.2 一步一步来，办理会计工作交接的基本程序 ············· 38

4.2.3 走了就没事了吗，会计工作交接人员的责任承担 ············· 40

4.3 哪些事，碰不得，会计人员的法律责任及法律对会计人员的保护 ············· 41

4.3.1 违反会计制度规定应当承担法律责任的行为 ············· 41

4.3.2 违反会计制度规定行为应当承担的法律责任 ············· 42

4.3.3 其他违反会计法律制度规定的行为及其应当承担的法律责任 ············· 43

第二部分　建账与记账

第 5 章
不立规矩，何成方圆——记账的规则与方法

5.1 复式记账法，一个伟大的发明 ············· 45

5.1.1 从单式到复式 ············· 45

5.1.2 一项业务记两笔，复式记账法的特点 ············· 46

5.1.3 复式记账法的"成名之作"，借贷记账法 ············· 46

5.2 借贷记账法的具体规定 ············· 47

5.2.1 借贷记账法记账符号与账户结构 ············· 47

5.2.2 借贷记账法的记账规则 ············· 50

5.2.3 会计分录 ············· 51

5.2.4 借贷记账法的试算平衡 ············· 54

5.3 总分类账户与明细分类账户的平行登记 ············· 55

第 6 章
把好第一关——会计凭证的编制

6.1 记账要有凭据，认识会计凭证 ············· 57

6.1.1 会计凭证有哪些 ············· 57

6.1.2 会计凭证的分类 ············· 58

6.1.3 一定要规范，会计凭证的书写要求 ············· 58

6.2 了解原始凭证 ············· 60

6.2.1 原始凭证的类别 ············· 60

6.2.2 原始凭证的填制内容 ············· 62

6.2.3 原始凭证的填制 ············· 62

6.2.4 真实第一位，原始凭证的审核 ············· 64

6.2.5 我来试试看，几种常用原始凭证填制举例 ············· 65

6.3 记账凭证 ············· 69

6.3.1 记账凭证必备的内容 ············· 69

6.3.2 记账凭证的类别 ············· 69

6.3.3 填制记账凭证的要求·············70

6.3.4 记账凭证的审核·················72

6.3.5 常用记账凭证填制举例·········73

6.4 会计凭证的保管 77

6.4.1 会计凭证的传递·················77

6.4.2 会计凭证的保管·················78

第7章
分门别类，一丝不苟——会计账簿的登录

7.1 会计账簿的设置 80

7.1.1 会计账簿的基本构成···········80

7.1.2 总账的设置······················81

7.1.3 日记账的设置···················82

7.1.4 明细分类账簿的设置··········85

7.1.5 会计账簿的启用················87

7.2 会计账簿的登记 88

7.2.1 登记会计账簿的要求··········88

7.2.2 总账的登记······················90

7.2.3 明细账的登记···················94

7.2.4 日记账的登记···················94

7.3 对账和结账 96

7.3.1 对账·······························96

7.3.2 结账·······························97

7.4 登记错误的更正 99

7.4.1 会计记录错误···················99

7.4.2 会计记录错误查找的方法·····100

7.4.3 会计记录错误的更正方法·····103

第8章
提纲挈领，高屋建瓴——财务报告的编制

8.1 认识财务报告 107

8.1.1 什么是财务报告···············107

8.1.2 财务报告的种类···············108

8.1.3 财务报告的编报要求——财务报表列报的基本要求·················109

8.1.4 财务报告的编报要求——财务报表的具体编制要求·················111

8.2 资产负债表 113

8.2.1 什么是资产负债表············113

8.2.2 资产负债表的内容············114

8.2.3 资产负债表的结构············115

8.2.4 资产负债表的编制············117

8.3 利润表 123

8.3.1 什么是利润表··················123

8.3.2 利润表的内容··················123

8.3.3 利润表的格式··················124

8.3.4 利润表的编制··················125

8.4 现金流量表 127

8.4.1 现金流量与现金流量表······127

8.4.2 现金流量表的结构和内容···128

8.4.3 现金流量表的编制············130

第9章
让企业拥有数字神经——会计电算化的建立

9.1 认识会计电算化 133

9.1.1 什么是会计电算化············133

9.1.2 常用的会计软件有哪些功能模块···134

9.1.3 会计电算化账务处理的一般要求···136

9.2 实施会计电算化 136

9.2.1 怎样建立会计电算化内部管理制度··················136

9.2.2 企业实行会计电算化的准备工作···137

9.2.3 如何选择适用的会计软件·····138

9.2.4 会计电算化账务处理的流程···140

9.2.5 如何进行报表定义············141

第三部分　会计核算

第 10 章
物尽其流、财尽其用——资产类业务的账务处理

10.1　货币资金业务的账务处理 ·········· 144

10.1.1　库存现金的账务处理 ··········· 144

10.1.2　银行存款的账务处理 ··········· 147

10.1.3　其他货币资金的账务处理 ········· 149

10.2　应收账款的账务处理 ··········· 153

10.2.1　应收账款价值的确定 ··········· 153

10.2.2　应收账款的账务处理 ··········· 153

10.2.3　坏账损失的账务处理 ··········· 154

10.3　应收票据的账务处理 ··········· 157

10.3.1　应收票据的含义与内容 ········· 157

10.3.2　应收票据的初始计量 ··········· 157

10.3.3　商业汇票的利息计算 ··········· 158

10.3.4　应收票据的账务处理 ··········· 158

10.4　其他应收款的账务处理 ········· 161

10.4.1　其他应收款的内容 ············· 161

10.4.2　其他应收款的账务处理 ········· 162

10.5　交易性金融资产的账务处理 ····· 163

10.5.1　交易性金融资产账务处理的相关科目
　　　　 ····································· 164

10.5.2　取得交易性金融资产的账务处理
　　　　 ····································· 164

10.5.3　交易性金融资产的现金股利和利息
　　　　的账务处理 ····················· 165

10.5.4　交易性金融资产的期末计量的账务
　　　　处理 ····························· 166

10.5.5　处置交易性金融资产的账务处理
　　　　 ····································· 167

10.6　存货业务的账务处理 ··········· 168

10.6.1　存货的种类 ····················· 168

10.6.2　存货的确认条件与范围 ········· 169

10.6.3　存货的计价方法 ··············· 169

10.6.4　原材料相关业务的账务处理 ····· 171

10.6.5　存货清查的账务处理 ··········· 179

10.7　长期股权投资的账务处理 ······· 181

10.7.1　长期股权投资的账务处理方法 ··· 181

10.7.2　采用成本法核算的长期股权投资
　　　　 ····································· 182

10.7.3　采用权益法核算的长期股权投资
　　　　 ····································· 185

10.7.4　长期股权投资减值的账务处理 ··· 188

10.8　固定资产的账务处理 ··········· 188

10.8.1　固定资产的分类 ··············· 189

10.8.2　固定资产的初始计量 ··········· 189

10.8.3　取得固定资产的账务处理 ······· 190

10.8.4　固定资产折旧的账务处理 ······· 192

10.8.5　固定资产的处置 ··············· 197

10.8.6　固定资产的后续支出 ··········· 201

10.9　无形资产相关业务的账务处理 ···· 203

10.9.1　无形资产的概念和特征 ········· 203

10.9.2　无形资产的确认 ··············· 204

10.9.3　无形资产的构成 ··············· 204

10.9.4　无形资产的账务处理 ··········· 206

10.9.5　其他资产业务的账务处理 ······· 209

第 11 章
学会使用财务杠杆——负债类业务的账务处理

11.1　应付账款的账务处理 ··········· 211

11.1.1　应付账款的确认与计量 ········· 211

11.1.2 应付账款的账务处理 ……………212

11.2 应付票据的账务处理 ……………213

11.2.1 应付票据的概念 ……………213

11.2.2 应付票据的账务处理 ……………214

11.3 其他应付款的账务处理 ……………215

11.3.1 其他应付款的概念 ……………215

11.3.2 其他应付款的账务处理 ……………216

11.4 应付职工薪酬的账务处理 ……………216

11.4.1 企业职工薪酬的确认与计量原则 …
…………217

11.4.2 应付职工薪酬的账务处理 ……………218

11.5 短期借款的账务处理 ……………221

11.5.1 科目设置 ……………221

11.5.2 利息处理 ……………221

11.6 应交税费的账务处理 ……………223

11.6.1 应交增值税 ……………223

11.6.2 应交消费税 ……………229

11.6.3 其他应交税费 ……………232

11.7 长期借款的账务处理 ……………236

11.7.1 长期借款的科目设置 ……………236

11.7.2 借款费用的处理 ……………237

11.7.3 账务处理 ……………238

第 12 章
管好企业的家底——所有者权益
类业务的账务处理

12.1 所有者权益概述 ……………239

12.1.1 所有者权益的含义 ……………240

12.1.2 所有者权益和负债的联系和区别 …
…………240

12.2 实收资本的账务处理 ……………241

12.2.1 接受现金资产投资 ……………241

12.2.2 接受非现金资产投资 ……………242

12.2.3 实收资本（或股本）的增减变动 …
…………245

12.3 资本公积 ……………248

12.3.1 资本溢价（或股本溢价）的核算 …
…………248

12.3.2 其他资本公积的核算 ……………250

12.3.3 资本公积转增资本的核算 ……………250

12.4 留存收益 ……………251

12.4.1 利润分配 ……………251

12.4.2 盈余公积 ……………252

第 13 章
合理划分，正确匹配——收入、
费用和利润业务的账务处理

13.1 收入的账务处理 ……………255

13.1.1 收入的特点与分类 ……………255

13.1.2 收入的确认与计量 ……………257

13.1.3 科目设置 ……………259

13.1.4 销售商品收入的账务处理 ……………260

13.1.5 其他业务收入的账务处理 ……………263

13.2 费用的账务处理 ……………264

13.2.1 费用的特征和分类 ……………264

13.2.2 费用的确认 ……………265

13.2.3 期间费用的账务处理 ……………266

13.3 政府补助 ……………267

13.3.1 政府补助的概念和特征 ……………267

13.3.2 政府补助的主要形式 ……………268

13.3.3 与资产相关的政府补助 ……………268

13.3.4 与收益相关的政府补助 ……………270

13.3.5 与资产和收益均相关的政府补助 …
…………272

13.4 利润的账务处理 ……………274

13.4.1 利润的构成 ……………274

13.4.2　科目设置 ································275

13.4.3　营业外收入和营业外支出的账务处理

　　　　 ································276

13.4.4　所得税费用的账务处理 ·······277

13.4.5　本年利润的账务处理 ···········278

13.5　利润分配的账务处理 ···········280

13.5.1　利润分配的内容 ··················280

13.5.2　利润分配的账务处理方法 ·······280

第四部分　筹划与管理

第 14 章
为财务安全建立防火墙——企业内控制度的建立

14.1　认识内部控制制度 ···········282

14.2　具体业务的内部控制制度 ···283

14.2.1　如何建立货币资金内部控制 ·····283

14.2.2　如何建立采购业务内部会计控制

　　　　 ································285

14.2.3　如何建立销售与收款内部控制 ···287

14.2.4　如何建立仓储管理内部控制 ···288

14.2.5　如何建立固定资产内部控制 ···289

14.2.6　如何建立成本与费用内部控制 ···291

14.2.7　如何建立筹资管理内部控制 ···292

14.2.8　如何建立投资管理内部控制 ···292

第 15 章
高瞻远瞩,统筹规划——企业预算与财务预测

15.1　财务预测 ························294

15.1.1　认识财务预测 ·····················294

15.1.2　财务预测的基本原则和基本步骤

　　　　 ································295

15.1.3　财务预测的主要方法 ···········296

15.2　如何完善财务预算 ···········301

15.2.1　企业财务预算的基本要求 ·······301

15.2.2　全面预算体系 ·····················301

15.2.3　财务预算的编制 ··················303

15.2.4　利润表和资产负债表预算的编制

　　　　 ································312

15.2.5　弹性预算 ··························314

第一部分　会计机构与会计人员

第1章
十年辛苦不寻常——会计主管是怎样炼成的

本章概览

　　主管，是一个令人钦羡的职位，一定意义上也是事业有成的标志；会计主管则是会计工作者期待的目标之一，是企业会计工作不可或缺的组织者、管理者。针对如何赢得这一职位，更好地实现自己的价值，本章将为你提供以下的思路：

　　（1）认识会计主管这一职位，了解会计主管所应当具备的基本素质、能力，打造"软实力"，提升"硬实力"；

　　（2）"凡事预则立"，做好会计职业规划，为顺利实现目标设计方案。

1.1　会计主管管什么

1.1.1　我为会计主管正名

　　要追求会计主管这一可遇亦可求的职业目标，我们首先必须对"何为会计主管"有清醒、准确的认识，并由此决定、调整自身的努力方向。会计主管首先是"主管"，对"何为主管"阐释得最为准确、完整的莫过于被称为"主管人的主管"的莫里斯·洛代克的表述，即"在任何结构、形态和产业的一切机构里，一个拥有自己所辖的下属，同时向更高一级管理者负责，并通过贯彻、传达、计划和实施调动、指导和控制员工来完成整个组织目标的管理者就是主管"，它概括出了会计主管承上启下的地位，管理、组织的职能以及实现其职能的方式、手段。对于主管的一般要求便是对于会计主管的基本要求。

由于现实生活具有多样性，不同企业（或其他经济实体）的"会计主管"一职有不同的表现形式，但总体而言，"会计主管"指的是单位（企业或其他经济实体）会计、财务工作的组织者、管理者，既包括一般意义上作为各单位会计、财务工作的具体领导者和组织者的会计机构负责人（会计主管人员）及会计主管，也包括具有更高会计与财务管理职权的总会计师及财务总监。

1. 会计机构负责人（会计主管人员）

会计机构负责人（会计主管人员）是在一个单位内具体负责会计工作的中层领导人员，其在单位负责人的领导下，具体组织、管理本单位的会计工作并对所有会计工作负责。在中小型企、事业单位中，会计核算与财务管理一般不会分为两个职能部门，而是以会计活动为中心来划分内部职责的，此时，会计机构负责人兼有"会计主管"之职权，既是"账房先生"，又是"理财专家"。

2. 会计主管

一些大中型企、事业单位将会计核算与财务管理职能分离，分别设置会计机构与财务机构，会计机构负责人主要负责指导、开展会计机构中的会计核算工作，为内外部会计信息使用者提供合法、公允的会计信息；财务机构则专司筹资、投资、利润分配，组织资金运作等理财之职，而财务主管便主要负责监管资本的运作，包括资本的获取、运营和支配，履行理财之职。

3. 总会计师

总会计师是全面主管本单位财务会计工作的行政副职，不是一种专业技术职务，而是一种行政职务，在单位负责人领导下，主管经济核算和财务会计工作。《中华人民共和国会计法》（以下简称"《会计法》"）第36条规定："国有的和国有资产占控股地位或者主导地位的大、中型企业必须设置总会计师。总会计师的任职资格、任免程序、职责权限由国务院规定。"根据《总会计师条例》的有关规定，总会计师协助单位主要行政领导全面负责财务会计管理和经济核算，参与单位的重大经营活动，直接对单位主要行政领导负责。凡是设置总会计师的单位，不应当再设置与总会计师职责重叠的行政副职。

4. 财务总监

财务总监制度起源于西方国家，在所有者与经营者分离的企业制度下，企业所有者从维护自身利益的需要出发，由董事会聘任财务总监，代表所有者对企业经营者的行为实施必要的监督制约。因此，财务总监是由企业的所有者决定，体现所有者意志并负责对企业的财务、会计活动进行全面监督与管理的高级管理人员。

在实践中，财务总监有两种具体形式：委派制中的财务总监和现代企业中的财务总监，前者指政府（或集团公司）以资产所有者的身份，由政府部门（或集团公司）委派，对委派单位负责，后者则由董事会聘任。在我国，由财政部代表中央政府对中直企业派出财务总监，各省财政厅代表省级政府向所属大、中型企业派出财务总监，行使对国有企业财务活动的监督职能，就属于委派制。

1.1.2　会计机构负责人、总会计师与财务总监三者的关系

在小规模的企业里也许只设置会计机构负责人即可满足工作需要；而在一些股份有限公司，除设置会计机构负责人之外，通常要设置更高级别的财会管理人员，如财务总监或总会计师；而为确保国有资本保值增值，加强对财务工作的领导，国家立法要求大型的国有企业必须设置总会计师，同时国有资产管理部门也可向其派出财务总监。那么，这三者之间究竟是什么关系呢？

总体来说，总会计师是会计管理系统的总负责人；会计机构负责人则是会计管理系统中核心部位的负责人；财务总监主要代表所有者对会计机构负责人所开展的以及总会计师所领导的财会工作进行监督。总会计师、财务总监较会计机构负责人，具有行政级别更高、工作内容更多、管辖范围更广等特点。三者的基本关系如图 1-1 所示。

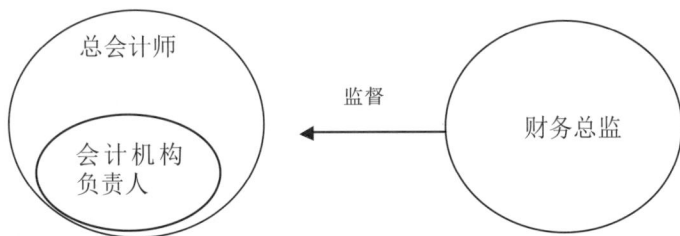

图 1-1　会计机构负责人、总会计师、财务总监的基本关系

1.1.3　德才兼备，会计主管应具备的基本素质

要成为一个成功的、优秀的会计主管需要具备良好的素质，只有在日常生

活中注重自我提升、自我修炼的人，才可能胜任这一职位。会计主管应具备以下基本素质。

1. 政治素质

会计主管并不仅仅是会计工作人员，良好的政治素质是其在工作中、生活中明辨是非并在需要时做出正确决定或抉择的思想保障。会计主管政治素质的总要求是：坚持真理、实事求是、富有正义感和爱国精神、树立正确的人生观、价值观等。

2. 道德品质

道德是一个人得以安身立命的根本，会计主管在从业生涯中需要具备高度的职业良心；廉洁自律、诚实守信、坚持原则、秉公办事，做到"心地无私天地宽"。

3. 知识素质

合理的知识结构体系是优秀会计主管必须具备的一项基本素质，保证其正确理解、判断并卓有成效地组织工作。会计主管必须牢牢掌握三方面的知识：一是包括法律在内的较为均衡的文化知识；二是比较丰富、先进的现代管理科学、决策科学和领导科学的方法体系；三是从根本上说，要具备善于学习的基本素质。

4. 业务素质

财务会计工作是企业管理的核心，具有很强的专业技术性，而且会计理论、会计知识都在不断快速更新，为了适应会计工作发展的需要和做好本职工作的要求，会计主管应具备更高的专业知识、技术水平和业务素质。现代企业的会计主管往往是协助公司最高管理人员运筹帷幄的重要智囊和"理财专家"，扎实的专业知识是制定科学的、有效的工作方案，提供正确财务建议，出色完成工作所必须具备的最基本的素质。因此，会计主管应熟练掌握财务会计、财务管理等相关知识，主动更新专业知识，跟踪本学科发展，并具有丰富的工作经验和学识，还要熟悉各项财经法纪，遵纪守法。

5. 有悟性、有理性、有韧性

悟性就是要求会计主管有迅速接受信息并做出正确判断的能力，要能从纷繁复杂的现象、数据资料中把握本质，迅速做出正确判断。

　　理性就是做结论要建立在对事物客观全面判断的基础之上，实事求是。会计主管在工作中应做到尊重客观规律，保持头脑清醒，切忌主观臆断。

　　韧性是在任何工作中做出成绩所必不可少的素质。会计主管面临诸多复杂的问题需要处理，只有具备顽强的意志、稳定的情绪和坚韧的毅力，才能在经营管理中克服困难，避免失误。

1.1.4　能写会算懂管理，会计主管应具备的基本工作能力

　　在以相对完美的素质打底子的基础上，还要培养较强的工作能力，否则，只能做"漂亮的观赏植物"，而不能发挥实际的作用。看一看，你的工作能力是否做好了准备呢？

1. 协调沟通能力

　　企业的财会部门是掌握企业资金流向的重要部门，其管理活动涉及企业内部的各个方面、各个部门，是各方利益的根本所在，因而也易成为企业管理中矛盾的焦点，作为财会部门的会计（财务）主管往往处于矛盾的交织中，工作环境并不轻松，既要满足各方的正当利益需要，又要恰当地行使自己应有的财务监督权，因此，会计主管具备良好的协调沟通能力，善于组织、善于沟通、善于处理各方利益冲突，成了其游刃有余地处理好工作问题必不可少的基本能力。

2. 管理能力

　　会计主管在企、事业等单位中同时扮演管理者和被管理者两种角色，因而，锻炼自己的管理能力，如掌握适当的管理方法，提高管理水平，加强人力资源管理等便成为通向会计主管之路的必然要求。

3. 表达能力

　　正确地表达自己的思想，是正确处理好工作中不论是涉及专业问题还是涉及人际关系方面的问题所必须具备的能力。良好的语言表达能力有助于主管树立自身的良好形象，正确解决纷争，提升部门凝聚力。主管尤其要注意的是提高自己面对一个群体时，从容不迫、充分展示自己观点和才能的即席表达能力。如果对自己能否达到这一要求心存疑虑，那么，开始练习吧！就是现在！世上没有天生的演说家，练习多了，你会欣喜地发现：魅力四射的演讲，你也能做到！

4.分析能力

良好的财务分析能够为企业正确决策提供依据，从而保证企业增加获利。可见，会计主管要真正发挥参与决策的作用，成为企业的高级"理财专家"，必须具备较强的分析能力，特别是财务报表分析能力及对各种经济信息的分析能力，前者可将大量的报表数据转换成对特定决策有用的信息，以减少决策的不确定性，同时还需要后者，即详细调查和研究经济、行业等各种相关信息的能力。因此，会计主管必须具备全面分析能力，在掌握详尽、全面信息的基础上，借助其敏锐的洞察力和较强的逻辑思维能力，对信息做出综合、可靠的分析。

1.1.5 谁才能当会计主管

我国法律对于成为会计主管人员设定了必要的门槛，《会计法》第38条规定："担任单位会计机构负责人（会计主管人员）的，应当具备会计师以上专业技术职务资格或者从事会计工作三年以上经历。"这里所说的"会计主管人员"不等同于本书所指的"会计主管"，而是指较小规模的企、事业单位中没有设立独立的会计机构而专门配备的负责组织管理会计事务、行使会计机构负责人职权的管理人员。

此外，我国现行有关法规为完善会计机构负责人（会计主管人员）任职资格和条件做出了相对具体的要求，根据《会计基础工作规范》第7条规定，会计机构负责人、会计主管人员应当具备以下基本条件。

（1）坚持原则，廉洁奉公；

（2）具备会计师以上专业技术职务资格或者从事会计工作三年以上；

（3）熟悉国家财经法律、法规、规章和方针、政策，掌握本行业业务管理的有关知识；

（4）有较强的组织能力；

（5）身体状况能够适应本职工作的要求。

1.2　如何晋升为会计主管

1.2.1　玫瑰与荆棘，影响会计主管职业规划的因素

所谓职业规划（Career Planning）是一个人制定职业目标、确定实现目标的手段的不断发展过程。职业规划有助于人们认清自己的人生目标，从而确定并实现与人生目标密切相关的职业目标，对于更好地实现自我价值有着不可忽视的重要作用。同时，由于社会环境、工作环境、个人能力都处于不断变化中，职业规划也是一个动态的过程，它有助于人们面对已经变化的个人需求及工作需求进行适当的调整，从而达到最佳的职业状态。对于想要成为会计主管的人而言，为自己进行一次职业规划是完全必要的。

同其他行业的职业规划一样，会计工作人员在筹划自己通往会计主管这一职业目标时，需要认识和考虑影响人的职业观念的三项基本因素：人生经历、自我考量和职业环境。

1. 人生经历

职业规划不可能脱离自身的人生经历，也不可能偏离对自身人生价值的期许。在进行职业规划时必须以此作为基础和出发点。职业规划可以起始于一个人生阶段，但是由于年龄、发展的机会、社会的期许等因素的不同，在各个人生阶段的职业规划也必然有相应的差异，即使同一个职业规划也需要在不同的人生阶段进行适当的调整。人生的基本阶段划分如图 1-2 所示。

第一阶段是个性形成阶段。这一阶段的年龄一般在 10 岁到 24 岁。该阶段中，个人逐渐形成自己

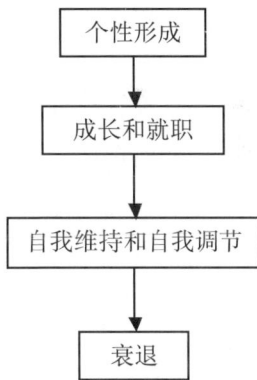

图 1-2　人生的基本阶段划分

的个性并开始探索职业的选择。这一时期的职业规划一般来说具有很大的不确定性、被动性、模糊性，如果是有意识进行的，则具有试探性，是难能可贵的。

第二阶段是成长和就职的阶段，这一阶段往往从 24 岁持续到 31 岁。在该阶段进行的职业规划往往开始具有自己的判断、兴趣、有目的的选择，既与自己的个性有一定关联，又有对于将来职业发展的期望，能够形成相对成熟的职业规划，而且，可以为以后的职业发展奠定坚实的基础或者发掘自身更多方面

的潜能和尝试更多职业的可能性。

第三阶段是自我维持和自我调节阶段，一般能持续到 45 岁或更长远。在这一阶段，人的各方面能力发展到高峰，对自我和环境的认识及评价、对于人生价值的认定都达到了最佳状态，这一时期的职业规划是对前一阶段职业生涯的总结、深化和谋求更大发展。

第四阶段为衰退期，一般从 60 岁开始，自身的身体机能衰退，知识技能以及学习能力已不能适应正常的职业需要，很多人将选择退休。

会计工作人员或者有志于从事会计工作并期望晋升到会计主管职务的人在进行职业规划时，不妨先认清自己所处的时间阶段，做出最适合自己的职业发展规划。

2. 自我考量

职业是人们实现自我价值的最重要的介质之一，而每个人的能力、性格、志趣、经历等均不相同。只有找到真正契合自身能力、志趣等因素的职业才有助于充分发挥自身的潜能，从而更好地实现自我价值，获得成就感。因此，在进行职业规划时，必须进行自我考量，也即进行公正的自我评价。

这种自我评价除了对自己能力、性格、志趣等进行客观公正的考量之外，还需要了解所期望从事的职业对于这些因素的要求和二者的契合度，也就是说要考评自我特性及自我特性对潜在工作的适应度。要做出符合实际的自我评价，应当注意评价的客观性，一方面不回避自身缺点或是妄自菲薄，另一方面要符合时代的要求和具体情况的变化，例如对于工作技能的要求可能会随着社会发展的要求而有适当的变化。

以下针对会计工作需要给出一个"自我评估表"作为参考，如表 1-1 所示。

表 1-1　自我评估表

技能	弱点	需改进之处	优势
1. 口头表达：在个人或集体场合下，有效地表达观点的能力			
2. 文字书写：简明无误的书写能力			
3. 管理：让个人或团队服从你的安排并按照你的观点行动的能力			
4. 协调沟通：把握他人意图及事物本质，协调矛盾、沟通意见从而解决人际问题的能力			

技能	弱点	需改进之处	优势
5. 分析：根据掌握的信息做出判断的能力			
6. 承受压力：在压力下工作的能力			
7. 计划与组织：为别人和自己计划行动过程、并获得结果的能力			
8. 解决问题：鉴别原因，分析问题及提出可靠的解决办法的能力			
9. 决断：做出合理决定及愿意采取行动的能力			
10. 时间管理：为实现计划而有效利用工作时间的能力			

除了对自身能力的评价外，意欲成为会计主管的人还应当充分考虑自己的性格和志趣，例如是否有管理他人的愿望、是否重视自主等。

3. 职业环境

影响职业规划的另一个非常重要的因素是个人所面临的环境，包括组织外部的社会环境和组织内部环境。环境变化的可能性应成为个人职业规划需要考虑的重要因素。

1.2.2　职业规划，会计主管的"登天梯"

职业规划的作用就在于确立自己在职业发展方面的前进方向，因此，必须慎重地做好第一步，要反问自己"我想从事什么样的职业？想在这一职业道路上达到什么目标？5年后我想干什么？10年后甚至更久之后呢？"一旦确定了自己的事业目标，就要进一步做出明确的规划，在日后的工作中按照既定的规划进行，并不断审视它们，纠正自己可能偏离既定轨道的情形；当然，也不排除根据实际情况的变化而做适时调整。

然而，不论如何，为使目标和规划显得更为具体和明确，最好是把它们变成能看得见的图表，列明你所能想到的有用的各相关事项，并将其作为今后工作进程的依据，并提供调整的基础。形象地说，一张完善的职业规划表就是帮助你走到目的地的"旅行指南"，它把通向最后目标途中的所有中转站都列了出来，当你偏离目标时，它可将你引回正确的轨道上来，更重要的是，你还可以根据需要列出在这些路途中和中转站你所需要做好的种种准备，以便更好地到达目的地并能心情愉快地享受过程。下面，将为你提供一个可以参考的简单的职业规划表，如表1-2所示。你可以发挥你的才智，制定出更实用、更完善的职业规划表，相信它能够在你的职业生涯中助你一臂之力。

表1-2 职业规划表

职称	初级		中级	高级	
职位	会计员	主管会计	会计主管	总会计师	财务总监
实现目标年份					
所要拥有的知识储备					
所要具备的基本素质					
所要具备的工作、社交等能力					
实现情况及目标进程调整					
其他（需要做出的说明、补充等）					

你可以根据本书前文所介绍的会计主管的素质要求、能力要求等在这张表中列出明确的自我培养和自我提高的具体要求，也可以根据自己对自身的期望做出相应的补充，这样，你就可以明确自己距离目标还有多远以及还需要提高自己哪些方面的能力等。"实现情况及目标进程调整"一栏可以帮助你在升职受阻的情况下正确认识客观现实，适时做出调整，并寻求更好的发展，避免进一步受到不良影响。

1.2.3 砥砺前行，会计主管的晋升秘诀

1. 了解单位的晋升制度，调整努力方向

单位的晋升制度是单位员工求取升职的阶梯，只有了解阶梯的结构、各种门槛等，才能明确自身努力的具体内容、侧重点和方式，更有针对性地制定出发展规划并依此付诸行动，一步步实现自己的目标。一般来说，单位的晋升制度若以公司为代表有以下几种：

（1）选举晋升。以一小部分人选出某人的晋升，人际关系的因素较大；

（2）学历晋升。领导深信，学历高的下属会为公司带来更大的利益；

（3）交叉晋升。是指由一个部门升职到另一个部门；

（4）超越晋升。是指由于贡献特大，从而获得较大幅度的提升。

以上所述，是带有普遍性的大多数公司中的晋升制度，一般并不采用单一的某一种方式，而是"博采众长"、互为补充。对于有志于从事更高职位工作的人而言，其必须充分了解本单位具体的晋升制度，然后对照自身的优势和劣势，制定出合理的晋升方案。

2. 认清自身的能力与客观环境，善于捕捉各种可能的晋升机遇

众所周知，一个人的成功除了知识、能力之外还需要有良好的机遇。在职业晋升中，只有那些善于把握机遇的人才能够顺利地达到自己的目标。在这里，"善于把握"包括了在机遇或是看似机遇的时机来临时，要审时度势，积极把握或是暂时退而求其次，韬光养晦，积蓄力量。因为，机遇往往只青睐有准备的人，只有对自己和环境有一个客观公正的评价，才能够对机遇的降临与否做出正确的判断，避免在自己并没有充足能量储备时贸然出手，既耽误了自身能力的积累也可能错过某些恰当的时机，从而保证在真正属于自己的机遇来临时能够及时把握。

3. 适当显示自己的才华和抱负

自古能当大任者无一不是既有才能又有抱负的人，对于会计主管的筛选必然要求其具有财会方面较高的才华并具有从事管理工作的才能与抱负。在充满竞争的现代企业管理中，只有适当显示出自己的才华，才能够得到领导、同事的认可，才能在必要时被委以重任。

4. 正确面对挫折和失意

挫折和失意是人生中不可避免的经历，对于会计工作者而言，在升职过程中可能遇到的种种不如意，请不必在意。一方面，我们应认识到它的不可避免性，同时应当认真分析挫折的缘由，找出问题的症结，避免以后出现类似的问题；另一方面，我们应当乐观地认识到"祸兮，福之所倚"，充分认识到它可能给自己带来的锻炼机会，若想经得起工作中的种种考验，决不应回避困难与挫折，而应勇敢面对，正确看待其有价值的一面并迅速提升自己的能力，从而为以后的发展积蓄力量。

第**2**章

各就其位，各司其职——会计主管的权限与职责

本章概览

　　会计主管的职位代表的不仅仅是地位，更多的应当是责任。一名成功的会计主管必须牢牢把握这一点，正确行使自己的职权，承担自己应负的责任，在企业的财务管理和经营决策活动中勇于担当。本章将为以下问题做出解答：

　　（1）会计主管的职责是什么？

　　（2）会计主管是如何进行会计监督和检查的？

　　（3）会计主管如何应对信息化时代面临的挑战？

2.1　为谁辛苦为谁忙，会计主管的职责

2.1.1　我的地盘我做主，会计主管的职责

　　财会机构是一个单位内组织领导和从事财会事务的职能部门，会计主管作为该部门的负责人，其主要职责就是全面组织和领导本部门人员从事各项财会工作，组织日常的会计核算和监督及处理各项财务活动。会计主管的职责权限，一般由单位根据有关的法律、法规和自身的具体情况确定，各单位具体机构的设置不同，为会计主管设定的职责权限也不尽相同，但基于会计和财务活动的特点，会计主管的职责都不会偏离以下几个方面。

　　（1）组织会计核算、会计监督职能。

　　（2）制定并贯彻落实企业内部财会规章制度、会计岗位责任制的职能。

（3）组织财务预测，参与经营决策、督促生产经营职能。

（4）筹集资金职能。按照有关规定，积极从不同渠道、采取不同方式筹集资金，编制集资的长期规划和短期计划，并办理集资申报、注册和验证等手续，力促其实现。

（5）组织管理企业日常财务会计活动的职能。按期编制各种长短期负债的偿债计划，开展全面预算管理，严格控制财务收支，建立现金和各种银行存款的内部控制制度，经常检查货币资金收支和管理情况；按国家有关规定严格审查应缴税金、应交利润和其他应交款项，督促有关岗位办理转交手续；定期或不定期地向企业和董事会、监事会汇报企业财务状况和经营成果，提报企业财务评价；及时向有关方面报送会计报表，认真审查对外报出的会计报表和其他会计资料等。

（6）组织财产清查的职能。按有关规定，建立财产清查制度，定期组织有关部门共同进行财产清查工作，并促使有关部门不断完善管理制度，改进管理方法。

（7）协调各种财务关系的职能。为企业理顺与政府、所有者、往来单位、企业内部各部门等各种重要的财务关系，营造团结、融洽的良好经营氛围。

（8）负责财会部门人力资源管理的职责。如组织企业会计工作人员学习政治理论、业务技术、企业财务制度、会计制度、现代工业会计的理论和方法，学习现代经济管理知识，不断提高会计工作人员的能力，以适应市场经济发展的需要。

2.1.2　不越雷池一步，会计主管的岗位权限

权利和责任往往相辅相成，只有拥有相应的权利才能更好地履行职责。具体来说，会计主管的基本权限主要有：

（1）有权检查各级人员执行财务纪律情况，并制止违纪行为，对违纪行为提出意见；

（2）对违反财经纪律的收支，有权拒收、拒签、拒付，并有权向有关部门举报；

（3）有权对指使、强令编造、篡改财务会计报告的行为进行制止和纠正。制止和纠正无效的，有权向有关部门报告，请求处理；

（4）有权对财产物资保管状况、现金管理和各种账册进行检查；

（5）有权对本部门人员选配和奖惩提出建议；

（6）有权参加有关的生产经营会议，并提出相应的建议、方案；

（7）有权参与生产定额、资金定额的制订、修改，并提出建议。

除此之外，随着我国与国际的接轨，对于会计主管权限的设置有了一些新的变化，例如有的单位的会计主管对公司各财务部门有稽核权，有权审核国内公司各项费用和开支的合理、合法性等。

2.1.3 做好"看家人"

会计监督是会计主管的主要工作内容和职责所在，《会计法》第5条规定："会计机构、会计人员依照本法规定进行会计核算，实行会计监督"，要更好地履行这一职责，需要做到以下几点。

1. 对银行存款的监督检查

对银行存款的监督检查主要针对银行存款使用和管理中存在的丢失和逾期收不回支票、签发空头或远期支票、未达账项长期得不到消除及各种票据存款不及时结账等问题。

首先，应监督检查本单位支票及各种票据领用登记簿是否建立完备，记载事项是否齐全（支票填写日期、号码、金额、用途、领用部门及领用人签字、付款报销或退回后注销登记、作废的支票与原存根粘在一起装订等）。

其次，应每日向出纳人员了解银行存款余额数，掌握资金动态，监督出纳人员做到"日清月结"，以此尽量避免签发空头支票。

此外，每月月末应检查"银行存款余额调节表"，对于"未达账项"要问明原因并查看原始单据，对于连续在余额调节表上出现的"未达账项"要重点追查。

最后，对于外埠存款、银行本票存款、银行汇票存款、其他货币资金等，应亲自签字后办理，防止贪污、营私舞弊等现象发生。

2. 对库存现金的监督检查

对于混淆现金、银行存款的使用范围，超库存现金限额保存现金，坐支现金等违反规定的现象，应定期或不定期地抽查出纳办理后的有关现金收付款业务的凭证，检查是否有超过现金结算起点的支出，是否有将当日的现金收入用于当日现金支出的坐支问题，由出纳人员登记的现金日记账是否做到"日清日结"，是否有超库存现金限额现象；并核对现金日记账余额与现金是否相符。对检查结果做出处理记录，每月不少于两次，对屡次违纪的出纳人员应将其调离会计岗位。

3. 对往来结算的监督检查

会计主管对往来结算的监督检查范围，不单是上、下级之间的经费结算，还包括债权、债务结算，资金往来结算以及有关税费的解缴等。会计主管应从以下几方面进行监督检查：（1）应不定期地监督检查有关往来、债权债务和解缴税金等有关会计事项的记账凭证，并审核原始凭证；（2）定期（如季末、年末）检查债权债务辅助账及有关的记账凭证和原始凭证，检查本单位人员各项预支款和借款的清理情况；（3）监督检查应收票据登记簿，记载事项是否详细、完整，对于需要办理贴现或背书转让业务的票据办理是否及时，对于每张票据是否按期办理收款业务等。

4. 对固定资产核算的监督检查

会计主管对固定资产的监督检查应从以下几方面进行：（1）对固定资产动态变动的监督检查，即从购建、出售、报废、封存、使用、出租等方面进行全方位地监督；（2）对固定资产计提折旧的监督检查；（3）对固定资产清查盘点的监督检查。

5. 对材料物资核算的监督检查

会计主管对材料物资的核算应从材料物资的收入、支出、采购成本差异结转、分摊的正确性，材料物资的账、卡、物相符性，材料物资库存结构合理性等方面进行监督。

6. 凭证的检查与监督

凭证的检查有事前的监督，也有事后的查账，检查会计所记录的经济业务的合法性，检查已发生的经济业务是否符合有关的政策、法规、制度和计划的规定，有无违反财政纪律的行为。除了检查凭证中经济业务的合法性外，还要检查凭证填制的真实性和准确性，所列单位或姓名、数字是否准确，有关人员签章是否齐全。如果发生疑问，可向有关部门直接查询，也可连同有联系的其他凭证进行相互对照检查。对于各种可以收取现金的凭证，包括各种支票、发票、收据等都应建立领发和使用手续及保管责任制度，彻底消灭各种类型的"小钱柜"。

7. 账簿的检查与监督

账簿的检查可根据会计报表已经发现或者需要进一步检查的问题，审阅有关账簿记载的内容，并可以通过账户对应关系，相互联系地审阅有关账簿的记载和有关明细账，看支出是否符合财务制度。如发现问题，必须进一步检查凭证。检查账簿的记载内容时必须核对记账凭证是否过入总分类账和有关的明细分类账，核对借、贷方余额是否平衡，核对会计报表上有关的项目数字是否与账簿中的一致等。要及时全面地核对银行往来账目，看是否有采取代收代支等手段进行贪污的现象。

8. 报表的检查与监督

会计报表是定期综合反映计划和预算执行情况的指标体系，通过报表检查，我们可以考核和分析企业各项财务计划的执行过程及其结果，评价企业经营管理工作，必要时要针对实际情况和问题抽查账簿和有关凭证，进行深入细致的检查。

9. 会计主管工作交接的法律规定及作用

《会计法》第 41 条规定："会计人员调动工作或者离职，必须与接管人员办清交接手续。一般会计人员办理交接手续，由会计机构负责人（会计主管人员）监交；会计机构负责人（会计主管人员）办理交接手续，由单位负责人监交，必要时主管单位可以派人会同监交。"这是对会计人员工作交接问题做出的法律规定。

2.2 移动互联网时代，会计主管有什么不同

2.2.1 大数据的冲击，会计主管面临的挑战

信息时代的到来在社会各个方面均引起了深刻的变革，给各行各业的从业者提供新机遇的同时也带来了挑战，会计业务也是如此。计算机会计信息系统

将当代电子技术和信息技术应用到会计业务中，用电子计算机代替人工记账、算账、报账并对会计信息进行部分处理、分析和判断，为会计业务带来了极大的便利并且拓展了其发挥作用的空间：一方面，它极大地提高了会计系统的运行效率，为投资人、债权人、政府各部门、企事业单位管理者及时提供财务信息、分析信息和决策信息，为其经营和决策提供帮助；另一方面，在管理信息化下，会计系统已不单是一个信息核算反映系统，而更多的是一个更高级的信息控制管理系统，会计信息与企业内其他信息一起构成一个完整、顺畅的信息流，同时，企业通过网络采集数据的范围扩展到企业外部，如银行、客户、供应商等，数据采集过程与业务同步，保证数据正确有效，数据经过在线处理后，生成报表，通过企业内部局域网在企业内部各管理部门间实现信息共享。

例如，在 ASP（会计服务支持系统）的支持下，网络财务不仅能够实现桌面财务软件的所有功能，而且能够实现数据的远程处理、远程报表、远程查账、远程审计及财务监控的同步运作，指挥、调节、监督和控制着企业内部的物流和资金流的流动，帮助企业实现集中管理模式，整合企业的财务资源，克服了传统会计系统的控制职能只能表现为事后分析和会计监督的局限性。

信息化在奋力拓展会计职能空间的同时对传统会计核算提出了诸多挑战，必须适时地做出调整。与信息化相适应的会计核算与传统会计核算之间的变化如表 2-1 所示。

表 2-1　与信息化相适应的会计核算与传统会计核算之间的变化

项目	传统会计核算	与信息化相适应的会计核算
权责发生制原则——收付实现制原则	权责发生制原则也称应收应付制，以权利和责任的发生来决定收入和费用的归属，凡当期已实现的收入和已发生或应负担的费用，不论款项是否收付，都应作为当期的收入和费用来处理	在网络财务中，会计期间等同于交易期间，不存在跨期分摊收入和费用的问题，收付实现制原则更适合于网络财务系统的应用
财务会计报告体系：定期财务报告系统——动态时点报告系统	以定期财务报告为主的形式披露会计信息，难以满足会计信息使用者对时效的要求，该会计信息：一是可能因时滞而贬值失效；二是缺乏完整性，不利于信息使用者做出正确的决策	以时点为基础的实时报告系统，用时点数及动态延续前后比较来反映财富的增减。信息技术的发展，已经为建立动态实时报告系统提供了充分的技术支持

项目	传统会计核算	与信息化相适应的会计核算
会计分期假设——分期假设	会计主体在持续经营过程中截取一定的时间段来考核其经营成果。我国采用的是日历年度，会计年度末，必须办理年度结算，并编制财务会计报告	在网络财务系统中，借用高科技通信技术及计算机网络，完全能够实时反映交易状况，人为划分会计期间已无实际意义
会计核算的重心和内容	在信息时代，无形资产在企业的资产总额中所占的比重越来越大，日益决定企业未来市场的价值，是现金流的主要动力。尤其在高新技术领域，衡量企业价值的主要标志不以物质资源为主，而以无形资产为主。鉴于此，企业核算时应以无形资产核算为重心，详细反映其构成、取得、使用和摊销，建立无形资产会计，以适应知识经济对会计核算的要求	

信息化时代对会计主管和会计工作人员提出了挑战，它要求会计主管和会计工作人员深入研究信息化发展对企业会计工作带来的种种深刻影响，尽可能快地调整各种思路和工作方法，尽可能地发挥会计信息化的优势，把握时代的脉搏，同时充分认识到提升自身各方面能力的必要性。以对无形资产的会计处理为例，由于无形资产具有特殊性，对其进行会计处理会比传统会计更加复杂和多样化，留给会计主管和会计人员选择和判断的问题会很多，因而要求会计主管和会计人员具有较高的专业判断、分析与抉择的能力。

2.2.2 与时俱进，会计主管应树立的新观念

在快速运转的信息化时代，会计主管必须树立相应的新观念，以此来指导自己的工作和学习，以适应时代的发展。

1. 树立终身学习观

"活到老，学到老"这句话在技术飞速进步和知识快速更新的信息时代尤其适用，如前文所述，信息化使会计业务得到前所未有的机遇和挑战，要更好地发挥其职能和作用，会计主管必须树立终身学习的观念，增强自我学习的能力，不断地接受新知识、新技术。

首先，关注信息化对会计工作带来的种种影响，了解国际上会计行业的最新动态及与职业相关的新知识和新技术，掌握相关工具的发展与运用；其次，要掌握现代化的会计核算工具和网络信息技术，如熟练使用会计电算化软件，学会通过有效方式搜集、获取、提炼和利用信息并解决实际问题的能力，掌握通过网络传递信息和与他人合作的方法等；最后，要培养组织、协调和沟通能力，

在知识经济中，专业分工将越来越细，同时对协作的要求也越来越高，这就要求会计主管具有更强的组织、协调和沟通能力，具有驾驭全局的管理能力。

2. 树立竞争观念

"物竞天择、适者生存"，在市场经济中，竞争无所不在，它为企业带来活力，创造机遇，同时也使企业时时面临威胁。一名优秀的会计主管要帮助企业在激烈的竞争中取胜，其自身必须具有强烈的竞争意识，对种种冲击做好充分的应对思想准备，提升应变能力，强化企业财务管理，保证对资金的筹集、投放、运营及收益分配的管理决策发挥积极作用，使企业在激烈的市场竞争中站稳脚跟，进而脱颖而出。

3. 树立经济效益观念

在市场经济中，经济效益是企业的命脉，企业作为一个自主经营、自负盈亏、自我发展的经济实体，只有取得并不断提高经济效益才能得生存、求发展。因此，企业会计主管必须牢固树立经济效益观念，在筹资、投资以及资本运营等各种财务活动中都必须讲求"投入产出比"，在日常财务管理中则应"开源"与"节流"同时并举，努力降低成本，提高资金使用效率，更好地实现企业财务管理目标。

4. 树立时间（价值）观念

在信息时代，各种信息能在短时间传播、各种交易能在短时间完成，这对财务会计工作的时效性也提出了更高的要求。同时，资金的时间价值（即一定量的货币在不同的时点上的价值量不同，两者之间的差额便是利息）也要求现代企业会计主管在进行筹资、融资及投资理财等管理手段时必须树立时间观念及时间价值观念，真正把好财务关，从而实现企业财富最大化的目标。

5. 树立防范财务风险观念

电子信息网络化、金融资产证券化及会计核算电算化的出现及发展，使现代企业运行中充满了各种各样的财务风险，由于各种不确定因素及突发性因素增多，企业的实际财务收益将与预期财务收益发生偏差，从而导致企业蒙受经济损失的可能性增大，现代企业会计主管对此应有充分的认识，应提高防范风险意识，在风险和收益之间权衡利弊，有效地规避财务风险，增加企业收益。

2.2.3　信息化时代会计主管的职能

信息化时代的会计管理对企业会计主管提出了更高的要求，其职责由过去提供数据、被动服务企业生产过程，转变到进行分析数据、财务预测，提出决策方案，主动驾驭企业生产过程，最大限度满足资金增值的需要，提高资本利用效率，使整个企业的管理活动适应市场经济的需要。与此相适应，信息化时代会计主管的职能突出表现为以下几个方面。

1. 正确筹划现金流

现金流同企业生产经营上的重大决策、财务上的重大决策等均有直接的联系。许多企业之所以破产，并不是因为缺乏资本，而是因为现金流出现了问题。因此，会计主管应当组织财务人员和其他部门有关人员综合分析企业经济信息，对各生产经营方案进行预测和判断，编制生产经营各个环节的预算，准确预测企业未来的融资需求，提前安排融资计划促使企业最为经济有效地用好用活"资金"，避免企业出现资金短缺和其他问题。

2. 参与企业重大决策

企业重大决策包括经营决策、筹资决策、投资和分配决策等。参与经营决策，是指会计主管从资金调度、成本利润分析等角度对企业生产经营状况提出建议；参与筹资决策，是指会计主管领导财务人员认真预测企业资金需求量，确定最佳筹资结构，选择最合适的筹资方式；参与投资和分配决策，是指会计主管根据企业的经营情况，结合企业资金状况提出投资或利润分配方案。

3. 建立和完善企业内部各项财务制度

网络财务的出现，实现了财务与业务的协同，数据和物流同步被录入网络，同时实行动态在线核算，运用电子单据和电子货币等进行网上交易和核算。会计主管应抓好建立和完善企业内部各项财务制度这项工作，从源头上保证财务数据的真实性和资金的安全性。

4. 诊断财务状况，整合财务资源

会计主管应密切注意那些可能导致企业财务状况恶化的早期信号，及早发现可能存在的问题，并采取相应的措施，把问题消灭在萌芽状态；同时，应利用网络系统，对企业各分支机构的财务实现集中统一管理，整合企业的财务资源，提高企业竞争力。

总之，信息化时代对会计主管的职能具有更高的要求和不同于传统的侧重点，这就要求会计主管首先要有扎实的会计基本功和良好的职业道德，其次要能熟练地操作计算机，通晓网络财务电算化技能。更重要的是，会计主管还应成为一名理财高手，具备准确的财务预测、决策能力，善于诊断企业内部财务问题，保证企业资金流、信息流和物资流循环畅通，为企业发展提供有力支持。

第**3**章

排兵布阵——会计机构的设置和会计人员配备

本章概览

对于一场战役而言，实力只是取胜的一个方面，而如何将自身的实力加以合理排列组合充分发挥整体效能，是一个优秀将领取胜的关键所在。同样，对于会计主管而言，能否科学合理地设置会计机构，正确配备适当的会计人员，决定了其能否在会计和财务管理中做到事半功倍，及时有效地发挥其财务管理的各项职能，为企业发展提供最佳财务支持。本章将主要介绍以下内容：

（1）会计机构的设置；

（2）会计工作岗位的设置及职责划分。

3.1 搭好架子用好兵，会计机构的设置

3.1.1 因地制宜，合理匹配，设置会计机构的基本规定

会计机构是各单位办理会计事务的职能部门，会计人员是直接完成各项会计工作的人员。建立会计机构，配备具有一定职业道德、技术素质的会计人员，是做好会计工作，充分发挥会计职能作用的基础。但是不同的企业，其会计核算的任务大小不同，其所能承受的会计业务的行政成本也不同，因此，我国会计法规并没有"一刀切"地要求所有企、事业单位都必须设立会计机构，而是因地制宜地按照企业规模和核算要求区分为三种情况加以规定。

《会计法》第36条规定："各单位应当根据会计业务的需要，设置会

机构，或者在有关机构中设置会计人员并指定会计主管人员；不具备设置条件的，应当委托经批准设立从事会计代理记账业务的中介机构代理记账。国有的和国有资产占控股地位或者主导地位的大、中型企业必须设置总会计师。总会计师的任职资格、任免程序、职责权限由国务院规定。"

《会计基础工作规范》第 6 条规定："各单位应当根据会计业务的需要设置会计机构；不具备单独设置会计机构条件的，应当在有关机构中配备人员。""设置会计机构，应当配备会计机构负责人；在有关机构中配备专职会计人员，应当在专职会计人员中指定会计主管人员。"

通过以上的规定我们可以知道，企业应该根据自身业务规模的大小以及会计核算工作量的多少分以下三种情况解决企业的会计核算问题：

（1）设立单独的会计机构，划分相应的职责与岗位进行会计核算；

（2）不设立会计部门，在有关机构中设置会计人员，并指定会计主管人员；

（3）会计核算量较少，可以不设置专职的会计，委托具有合法资质的代理记账机构代理记账。

3.1.2　为业务服务，设置会计机构的基本要求

根据《会计法》第 36 条和《会计基础工作规范》第 6 条的规定，是否单独设置会计机构由各单位根据自身会计业务的需要自主决定。一般而言，一个单位是否单独设置会计机构，往往取决于下列各因素。

（1）单位规模的大小。一个单位的规模，往往决定了其内部职能部门的设置，也决定了会计机构的设置与否。一般来说，大、中型企业和具有一定规模的行政事业单位，以及财务收支数额较大、会计业务较多的社会团体和其他经济组织，都应单独设置会计机构，如会计部、财务部、计划财务部等，以便及时组织本单位各项经济活动和财务收支的核算，实行有效的会计监督。

（2）经济业务和财务收支的繁简。有些企、事业单位尽管经济业务较少，但其业务的会计核算比较复杂，专业性很强，例如金融行业，有必要单独设置会计机构，以保证会计工作的效率和会计信息的质量。

（3）国家法规的具体要求。对于有些行业的企业，国家的相关法规给出了明确的要求，例如，国家明确要求证券经纪行业必须设立独立的财务会计机构。

（4）经营管理的要求。有效的经营管理是以信息的及时、准确、全面系

统为前提的。一个单位在经营管理上的要求越高，其对会计信息的需求也越多，对会计信息系统的要求也越高，从而决定了该单位设置会计机构的必要性。

3.1.3 不设置会计机构，只配备会计人员的要求

《会计基础工作规范》第 6 条规定："不具备单独设置会计机构条件的，应当在有关机构中配备专职会计人员。"这是设置会计机构的又一原则性要求。对于不具备单独设置会计机构的单位，如财务收支数额不大、会计业务比较简单的企业、机关、团体、事业单位和个体工商户等，为了适合这些单位的内部客观需要和组织结构特点，允许其在有关机构中配备专职会计人员，这类机构一般应是单位内部与财务会计工作接近的机构，如计划、统计或经营管理部门，或者是有利于发挥会计职能作用的内部综合部门，如办公室等。只配备专职会计人员的单位也必须具有健全的财务会计制度和严格的财务手续，其专职会计人员的专业职能不能被其他职能所替代。

3.1.4 财务外包，实行代理记账的要求

《会计基础工作规范》第 8 条规定："没有设置会计机构和配备会计人员的单位，应当根据《代理记账管理办法》的规定，委托会计师事务所或者持有代理记账许可证书的其他代理记账机构进行代理记账。"此项规定的目的，是适应不具备设置会计机构、配备会计人员的小型经济组织解决记账、算账、报账问题的要求。代理记账，指由社会中介机构即会计咨询、服务机构代替独立核算单位办理记账、算账、报账业务。这是随着我国经济发展出现的一种新的社会性会计服务活动。

为了具体规范代理记账业务，财政部制定的《代理记账管理办法》对从事代理记账的条件、代理记账的程序、委托双方的责任和义务等做了具体规定。对于小规模企业而言，适当了解代理记账业务的从业条件、代理范围、委托人与被委托人各自的权利义务以及代理记账的程序等有关代理记账的基本法律规定，并恰当利用这一制度为自身服务，将为其日常财会工作带来极大的便利。

1. 从事代理记账业务的条件

根据《代理记账管理办法》第 4 条的规定，符合下列条件的机构可以申请代理记账资格：

（1）为依法设立的企业；

（2）专职从业人员不少于 3 名；

（3）主管代理记账业务的负责人具有会计师以上专业技术职务资格或者从事会计工作不少于三年，且为专职从业人员；

（4）有健全的代理记账业务内部规范。

代理记账机构从业人员应当具有会计类专业基础知识和业务技能，能够独立处理基本会计业务，并由代理记账机构自主评价认定。

本条第一款所称专职从业人员是指仅在一个代理记账机构从事代理记账业务的人员。

根据《代理记账管理办法》第三条的规定，除会计师事务所以外的机构从事代理记账业务，应当经县级以上地方人民政府财政部门（以下简称审批机关）批准，领取由财政部统一规定样式的代理记账许可证书。具体审批机关由省、自治区、直辖市、计划单列市人民政府财政部门确定。

会计师事务所及其分所可以依法从事代理记账业务。

2. 代理记账业务范围

（1）根据委托人提供的原始凭证和其他资料，按照国家统一的会计制度的规定进行会计核算，包括审核原始凭证、填制记账凭证、登记会计账簿、编制财务会计报告等；

（2）对外提供财务会计报告；

（3）向税务机关提供税务资料；

（4）委托人委托的其他会计业务。

3. 委托人的责任和义务

委托代理记账的委托人应当履行下列义务：

（1）对本单位发生的经济业务事项，应当填制或者取得符合国家统一的会计制度规定的原始凭证；

（2）应当配备专人负责日常货币收支和保管；

（3）及时向代理记账机构提供真实、完整的原始凭证和其他相关资料；

（4）对于代理记账机构退回的要求按照国家统一的会计制度规定进行更正、补充的原始凭证，应当及时予以更正、补充。

代理记账机构及其从业人员应当履行下列义务：

（1）按照委托合同办理代理记账业务，遵守有关法律、行政法规和国家统一的会计制度的规定；

（2）对在执行业务中知悉的商业秘密应当保密；

（3）对委托人示意其做出不当的会计处理，提供不实的会计资料，以及其他不符合法律、行政法规和国家统一的会计制度规定的要求，应当拒绝；

（4）对委托人提出的有关会计处理原则问题应当予以解释。

4. 代理记账的基本程序

首先，委托人与代理记账机构在相互协商的基础上签订书面委托合同。委托合同除应具备法律规定的基本条款外，还应当明确以下内容：委托人、受托人对会计资料合法、真实、准确、完整应承担的责任；会凭证传递程序和签收手续；编制和提供会计报表的要求；会计档案的保管要求；委托人、受托人终止委托合同应当办理的会计交接事宜等。

其次，代理记账机构根据委托合同约定，定期派人到委托人所在地办理会计核算业务；或者根据委托人送交的原始凭证在代理记账机构所在地办理会计核算业务。

最后，代理记账机构为委托人编制的会计报表，经代理记账机构负责人和委托人审阅并签章后，按照规定报送有关部门。

3.2 会计工作岗位的设置及职责划分

3.2.1 分工协作，互相监督，设置会计工作岗位的原则

会计工作岗位，是对一个单位的会计工作进行具体分工而设置的各个职能岗位。在会计机构内部设置会计工作岗位，建立岗位责任制，有利于明确分工和合理划分各个岗位的职责；有利于会计人员精通会计业务，提高工作效率和质量；有利于加强会计工作的程序化和规范化，加强会计基础工作；有利于强化会计管理职能，提高会计工作的作用。同时，设置会计工作岗位也是合理配

备会计人员的客观依据之一，因为会计人员的配备数量，同单位的大小、业务的多少、资产的规模、经营管理的要求、核算的组织形式以及采用什么样的核算手段等，都有着密切的关系，这具体体现在会计工作岗位的设置上。

《会计基础工作规范》对会计工作岗位的设置规定了基本原则，提出了以下要求。

1. 根据本单位会计业务的需要

《会计基础工作规范》第 11 条规定："各单位应当根据会计业务需要设置会计工作岗位。"由于各单位所属行业的性质、自身的规模、业务内容和数量以及会计核算与管理的要求等不同，其会计工作岗位的设置条件和要求也不相同。在设置会计工作岗位时，必须结合单位的实际情况，有的分设、有的合并、有的不设，以满足会计业务需要为原则。

2. 符合内部牵制制度的要求

《会计基础工作规范》第 12 条规定："会计工作岗位，可以一人一岗、一人多岗或者一岗多人。但出纳人员不得兼管稽核、会计档案保管和收入、费用、债权债务账目的登记工作。"从近几年税收财务物价大检查、审计和会计工作秩序整顿中暴露出来的问题看，不少单位在会计工作岗位设置方面存在岗位职责不清、人浮于事、手续混乱等问题；在一些小型经济组织中，会计、出纳一人兼任，或者出纳与财物保管一人兼任，为徇私舞弊或贪污挪用等违法乱纪行为留下了可乘之机，隐患甚大，造成损失的也已不下少数，这是很值得各单位重视和引以为戒的。

3. 有利于会计人员全面熟悉业务，不断提高业务素质

《会计基础工作规范》第 13 条规定："会计人员的工作岗位应当有计划地进行轮换。"把轮岗列入会计工作岗位设置的原则要求是《会计基础工作规范》的一个创新，这样做不仅可以激励会计人员不断进取，改进工作，而且也在一定程度上有助于防止违法乱纪，保护会计人员。

4. 有利于建立岗位责任制

《会计基础工作规范》第 11 条还示范性地提出了会计工作岗位的设置方案，即："会计机构负责人或者会计主管人员，出纳，财产物资核算，工资核算，成本费用核算，财务成果核算，资金核算，往来结算，总账报表，稽核，档案管理等。"这种设置方法，基本上包括了会计业务的主要内容和主要方面，为

建立岗位责任制提供了比较完整的基础，是单位在具体制订会计工作岗位设置方案时比较理想的参考方案。

3.2.2　要设多少会计岗位

细致划分会计人员的工作岗位并明确各自的具体职责，有助于分工明确，各负其责，保证工作的良好运行。会计人员的工作岗位一般可分为：

（1）会计主管；

（2）出纳；

（3）资金管理；

（4）预算管理；

（5）固定资产核算；

（6）存货核算；

（7）成本核算；

（8）工资核算；

（9）往来结算；

（10）收入利润核算；

（11）税务会计；

（12）总账报表；

（13）稽核；

（14）会计电算化管理；

（15）档案管理等。

这些岗位可以一人一岗、一人多岗或一岗多人，各单位可以根据本单位的会计业务量和会计人员配备的实际情况具体确定。需要注意的是，为贯彻内部会计控制中的"账、钱、物分管"的原则，出纳人员不得兼管稽核、会计档案保管及收入、费用、债权债务账目的登记工作。对于企业的会计人员，应有计划地进行岗位轮换，以便会计人员能够比较全面地了解和熟悉各项会计工作，从而提高业务水平。会计人员调动工作或因故离职离岗，要将其经管的会计账目、款项和未了事项向接办人员移交清楚，并由其上级主管人员负责监交。

3.2.3　各司其职，主要会计岗位的职责

在会计机构中，主要的会计岗位和其职责如表3-1所示。

表 3-1　主要会计岗位职责

岗位	具体岗位职责
会计主管	（1）按照会计制度及有关规定，结合本单位的具体情况，主持起草本单位具体会计制度及实施办法，科学地组织会计工作，并领导、督促会计人员贯彻执行； （2）参与经营决策，主持制定和考核财务预算； （3）经常研究工作，总结经验，不断改进和完善会计工作； （4）组织本单位会计人员学习业务知识，提高会计人员的素质，考核会计人员的能力，合理调配会计人员的工作
出纳岗位	（1）严格按照本单位的《货币资金内部会计控制实施办法》的规定，对原始凭证进行复核，办理款项收付； （2）办理银行结算，规范使用支票； （3）认真登日记账，保证日清月结，及时查询未达账项； （4）保管库存现金和有关印章，登记注销支票； （5）审核收入凭证，及时办理销售款项的结算，督促有关部门催收销售货款
资金管理岗位	（1）反映资金预算的执行及控制状况； （2）筹措及调度资金； （3）办理借、贷款事项及其清偿； （4）办理投资业务； （5）记录、保管各种有价证券； （6）与财务调度有关的其他事项
预算管理岗位	（1）编制各期资金预算； （2）编制及考核生产预算； （3）编制及控制成本费用预算； （4）编制及分析销售预算； （5）编制及执行资本预算； （6）处理其他与预算有关事项
固定资产核算岗位	（1）会同有关部门拟订固定资产管理与核算、实施办法； （2）参与核定固定资产需用量，参与编制固定资产更新改造和大修理计划； （3）计算提取固定资产折旧、预提修理费用； （4）参与固定资产的清查盘点与报废； （5）分析固定资产的使用效果

续表

岗位	具体岗位职责
存货 核算 岗位	（1）会同有关部门拟定材料物资管理与核算实施办法； （2）审查采购计划，控制采购成本，防止盲目采购； （3）负责存货明细核算，对已验收入库尚未付款的材料，月终要估价入账； （4）配合有关部门制定材料消耗定额，编制材料计划成本目录； （5）参与库存盘点，处理清查账务； （6）分析储备情况，防止呆滞积压。对于超过正常储备和长期呆滞积压的存货，要分析原因，提出处理意见和建议，督促有关部门处理
成本 核算 岗位	（1）核对各项原材料、物品、产成品、在产品入库领用事项及收付金额； （2）编制材料领用转账凭证； （3）审核委托及受托外单位加工事项； （4）计算生产与销售成本及各项费用； （5）进行成本、费用的分配及账目之间的调整； （6）分析比较销售成本，做好成本日常控制； （7）进行内部成本核算及业绩考核； （8）编制公司有关成本报表； （9）其他与成本核算、分析、控制有关的事项
工资 核算 岗位	（1）审核有关工资的原始单据，办理代扣款项（包括计算个人所得税、住房基金、劳保基金、失业保险金等）； （2）按照人事部门提供工资分配表，填制记账凭证； （3）协助出纳人员发放工资。工资发放完毕后，要及时将工资和奖金计算明细表附在记账凭证后或单独装订成册，并注明记账凭证编号，妥善保管； （4）计提应付福利费和工会经费，并进行账务处理
往来 结算 岗位	（1）执行往来结算清算办法，防止坏账损失。对购销业务以外的暂收、暂付、应收、应付、备用金等债权债务及往来款项，要严格清算手续，加强管理，及时清算； （2）办理往来款项的结算业务。对购销业务以外的各种应收、暂收款项要及时催收结算；应付、暂收款项要抓紧清偿。对确实无法收回、支付的应收、应付账款，查明原因，按规定报经批准后处理。实行备用金制度的公司，要核定备用金定额，及时办理领用和报销手续，加强管理。对预借的差旅费，要督促及时办理报销手续，收回余额，不得拖欠，不准挪用； （3）负责往来结算的明细核算。对购销业务以外的各项往来款项，要按照单位和个人分户设置明细账，根据审核后的记账凭证逐笔登记，并经常核对余额。年终要抄列清单，并向领导或有关部门报告

续表

岗位	具体岗位职责
收入利润核算岗位	（1）负责销售核算，核实销售往来。根据销货发票等有关凭证，正确计算销售收入以及劳务等其他各项收入，按照国家有关规定计算税金。经常核对库存商品的账面余额和实际库存数，核对销货往来明细账，做到账实相符，账账相符； （2）计算与分析利润计划的完成情况，督促实现目标； （3）建立投资台账，按期计算收益； （4）结转收入、成本与费用，严格审查营业外支出，正确核算利润。对公司所得税有影响的项目，应注意调整应纳税所得额； （5）按规定计算利润和利润分配，计算应缴所得税； （6）结账时的调整业务处理； （7）编制利润报表，分析盈亏原因
税务会计岗位	（1）办理公司税务上的缴纳、查对、复核等事项； （2）办理有关的免税申请及退税冲账等事项； （3）办理税务登记及变更等有关事项； （4）编制有关的税务报表及相关分析报告； （5）办理其他与税务有关的事项
总账报表岗位	（1）负责保管总账和明细账，年底按会计档案的要求整理与装订总账及明细账； （2）编制会计报表并进行分析，写出综合分析报告； （3）其他与账务处理的有关事项
稽核岗位	（1）审查财务收支。根据财务收支计划和财务会计制度，逐笔审核各项收支，对计划外或不符合规定的收支，应提出意见，并向领导汇报，采取措施，进行处理； （2）复核各种记账凭证。复核凭证是否合法，内容是否真实，手续是否完备，数字是否正确，记账分录是否符合制度规定； （3）对账簿记录进行抽查，看其是否符合要求。并将计算机中的数据与会计凭证进行核对； （4）复核各种会计报表是否符合制度规定的编报要求。复核中发现问题和差错，应通知有关人员查明、更正和处理。稽核人员要对审核签署的凭证、账簿和报表负责
会计电算化管理岗位	（1）负责协调计算机及会计软件系统的运行工作； （2）掌握计算机的性能和财务软件的特点，负责财务软件的升级与开发； （3）对计算机的文件进行日常整理，对财务数据盘进行备份，妥善保管； （4）监督计算机及会计软件系统的运行，防止利用计算机进行舞弊； （5）经常进行杀病毒工作，保证计算机的正常使用
档案管理岗位	依据《会计档案管理办法》的规定，建立会计档案的立卷、归档、保管、查阅和销毁等管理制度，保证会计档案妥善保管、有序存放、方便查阅、严防毁损、散失和泄密

3.2.4　会计人员回避制度

回避制度是指为了保证执法或者执业的公正性，对由于某种原因可能影响其公正执法或者执业的人员实行任职回避和业务回避的一种制度。亲属关系是指因婚姻、血缘或收养而产生的社会关系。亲属关系作为一种基本的社会关系，在一般事情上比他人更易于紧密地合作与支持，在工作和个人事业上，往往相互提携、相互支持，这就容易滋生用人唯亲、相互利用甚至为追求一己私利而违反法律的弊端。会计行业主要与金钱打交道，在会计人员中实行回避制度，其必要性十分明显。

《会计基础工作规范》规定："国家机关、国有企业、事业单位任用会计人员应当实行回避制度。单位领导人的直系亲属不得担任本单位的会计机构负责人、会计主管人员。会计机构负责人、会计主管人员的直系亲属不得在本单位会计机构中担任出纳工作。"至于其他单位是否实行会计人员回避制度，《会计基础工作规范》没有明确规定。但是，鉴于会计人员回避制度在防范上的积极作用，其他单位应当有必要对会计人员实行必要的回避或参照《会计基础工作规范》的有关规定执行。

第**4**章
招兵买马——财务人员的选拔与任用

本章概览

　　会计主管职能的实现离不开精兵强将的全力配合与支持，如何选拔与任用优秀能干的财务人员是每一位会计主管所必须重视的事项。本章将详细讲述选拔与任用财务人员所需考虑的诸多因素以及财务人员职业道德建设、应负的法律责任等，并讲述当财务人员发生变动时在有关工作交接中会计主管需要注意的问题，主要包括：

　　（1）会计人员的基本职责，需要具备的素质和条件；

　　（2）会计人员的工作交接；

　　（3）会计人员的法律责任及法律对会计人员的保护。

4.1　选用什么样的兵，会计人员的基本要求

4.1.1　要你来，干什么

　　会计人员是从事会计工作、处理会计业务、完成会计任务的人员。企业、事业、行政机关等单位，都应根据实际需要配备一定数量的会计人员。从事第3章中所列举的各种会计岗位的人员都可以被称为会计人员。会计人员的职责，概括起来就是及时提供真实可靠的会计信息，认真贯彻执行和维护国家财经制度和财经纪律，积极参与经营管理，提高经济效益。具体而言，会计人员的主要职责包括以下几方面。

（1）进行会计核算。进行会计核算，及时地提供真实可靠的、能满足各方需要的会计信息，是会计人员最基本的职责，会计人员要以实际发生的经济业务为依据，记账、算账、报账，做到手续完备，内容真实，数字准确，账目清楚，日清月结，按期报账，如实反映财务状况、经营成果和财务收支情况。

（2）实行会计监督。会计人员对不真实、不合法的原始凭证，不予受理；对记载不准确、不完整的原始凭证，予以退回，要求更正补充；发现账簿记录与实物、款项不符的时候，应当按照有关规定进行处理；无权自行处理的，应当立即向本单位行政领导人报告，请求查明原因，做出处理；对违反国家统一的财政制度、财务制度规定的收支，不予办理。

（3）拟订本单位办理会计事务的具体办法。

（4）参与拟订经济计划、业务计划，考核、分析预算、财务计划的执行情况。

（5）办理其他会计事务。

4.1.2　会计人员应具备的素质

一般而言，为了正确履行职责和行使权限，会计人员应具备以下基本素质：热爱本职工作，忠于职守，廉洁奉公，严守职业道德；认真学习国家财经政策、法令，熟悉财经制度；积极钻研会计业务，精通专业知识，掌握会计技术方法；严守法纪，坚持原则，执行有关的会计法规，维护国家利益，抵制一切违法乱纪、贪污盗窃的行为，要勇于负责，不怕得罪人，不怕打击报复；身体状况能够适应本职工作的要求。《会计基础工作规范》也从以下三个方面对会计人员应具备的素质提出了基本要求。

1. 具备从事会计工作所需要的专业能力

《会计法》第38条规定："会计人员应当具备从事会计工作所需要的专业能力。担任单位会计机构负责人（会计主管人员）的，应当具备会计师以上专业技术职务资格或者从事会计工作三年以上经历。"

《会计基础工作规范》第10条规定："各单位应当根据会计业务需要配备会计人员，并确保其具备从事会计工作所需要的专业能力。"

根据《会计基础工作规范》第7条规定，会计机构负责人、会计主管人员应当具备下列基本条件：

（1）坚持原则，廉洁奉公；

（2）具备会计师以上专业技术职务资格或者从事会计工作三年以上经历；

（3）熟悉国家财经法律、法规、规章和方针、政策，掌握本行业业务管理的有关知识；

（4）有较强的组织能力；

（5）身体状况能够适应本职工作的要求。

以上法规均要求，会计从业人员必须具备从事会计工作所需要的专业能力，而不再要求必须取得会计从业资格证书。

2. 应具备必要的专业知识、专业技能和良好的职业道德

《会计基础工作规范》第 14 条规定："会计人员应当具备必要的专业知识和专业技能，熟悉国家有关法律、法规、规章和国家统一会计制度，遵守职业道德。"这是对会计人员最基本的要求。目前主要是通过设置会计专业职务和会计专业技术资格考试来考核和确认会计人员的专业知识和业务技能的。

3. 要按照规定参加会计业务培训

《会计基础工作规范》第 14 条规定："会计人员应当按照国家有关规定参加会计业务的培训。"目前我国会计人员中具备规定学历的比例还不高，要使会计人员具备必要的政治和业务素质，在职培训有助于解决这些问题。单位应当认识到在职培训对会计人员并进而对本单位会计工作的重要意义，并应给予应有的支持。

对此，《会计基础工作规范》第 14 条规定："各单位应当合理安排会计人员的培训，保证会计人员每年有一定时间用于学习和参加培训。"这是对会计人员的关心和爱护，也是与各单位的根本利益相一致的。

4.1.3　初级、中级、高级，各个会计职称的基本条件与基本职责

会计专业职务分为高级会计师、会计师、助理会计师、会计员，其中，高级会计师为高级职务，会计师为中级职务，助理会计师和会计员为初级职务。担任这些会计职务需要具备的基本条件并负有的基本职责，如表 4-1 所示。

表 4-1　各个会计职称的任职条件与基本职责

职称	任职条件	基本职责
会计员	（1）初步掌握财务会计知识和技能； （2）熟悉并能认真执行有关会计法规和财务会计制度； （3）能担任一个岗位的财务会计工作； （4）大学专科或中等专业学校毕业，在财务会计工作岗位上见习一年期满	（1）负责具体审核和办理财务收支； （2）编制记账凭证； （3）登记会计账簿； （4）编制会计报表和办理其他会计事项
助理会计师	（1）掌握一般的财务会计基础理论和专业知识； （2）熟悉并能正确执行有关的财经方针、政策和财务会计法规、制度；能担负一个方面或某个重要岗位的财务会计工作； （3）取得硕士学位或取得第二学士学位或研究生班结业证书，具备履行助理会计师职责的能力，或者大学本科毕业后在财务会计工作岗位上见习一年期满，或者大学专科毕业并担任会计员职务两年以上，或者中等专业学校毕业并担任会计员职务 4 年以上	（1）负责草拟一般的财务会计制度、规定、办法； （2）解释、解答财务会计法规、制度中的一般规定； （3）分析、检查某工方面或某些项目的财务收支和预算的执行情况
会计师	（1）较系统地掌握财务会计基础理论和专业知识； （2）掌握并能正确贯彻执行有关的财经方针、政策和财务会计法规、制度； （3）具有一定的财务会计工作经验，能担负一个单位或管理一个地区、一个部门、一个系统某个方面的财务会计工作； （4）取得博士学位并具有履行会计师职责的能力，或者取得硕士学位并担任助理会计师职务两年左右，或者取得第二学士学位或研究生班结业证书并担任助理会计师职务 2～3 年，或者大学本科或专科毕业并担任助理会计师职务 4 年以上	（1）负责草拟比较重要的财务会计制度、规定、办法； （2）解释、解答财务会计法规、制度中的重要问题； （3）分析、检查财务收支和预算执行情况，培养初级会计人才
高级会计师	（1）较系统地掌握经济、财务会计理论和专业知识； （2）具有较高的政策水平和丰富的财务会计工作经验，能担负一个地区、一个部门或一个系统的财务会计管理工作； （3）取得博士学位并担任会计师职务 2～3 年，或者取得硕士学位、第二学士学位或研究生班结业证书，或者大学本科毕业并担任会计师职务 5 年以上	负责草拟和解释、解答一个地区、一个部门、一个系统或在全国施行的财务会计法规、制度、办法，组织和指导一个地区或一个部门、一个系统的经济核算和财务会计工作，培养中级以上会计人才

4.1.4 有才更要有德，会计人员应具备的职业道德

会计工作鉴于其自身的特点对会计人员的道德有较高的要求，《会计基础工作规范》从以下六个方面对会计人员的职业道德做出了具体规定。

（1）敬业爱岗。财会人员要充分认识本职工作的重要地位和作用，自觉主动地履行岗位职责，正确处理责、权、利三者关系；严格遵守财经法规和核算规程，杜绝渎职行为，更不得搞账外账甚至做假账。

（2）廉洁自律，诚实守信。会计人员必须做到不贪污、不占便宜、不受礼，闯过金钱关，渡过人情关，以廉洁自律的行为，爱惜会计的职业声誉。诚实要求会计人员在工作中要做到实事求是，客观公正，正确无误。守信要求会计人员在履行专业职责时，应保持足够的专业胜任能力，具备一丝不苟的责任感。

（3）依法办事。会计人员应当按照会计法律、法规、规章规定的程序和要求进行会计工作，保证所提供的会计信息合法、真实、准确、及时、完整。会计信息的合法、真实、准确、及时和完整，不但要体现在会计凭证和会计账簿的记录上，还要体现在财务报告上，使单位外部的投资者、债权人、社会公众以及社会监督部门能依照法定程序得到可靠的会计信息资料。

（4）客观公正。财会工作的首要职能就是对各项经济活动进行客观公正的记录与反映，其本质特征体现为"真实性"，离开了实际发生的客观经济事项去进行会计处理只能是造假账的表现。

（5）搞好服务。会计人员应当熟悉本单位的生产经营和业务管理情况，以便运用所掌握的会计信息和会计方法，为改善单位的内部管理、提高经济效益服务。

（6）保守秘密。会计人员应当保守本单位的商业秘密，除法律规定和单位领导人同意外，不能私自向外界提供或者泄露单位的会计信息。

为了保证职业道德的贯彻，根据《会计基础工作规范》的规定，财政部门、业务主管部门和各单位应当定期检查会计人员遵守职业道德的情况，并作为会计人员晋升、晋级、聘任专业职务，表彰奖励的重要考核依据。会计人员违反职业道德的，由所在单位进行处罚。

4.2 "分手"也要讲规矩，会计人员的工作交接

4.2.1 哪些事情要交代，会计工作交接的范围

会计人员工作交接是会计工作中的一项重要内容。《会计法》第41条规定："会计人员调动工作或者离职，必须与接管人员办清交接手续。一般会计人员办理交接手续，由会计机构负责人（会计主管人员）监交；会计机构负责人（会计主管人员）办理交接手续，由单位负责人监交，必要时主管单位可以派人会同监交。"这是对会计人员工作交接问题做出的法律规定。做好会计交接工作，可以使会计工作前后衔接，保证会计工作连续进行；做好会计交接工作，可以防止因会计人员的更换出现账目不清、财务混乱等现象；做好会计交接工作，也是分清移交人员和接管人员责任的有效措施。

除《会计法》规定的"会计人员在调动工作或离职时必须办理会计工作交接"的情形之外，会计人员在临时离职或其他原因暂时不能工作时，也应办理会计工作交接，《会计基础工作规范》对此做了进一步的规定：

（1）临时离职或因病不能工作、需要接替或代理的，会计机构负责人（会计主管人员）或单位负责人必须指定专人接替或者代理，并办理会计工作交接手续；

（2）临时离职或因病不能工作的会计人员恢复工作时，应当与接替或代理人员办理交接手续；

（3）移交人员因病或其他特殊原因不能亲自办理移交手续的，经单位负责人批准，可由移交人委托他人代办交接，但委托人应当对所移交的会计凭证、会计账簿、财务会计报告和其他有关资料的真实性、完整性，承担法律责任。

4.2.2 一步一步来，办理会计工作交接的基本程序

办理会计工作交接的基本程序如下。

1. 提出交接申请

为便于会计机构早做准备，安排其他接替人员，会计人员在向单位或者有关机关提出调动工作或离职的同时提出交接申请。交接申请的内容通常包括申请人姓名，申请调动工作或离职的缘由、时间，会计交接的具体安排，有无重大报告事项或者建议等。

2. 交接前的准备工作

会计人员在办理会计工作交接前，必须做好以下准备工作。

（1）已经受理的经济业务尚未填制会计凭证的应当填制完毕。

（2）尚未登记的账目应当登记完毕，结出余额，并在最后一笔余额后加盖经办人印章。

（3）整理好应该移交的各项资料，对未了事项和遗留问题要写出书面说明材料。

（4）编制移交清册，列明应该移交的会计凭证、会计账簿、财务会计报告、公章、现金、有价证券、支票簿、发票、文件、其他会计资料和物品等内容；对于实行会计电算化的单位，从事该项工作的移交人员应在移交清册上列明会计软件及密码、会计软件数据盘、磁带等内容。

（5）会计机构负责人（会计主管人员）移交时，应将财务会计工作、重大财务收支问题和会计人员的情况等向接替人员介绍清楚。

3. 移交点收

移交人员离职前，必须将本人经管的会计工作，在规定的期限内，全部向接管人员移交清楚。接管人员应认真按照移交清册逐项点收。具体要求如下。

（1）现金要根据会计账簿记录余额进行当面点交，不得短缺，接替人员发现不一致或"白条抵库"现象时，移交人员在规定期限内负责查清处理。

（2）有价证券的数量要与会计账簿记录一致，有价证券面额与发行价不一致时，按照会计账簿余额交接。

（3）会计凭证、会计账簿、财务会计报告和其他会计资料必须完整无缺，不得遗漏。如有短缺，必须查清原因，并在移交清册中加以说明，由移交人负责。

（4）银行存款账户余额要与银行对账单核对相符，如有未达账项，应编制银行存款余额调节表并调节相符；各种财产物资和债权债务的明细账户余额，要与总账有关账户的余额核对相符；对重要实物要进行实地盘点，对余额较大的往来账户要与往来单位、个人进行核对。

（5）公章、收据、空白支票、发票、科目印章以及其他物品等必须交接清楚。

（6）实行会计电算化的单位，交接双方应在电子计算机上对有关数据进行实际操作，确认有关数字正确无误后，方可交接。

4. 专人负责监交

为了明确责任，会计人员办理工作交接时，必须有专人负责监交，以此起到督促依法交接的作用，保证会计工作不因人员变动而受影响，并保证交接双方处在平等的法律地位上享有权利和承担义务，不允许出现以非法手段进行威胁等违法行为。移交清册应当经过监交人员审查和签名、盖章，作为交接双方明确责任的证件。

对监交的具体要求是：

（1）一般会计人员办理交接手续，由会计机构负责人（会计主管人员）监交；

（2）会计机构负责人（会计主管人员）办理交接手续，由单位负责人监交，必要时主管单位可以派人会同监交。

所谓"必要时由主管部门派人会同监交"，是指有些交接需要主管单位监交或者主管单位认为需要参与监交的情况，通常有三种情况：一是所属单位负责人不能监交，需要由主管单位派人代表主管单位监交，如因单位撤并而办理交接手续等；二是所属单位负责人不能尽快监交，需要由主管单位派人督促监交，如主管单位责成所属单位撤换不合格的会计机构负责人（会计主管人员），所属单位负责人却以种种借口拖延不办交接手续时，主管单位就应派人督促会同监交等；三是不宜由所属单位负责人单独监交，而需要主管单位会同监交，如所属单位负责人与办理交接手续的会计机构负责人（会计主管人员）有矛盾，交接时需要主管单位派人会同监交，以防可能发生单位负责人借机刁难等情况。此外，主管单位认为交接中存在某种问题需要派人监交时，也可派人会同监交。

5. 交接后的有关事宜

（1）会计工作交接完毕后，交接双方和监交人在移交清册上签名或盖章，并应在移交清册上注明：单位名称，交接日期，交接双方和监交人的职务、姓名，移交清册页数以及需要说明的问题和意见等。

（2）接管人员应继续使用移交前的账簿，不得擅自另立账簿，以保证会计记录前后衔接，内容完整。

（3）移交清册一般应填制一式三份，交接双方各执一份，存档一份。

4.2.3　走了就没事了吗，会计工作交接人员的责任承担

《会计基础工作规范》第35条规定："移交人员对移交的会计凭证、会

计账簿、会计报表和其他会计资料的合法性、真实性承担法律责任。"这就是说，如果移交人员所移交的会计资料是在其经办会计工作期间内发生的，那么他就应当对这些会计资料的合法性、真实性负责，即使接替人员在交接时因疏忽没有发现所接会计资料在合法性、真实性方面的问题，如事后发现，也应由原移交人员负责，原移交人员不应以会计资料已经交接而推卸责任；如果所发现的会计资料真实性、合法性方面的问题不在原移交人员的经办期间发生，而是在其后发生的，则不应由原移交人员承担责任，而应由接管人员承担责任。

会计交接不仅涉及会计工作的准确性、连续性，而且关系到有关法律责任的承担，因此交接双方和监交人员以及其他相关人员，必须认真对待，不得马虎大意，敷衍了事。

4.3　哪些事，碰不得，会计人员的法律责任及法律对会计人员的保护

4.3.1　违反会计制度规定应当承担法律责任的行为

根据《会计法》第 42 条的规定，违反会计制度规定应承担法律责任的行为包括以下几个方面。

（1）不依法设置会计账簿的行为。即依法应当设置会计账簿的单位和个人，违反法律、行政法规的规定，不设置会计账簿、设置虚假会计账簿或者设置不符合规定的会计账簿及设置多套会计账簿的行为。

（2）私设会计账簿的行为。即依法应当建账的单位和个人，违反法律、行政法规的规定，在法定的会计账簿之外私自设置会计账簿的行为，这是对第一种违法行为的补充，俗称"两本账""账外账"。

（3）未按照规定填制、取得原始凭证或者填制、取得的原始凭证不符合规定的行为。即出具或取得原始凭证的单位、个人违反法律、行政法规的规定，出具或取得的原始凭证不合法。根据有关会计制度规定，办理经济业务事项，

必须取得或者填制原始凭证，并及时送交会计机构以保证会计核算工作得以顺利进行；同时为了保证原始凭证记录的真实性，对原始凭证不能涂改、挖补，如果发现原始凭证有错误，应当由出具单位重开或者更正，更正处应当加盖出具单位的印章。原始凭证金额有错误的应由出具单位重开，不得在原始凭证上更改。

（4）以未经审核的会计凭证为依据登记会计账簿或者登记会计账簿不符合规定的行为。

（5）随意变更会计处理方法的行为。

（6）向不同的会计资料使用者提供的财务会计报告编制依据不一致的行为。

（7）未按照规定使用会计记录文字或者记账本位币的行为。

（8）未按照规定保管会计资料，致使会计资料毁损、灭失的行为。

（9）未按照规定建立并实施单位内部会计监督制度，或者拒绝依法实施的监督，或者不如实提供有关会计资料及有关情况的行为。

（10）任用会计人员不符合本法规定的行为。

4.3.2　违反会计制度规定行为应当承担的法律责任

根据《会计法》的相关规定，上述违反会计制度规定的行为应承担以下法律责任。

（1）责令限期改正。即要求违法行为人在一定期限内停止违法行为并将其违法行为恢复到合法状态。违法单位或个人应当按照县级以上人民政府财政部门的责令限期改正决定的要求，停止违法行为，纠正错误。

（2）罚款。县级以上人民政府财政部门根据上述所列行为的性质、情节及危害程度，在责令限期改正的同时，可以对单位并处 3 000 元以上 50 000 元以下的罚款，对其直接负责的主管人员和其他直接责任人员，可以处 2 000 元以上 20 000 元以下的罚款。

（3）给予行政处分。对上述所列行为直接负责的主管人员和其他直接责任人员中的国家工作人员，视情节轻重，还应当由其所在单位或其上级单位或者行政监察部门给予警告、记过、记大过、降级、撤职、开除等行政处分。

（4）吊销会计从业资格证书。会计人员有上述所列行为之一，情节严重的，由县级以上人民政府财政部门吊销会计从业资格证书。

（5）依法追究刑事责任。《中华人民共和国刑法》（以下简称"《刑法》"）
没有对上述行为明确规定为犯罪，但是如果以这些行为作为手段来偷逃税款、
骗取出口退税、贪污、挪用公款等构成犯罪的，则应依照《刑法》规定的相应
犯罪予以定罪处罚。

4.3.3　其他违反会计法律制度规定的行为及其应当承担的法律责任

除以上行为外，还有一些违反会计法律制度规定的行为，其具体的违法行
为与责任，如表 4-2 所示。

表 4-2　其他违反会计法律制度规定的行为及法律责任

违法行为	行政责任	刑事责任
伪造、变造会计凭证、会计账簿，编制虚假财务会计报告。伪造是以一虚假事物为前提采用做假手段制作另一虚假事物；变造是利用涂改、拼接、挖补或等方法，改变原事物的真实内容	尚不构成犯罪的，由县级以上人民政府财政部门予以通报，可以对单位并处 5 000 元以上 100 000 元以下的罚款，对其直接负责的主管人员和其他直接责任人员，可以处 3 000 元以上 50 000 元以下的罚款；属于国家工作人员的，应当由其所在单位或有关单位对其依法给予撤职甚至开除的行政处分；对其中的会计人员，并由县级以上人民政府财政部门吊销会计从业资格证书	如果行为人为偷税、向公众提供虚假财务会计报告、虚假评估、虚报注册资本、虚假出资、抽逃出资、贪污、挪用公款、侵占企业财产、私分国有资产、私分罚没财物，实施本类行为触犯刑法的，应当按有关罪名定罪量刑
隐匿或者故意销毁依法应当保存的会计凭证、会计账簿、财务会计报告。隐匿指故意转移、隐藏应当保存的会计报告的行为；销毁指故意毁坏、消灭应保存的会计报告的行为	尚不构成犯罪的，由县级以上人民政府财政部门予以通报，可对单位并处 5 000 元以上 100 000 元以下的罚款；对其直接负责的主管人员和其他直接责任人员，可处 3 000 元以上 50 000 元以下的罚款；属于国家工作人员的，还应由其所在单位或有关单位依法对其给予撤职甚至开除的行政处分；对其中的会计人员，并由县级以上人民政府财政部门吊销会计从业资格证书	对此类违法行为我国《刑法》未将其作为单独犯罪加以规定，而是作为犯罪的情节、手段，按照不同的罪名定罪处罚的
授意、指使、强令会计机构、会计人员及其他人员伪造、变造会计凭证、会计账簿，编制虚假财务会计报告或者隐匿、故意销毁依法应当保存的会计凭证、会计账簿、财务会计报告	县级以上人民政府财政部门可以视违法行为的情节轻重，对违法行为人处以 5 000 元以上 50 000 元以下的罚款。对违法行为中的国家工作人员，还应当由其所在单位或者其上级单位或者行政监察部门对其给予降级、撤职或者开除的行政处分	有此类行为的，以被授意、指使、强令的行为人所实施的犯罪行为的共同犯罪定罪处罚，对情节严重的，处 5 年以下有期徒刑或者拘役，并处或者单处 20 000 元以上 200 000 元以下罚金

违法行为	行政责任	刑事责任
单位负责人对会计人员进行打击报复，即单位负责人对依法履行职责、抵制违反《会计法》规定行为的会计人员，通过各种方式进行打击报复	不构成犯罪的，由其所在单位或其上级单位和行政监察部门依法给予行政处分。对被打击报复的会计人员应依法采取必要的补救措施： （1）恢复名誉。所在单位或其上级单位等部门应要求打击报复者向其赔礼道歉，并澄清事实，消除影响，恢复名誉； （2）恢复原有职位、级别	公司、企业、事业单位、机关、团体的领导人对依法履行职责、抵制违反《会计法》规定行为的会计人员实行打击报复，情节恶劣的，构成打击报复会计人员罪。对犯打击报复会计人员罪的，处3年以下有期徒刑或者拘役
财政部门和有关行政部门的工作人员在依法实施监督管理的过程中，滥用职权、玩忽职守、徇私舞弊、泄露国家秘密、商业秘密	不构成犯罪的，可以由其所在单位或者其上级单位或者行政监察部门视情节轻重，给予相应的行政处分	此类行为可能构成以下犯罪：（1）滥用职权罪和玩忽职守罪；（2）泄露国家秘密罪
将检举人姓名和检举材料转给被检举单位和被检举人个人的	由所在单位或者有关单位对其直接负责的主管人员和其他直接责任人员视情节轻重，给予相应的行政处分	
违反《会计法》规定同时违反其他法律规定的行为	由有关部门在各自职权范围内依法进行处罚。对同一违法当事人的同一违法行为，不得给予两次以上罚款的行政处罚	

第二部分　建账与记账

本章概览

不立规矩无以成方圆，对于比较复杂的经济业务进行会计记账，必须采用合适的方法并根据一定的规则来进行，才能够保证记账的准确性，避免出现各种失误。本章着重讲述复式记账法中最通行的借贷记账法的具体操作和规则，主要包括：

（1）复式记账法的含义；

（2）借贷记账法的具体规定；

（3）总分类账户与明细分类账户的平行登记。

5.1　复式记账法，一个伟大的发明

5.1.1　从单式到复式

记账法曾经历了一个由简单到复杂的过程，早期一般仅采用单式记账法，即对发生的经济业务只在一个账户中进行登记，是一种比较简单而又不完整的记账方法，既不能反映资金变化的原因，也不能全面地、系统地反映经济业务的来龙去脉，各账户之间的记录没有直接的联系，不能提供完整的、客观的会计信息，不便于检查账户记录的正确性，因此，单式记账法已被现代会计所淘汰。

复式记账法是在经济活动日益复杂的过程中逐渐发展起来的一种比较科学

的记账法，指一项经济业务发生后，要在两个或两个以上相互联系的账户中以相等的金额进行全面的、连续的、系统的登记记账方法。

例如，以现金 2 000 元购入生产用材料，在复式记账法下，在"库存现金"账户中登记减少 2 000 元，同时在"原材料"账户中登记增加 2 000 元，这就说明"库存现金"减少 2 000 元的原因是用于购买了 2 000 元的"原材料"，从而相互呼应，全面地、系统地反映出经济业务的发生过程及结果，满足会计信息的需要。因此，复式记账法已成为现代企业会计普遍采用的记账方法。

5.1.2　一项业务记两笔，复式记账法的特点

复式记账法是在大量的会计实践和发展的基础上产生的，与单式记账法相比更具合理性、科学性和可操作性。具体而言，复式记账法的成功在于它具有以下两个方面的突出特点。

（1）在两个或两个以上相互联系的账户中记录一项经济业务，可以反映资金运动的来龙去脉，而且可以将某一会计期间发生的全部经济业务作为一个有机的整体在整个账户体系中进行反映，也可以通过账户记录全面地、系统地了解资金运动的过程及其结果。

（2）以相等的金额记入相应的账户，以便于检查账簿记录的正确性。复式记账使账户的记录以及账户之间的关系不再孤立，每项经济业务以相等的金额进行记录，可以利用账户之间的相互关系对账户记录的内容及结果进行试算平衡，从而检查出账簿记录的正确性。

5.1.3　复式记账法的"成名之作"，借贷记账法

复式记账法按其采用的记账符号、记账规则等的不同又具体地分为借贷记账法、收付记账法和增减记账法，其中的借贷记账法经过数百年的实践已被世界各国普遍接受，是复式记账法中最通行的一种方法。为了统一记账方法，促进国际间经济往来，规范会计核算工作和方法，我国实施的《企业会计准则》中就明确规定："各经济单位会计核算应采用借贷记账法。"目前，我国企业、行政、事业单位的会计核算工作都已普遍采用借贷记账法。

借贷记账法是以会计等式为理论基础，以"借""贷"二字作为记账符号，记录经济业务的一种复式记账方法。借贷记账法的理论基础就是"资产＝负债＋所有者权益"这一静态会计等式。在这一理论基础之上，无论发生何种资金运动，

在进行会计核算时，利用借贷复式记账法在会计账户中登记的结果必然满足这一平衡关系，由此提供的会计信息具有系统性、连续性和完整性。

5.2　借贷记账法的具体规定

5.2.1　借贷记账法记账符号与账户结构

借贷记账法以"借""贷"二字作为记账符号表示不同经济业务的增减变动情况，具体的含义则取决于账户的不同属性。"借""贷"两字的含义最初是用来表示债权（应收款）和债务（应付款）的增减变动，具有借主（债权）、贷主（债务）的含义，以后随着商品经济的发展，在账簿中不仅要登记往来结算的债权、债务，还要登记财产物资、经营损益的增减变化，这样，"借""贷"二字就逐渐失去了它原来的含义而转为一种单纯的记账符号。至于"借""贷"二字的具体含义，下面结合借贷记账法的账户结构加以介绍。

在借贷记账法下，账户的左方称为借方，右方称为贷方。所有账户的借方和贷方都要按相反的方向记录其增减变动情况，即一方登记增加额，另一方登记减少额。账户的期初、期末余额一般应与登记增加额同一方向。至于账户的哪一方记增加额，哪一方记减少额，则取决于账户所要反映的经济内容即账户的经济性质。

通过对各类不同属性账户具体结构及记录内容的分析，可以归纳出借贷记账法"借""贷"二字表示的含义，具体如下。

（1）表示已登记在账户"借方"和"贷方"的数字是增加或是减少。"借方"记录资产、成本和费用的增加，负债、所有者权益的减少及收入的结转；"贷方"记录资产的减少，成本和费用的结转，负债、所有者权益及收入的增加。

（2）"借""贷"二字表示应记入账户的方向。"借方"表示记入账户的借方；"贷方"表示记入账户的贷方。

（3）根据余额出现在借方或贷方判断账户属性。一般而言，余额出现在借方的账户属于资产类、成本类、费用（结转后无余额）类账户；余额出现在贷方的账户属于负债类、所有者权益类、收入（结转后无余额）类账户。

在借贷记账法下，账户的基本结构如表5-1所示。

表5-1　账户的基本结构

借　方	贷　方	余　额
资产增加	资产减少	借方
负债减少	负债增加	贷方
所有者权益减少	所有者权益增加	贷方
成本增加	成本结转	借方或无
收入结转	收入增加	无
费用增加	费用结转	无

1. 资产类账户的结构

资产类账户，借方登记资产的增加额，贷方登记资产的减少额，期末余额一般为借方余额，表示期末资产实有数额。每一会计期间借方记录的金额合计数称为借方本期发生额，贷方记录的金额合计数称为贷方本期发生额。资产类账户的期末余额可根据下列公式计算：

借方期末余额 = 借方期初余额 + 借方本期发生额 − 贷方本期发生额

资产类账户的结构如表5-2所示。

表5-2　资产类账户　　　　　　表5-3　成本费用类账户

借方	贷方		借方	贷方
期初余额　×××			增加额　×××	减少额　×××
增加额　×××	减少额　×××		×××	×××
×××	×××		×××	×××
×××	×××		×××	×××
本期发生额　×××	本期发生额　×××		本期发生额　×××	本期发生额　×××
期末余额　×××				

2. 成本费用类账户的结构

成本费用类账户，借方登记成本费用的增加额，贷方登记成本费用的减少额或结转额，期末一般没有余额。如有余额在借方，表示在产品成本。成本费用类账户的结构如表5-3所示。

3. 负债类账户的结构

负债类账户，贷方登记负债的增加额，借方登记负债的减少额，期末余额一般为贷方余额，表示期末负债实有数额。负债类账户期末余额可根据下列公式计算：

贷方期末余额 = 贷方期初余额 + 贷方本期发生额 - 借方本期发生额

负债类账户的结构如表 5-4 所示。

4. 所有者权益账户结构

所有者权益类账户，贷方登记所有者权益的增加额，借方登记所有者权益的减少额，期末余额一般为贷方余额，表示期末所有者权益的实有数额。所有者权益类账户期末余额可根据下列公式计算：

贷方期末余额 = 贷方期初余额 + 贷方本期发生额 - 借方本期发生额

所有者权益类账户的结构如表 5-5 所示。

表 5-4　负债类账户

借方		贷方	
		期初余额	×××
减 少 额	×××	增 加 额	×××
	×××		×××
	×××		×××
本期发生额	×××	本期发生额	×××
		期 末 余 额	×××

表 5-5　所有者权益账户

借方		贷方	
		期初余额	×××
减 少 额	×××	增 加 额	×××
	×××		×××
	×××		×××
本期发生额	×××	本期发生额	×××
		期 末 余 额	×××

5. 收入类账户结构

收入类账户，贷方登记收入的增加额，借方登记收入的减少额或结转额，期末一般无余额。

收入类账户的结构如表 5-6 所示。

表 5-6　收入类账户

借方		贷方	
减 少 额	×××	增 加 额	×××
	×××		×××
	×××		×××
	×××		×××
本期发生额	×××	本期发生额	×××

5.2.2　借贷记账法的记账规则

借贷记账法的记账规则可概括为"有借必有贷，借贷必相等"，要求以相反的方向、相等的金额对发生的经济业务同时在两个或两个以上相互联系的账户中登记。

（1）对于任何一项经济业务必须同时在两个或两个以上相互联系的账户中以相反的方向进行登记。如在一个账户中记入借方（或贷方），则在另一个或几个相联系的账户中记入贷方（或借方）。

（2）以相等的金额同时记入借方账户或贷方账户。对同一项经济业务在不同的但却相互对应的账户上记录时，其金额必然是相等的。借贷记账法的理论基础是"资产＝负债＋所有者权益"。据此，因经济业务的发生而引起各项目变动时，会计等式两端要素之间能够保持平衡关系。

经济业务的种类是多种多样的，其发生可能只引起一项要素内部各项目的变动，也可能影响到会计恒等式两端要素的变动。归纳起来，经济业务的发生类型主要有四种，借贷记账法"有借必有贷，借贷必相等"的记账规则均能加以满足，各种经济业务账务处理如表5-7所示。

表5-7　各种经济业务账务处理一览表

类型	举例
一项经济业务的发生使静态会计等式两端不同属性账户同时增加	投资者投入现金80 000元，这项业务的发生，使"库存现金"这一流动资产项目和"实收资本"这一所有者权益项目同时增加80 000元。资产类项目增加记借方，所有者权益类项目增加记贷方
一项经济业务的发生使会计等式两端不同属性账户同时减少	用银行存款50 000元归还短期借款，这项业务的发生，使"银行存款"这一流动资产项目和"短期借款"这一流动负债项目同时减少50 000元，负债类项目减少记借方，资产类项目减少记贷方
一项经济业务的发生使会计等式左端资产类账户内部之间增加和减少	用银行存款2 000元购买原材料，这项业务的发生使"银行存款"和"原材料"两个流动资产项目一增一减，金额是2 000元，资产类项目增加记借方，资产类项目减少记贷方
一项经济业务的发生使会计等式右端权益类（包括负债和所有者权益）账户增加和减少	向银行借入短期借款20 000元直接偿还应付账款，这项业务的发生，使"短期借款"和"应付账款"两个流动负债项目一增一减，金额是20 000元，负债类项目减少记借方，负债类项目增加记贷方

以上经济类型和记账情况可用图5-1更清晰地表示（注：连线的线端有箭

头表示增加，无箭头表示减少，下同）。

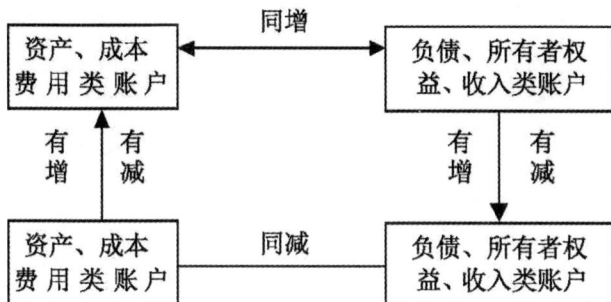

图 5-1　各种经济业务账务处理示意

5.2.3　会计分录

会计分录简称分录，是充分适应借贷记账法规则要求的一种科学有效的会计记录形式。它按借贷记账法记账规则的要求，分别列示出记录经济业务应借、应贷科目名称及其金额。

根据借贷记账法的记账规则，对于发生的同一经济业务应同时在两个或两个以上相互联系的账户中登记。有关账户之间的这种应借应贷的相互关系称为账户的对应关系。发生对应关系的账户，叫作对应账户。会计分录按其对应账户的多少又分为简单会计分录和复合会计分录，前者只涉及两个账户，其对应关系为一借一贷，后者则同时涉及两个以上账户，一借多贷或多借一贷。复合会计分录可以分解为多个简单会计分录。在会计实务中有时也需要编制多借多贷会计分录，但不能把不同的经济业务机械地合并在一起编制多借多贷的会计分录。无论是哪种复合分录，记入借方科目的合计数与记入贷方科目的合计数总是相等的。复合分录虽然较为复杂一些，但可以简化记账手续，而且可以较为集中地反映经济业务。

会计分录的编制，一般分为三步：

（1）确定科目名称，分析确定经济业务涉及的科目类别、特点及其名称；

（2）确定借贷方向，分析确定每个对应科目应记录的借贷方向；

（3）确定记录金额，分析计算记入每个对应科目的金额。

【例 5-1】ABC 公司 2017 年 7 月发生下列经济业务：

① 7 月 1 日收到投资者的投资 320 000 元，存入银行。

投资者投入 320 000 元，则所有者权益增加，相应地把这笔款项存入银行，使企业资产增加 320 000 元；公司核算所有者投资的科目是"实收资本"，存入银行的货币资金科目为"银行存款"。"实收资本"科目的增加记贷方，对应的"银行存款"科目应记入借方，二者增加的金额均为 320 000 元。编制会计分录：

借：银行存款　　　　　　　　　　　　　　　　　320 000

　　贷：实收资本　　　　　　　　　　　　　　　　　　　320 000

② 7 月 4 日公司向银行借款 60 000 元，款项已转存公司的存款户。

该业务是向银行借入款项，则使公司负债增加，对应的借款划入公司存款户，使公司货币资金增加。涉及负债类的"短期借款"和资产类的"银行存款"两个相互对应的科目，"银行存款"科目的增加记入借方，"短期借款"科目的增加记入贷方，增加金额均为 60 000 元。编制会计分录：

借：银行存款　　　　　　　　　　　　　　　　　60 000

　　贷：短期借款　　　　　　　　　　　　　　　　　　　60 000

③ 7 月 7 日以现金支付以前所欠的货款 2 000 元。

该项业务以公司的资产偿还债务，引起货币资金减少，负债减少，涉及的科目是资产类中的"库存现金"和负债类中的"应付账款"。"库存现金"科目的减少记入贷方，"应付账款"科目的减少记入借方。编制会计分录：

借：应付账款　　　　　　　　　　　　　　　　　2 000

　　贷：库存现金　　　　　　　　　　　　　　　　　　　2 000

④ 7 月 10 日企业以银行存款偿还到期的短期借款 60 000 元。

该业务的发生同时引起企业资产的减少和企业负债的减少，对应资产类中的"银行存款"和负债类中"短期借款"两个科目，"短期借款"科目的减少记入借方，"银行存款"科目的减少记入贷方，减少金额均为 60 000 元。编制会计分录：

借：短期借款　　　　　　　　　　　　　　　　　60 000

　　贷：银行存款　　　　　　　　　　　　　　　　　　　60 000

⑤ 7 月 15 日向某企业购买原材料一批验收入库，价款为 40 000 元，以银行存款付讫。

该业务的发生引起资产类要素内部结构发生增减变化，原材料和货币资金均属公司资产，具体科目为"原材料"和"银行存款"。"原材料"科目记入借方，"银行存款"科目记入贷方，记入的金额均为 40 000 元。编制会计分录：

借：原材料　　　　　　　　　　　　　　　　　　40 000

贷：银行存款	40 000

⑥ 7月18日公司以现金2 000元支付行政管理部门零星开支。

该项业务支付行政管理部门的日常耗费，使费用增加，支付的现金又引起资产的减少，所涉及的科目是费用类中的"管理费用"和资产类中的"库存现金"。"管理费用"科目的增加记入借方，现金的减少记入"库存现金"科目的贷方，记入金额均为2 000元。编制会计分录：

借：管理费用	2 000
贷：库存现金	2 000

⑦ 7月19日从银行提取现金10 000元，以备使用。

这笔业务从银行提取现金，引起资产内部结构的变化，涉及资产类中"库存现金"和"银行存款"两个科目。提取现金使企业库存现金增加，相应的银行存款余额减少。"库存现金"科目的增加记入借方，"银行存款"科目减少记入其贷方，记入金额均为10 000元。编制会计分录：

借：库存现金	10 000
贷：银行存款	10 000

⑧ 7月23日向银行借入款项20 000元，用于直接偿还以前的货款。

借入资金必然引起负债的增加，同时偿还另一笔债务又使其减少，应在"短期借款"和"应付账款"科目中登记。借款的增加记入"短期借款"科目的贷方，偿还货款记入"应付账款"科目的借方，记入金额均为20 000元。编制会计分录：

借：应付账款	20 000
贷：短期借款	20 000

⑨ 7月26日公司销售产品一批50 000元（不考虑增值税），货款尚未收到。

此项业务是销售产品，引起收入的增加从而使公司的资产增加，这里的资产表现为债权的增加，涉及的科目是收入类"主营业务收入"和资产类"应收账款"。"主营业务收入"科目的增加记入贷方，"应收账款"科目的增加记入借方，记入的金额均为50 000元。编制会计分录：

借：应收账款	50 000
贷：主营业务收入	50 000

以上9笔经济业务均只有单一的科目对应关系，其会计分录均为只有一个借方

科目和一个贷方科目的简单会计分录。

⑩ 7月30日购入原材料一批60 000元，用银行存款50 000元支付货款，余款暂欠。

该业务中购入原材料一方面资产类存货增加，另一方面支付货款使货币资金减少，同时，部分货款未付使公司负债增加，涉及的科目有资产类中的"原材料""银行存款"和负债类中的"应付账款"。原材料增加记入该科目借方，银行存款减少记入该科目贷方，而未付账款的增加记入"应付账款"科目贷方。该业务中有两种对应关系，即"原材料"和"银行存款"，"原材料"和"应付账款"。而记入借方科目和贷方科目的金额是相等的，均为60 000元，会计处理既可以做成简单分录，也可做成复合分录。

简单分录如下：

借：原材料   50 000

    贷：银行存款   50 000

借：原材料   10 000

    贷：应付账款   10 000

复合分录如下：

借：原材料   60 000

    贷：银行存款   50 000

        应付账款   10 000

在实务中为了集中反映经济业务的全貌，简化记账工作，此类业务一般编制多个借方科目和一个贷方科目，或多个贷方科目和一个借方科目的复合会计分录。

5.2.4 借贷记账法的试算平衡

借贷记账法的试算平衡是会计工作中经常使用的一种查错方法，它根据静态会计等式"资产＝负债＋所有者权益"这一平衡关系，检查某一会计期内对每一项经济业务的会计处理及全部账户记录内容是否正确、完整。按其检查对象不同可分为会计分录试算平衡、发生额及余额试算平衡。

试算平衡的基本依据在于，根据借贷记账法的记账规则，某一会计期间全部账户本期借、贷方发生额及其余额合计数应分别相等，从而保证静态会计等式的平衡，如果此等式失去平衡，则表明某一环节出现了错误。

试算平衡借助于平衡公式来进行，在会计核算实务中使用的试算平衡公式有以下三个：

（1）会计分录试算平衡公式

借方账户金额合计 = 贷方账户金额合计

（2）发生额试算平衡公式

全部账户本期借方发生额合计数 = 全部账户本期贷方发生额合计数

（3）余额试算平衡公式

全部账户期末借方余额合计数 = 全部账户期末贷方余额合计数

试算平衡公式的运用事实上也是严格按借贷记账法的记账规则来进行账务处理的。公式（1）应用在日常账务的处理中，公式（2）、公式（3）通常应用在会计期末的处理中。

本期发生额及期末余额的试算平衡采用试算平衡表的方式进行，常用的试算平衡表有三种：总分类账本期发生额试算平衡表；总分类账期末余额试算平衡表；总分类账本期发生额及期末余额试算平衡表。第三种试算平衡表是前两种试算平衡表的综合，以第三种试算平衡表为例说明试算平衡表的编制方法如下。

将上述十项经济业务所编制的会计分录登记有关账户并计算出本期发生额及余额，其编制顺序为：①先应结出各账户本期借方发生额、贷方发生额和期末余额；②将每一账户期初、期末余额和借贷方发生额过入试算平衡表的对应行次，分别累加后得出合计数，即完成了试算平衡表的编制。如借、贷合计数相等，则说明账务处理结果基本正确；如果不相等，则账务处理肯定有错。但试算平衡并非表示账务处理和记录绝对正确，因为有些错误是试算平衡不能发现的，如借贷方向性错误，对应账户同时多记或少记相等金额以及漏记某项经济业务等。

5.3 总分类账户与明细分类账户的平行登记

总分类账户和明细分类账户所记录的经济业务内容是相同的，其差别仅在于提供核算资料详细程度不同。因此，二者的关系是：总分类账户对其所属的明细分类账户进行综合和控制，叫作统驭账户，而明细分类账户就是对其所属的统驭账户核算内容的必要补充。根据二者的这一关系，在会计核算中，为了便于进行账户记录的核对，保证核算资料的完整性和正确性，总分类账户与其所属的明细分类账户必须采用平行登记的方法。

所谓总分类账户与明细分类账户的平行登记，就是指对发生的每项经济业务，要记入有关的总分类账户，设有明细分类账户的，同时还要记入有关的明细分类账户；登记总分类账和明细分类账的原始依据必须相同，借贷记账方向必须一致；记入总分类账户的金额必须与记入有关明细分类账户的金额之和相等。总分类账户和明细分类账户平行登记之后可产生的数量关系为：

（1）总分类账户本期发生额＝总分类账户所属各明细分类账户本期发生额合计

（2）总分类账户期末余额＝总分类账户所属各明细分类账户期末余额合计

在会计核算过程中，通过利用这种数量关系来检查总分类账户和明细分类账户记录的完整性和正确性。

第**6**章
把好第一关——会计凭证的编制

本章概览

　　会计凭证既是登录会计账簿的依据，同时也是明确经济责任的证据。依据规范，认真、正确地完成原始凭证的办理、记账凭证的填制、会计凭证的保管等一系列工作，是确保会计职能得以实现的基础。因此，本章将向你介绍有关会计凭证的各项工作，主要包括：

　　（1）会计凭证的概念、分类及其书写要求；

　　（2）记账凭证必备的内容、类别、填制要求与记账凭证的审核；

　　（3）会计凭证的保管。

6.1　记账要有凭据，认识会计凭证

6.1.1　会计凭证有哪些

　　会计凭证是具有一定格式、用以记录经济业务发生和完成情况的书面证明。各单位在按照《会计法》和《会计基础工作规范》的有关规定办理会计手续、进行会计核算时，必须以会计凭证为依据。

　　取得和填制会计凭证是会计基础工作的基本内容之一，对会计核算工作和会计信息质量具有至关重要的影响和作用。合法地取得、正确地填制和审核会计凭证，是会计核算的基本方法之一，也是会计核算工作的起点，在会计核算中具有如下重要意义。

（1）记录经济业务，提供记账依据。会计凭证是登记账簿的依据，它所记录的有关信息是否真实、可靠、及时，对于能否保证会计信息质量具有至关重要的影响。

（2）明确经济责任，强化内部控制。任何会计凭证必须由有关部门和人员签章，对其所记录经济业务的真实性、完整性、合法性负责，以防止舞弊行为，强化内部控制。

（3）监督经济活动，控制经济运行。通过会计凭证的审核，可以查明每一项经济业务是否符合国家有关法律、法规、制度规定，是否符合计划、预算进度，是否有违法乱纪、铺张浪费行为等。对于查出的问题，应积极采取措施予以纠正，实现对经济活动的事中控制，保证经济活动健康运行。

6.1.2 会计凭证的分类

会计凭证按照编制的程序和用途不同，分为原始凭证和记账凭证两类。

原始凭证，亦称单据，是填制记账凭证或登记账簿的原始依据，是重要的会计核算资料。它是在经济业务发生时，由业务经办人员直接取得或者填制、用以表明某项经济业务已经发生或其完成情况，并明确有关经济责任的一种凭证。各单位在经济业务发生时，不但必须取得或者填制原始凭证，还应该将原始凭证及时送交本单位的会计机构或专职会计人员，以保证会计核算工作的顺利进行。

记账凭证又称为记账凭单，是会计人员根据审核无误的原始凭证，按照经济业务的内容加以归类，并据以确定会计分录后所填制的会计凭证，是登记账簿的直接依据。它根据复式记账法的基本原理，确定了应借、应贷的会计科目及其金额，将原始凭证中的一般数据转化为会计语言，是介于原始凭证与账簿之间的中间环节，是登记明细分类账户和总分类账户的依据。

6.1.3 一定要规范，会计凭证的书写要求

正确书写会计凭证是会计凭证易于辨认并合法有效的重要前提。《会计基础工作规范》第52条规定："填制会计凭证，字迹必须清晰、工整"，这不但便于辨认，也有助于防止篡改。此外，填制会计凭证时还应当严格遵守以下具体规定。

1. 阿拉伯数字的书写要求

阿拉伯数字应当一个一个地写，不得连笔写。特别在要连着写几个"0"时，一定要单个地写，不能连在一起一笔写完。数字的排列要整齐，数字间的空隙应均匀，不宜过大。

根据习惯，阿拉伯数字在书写时应有一定的斜度，一般以数字的中心线与底平线保持 60 度夹角为宜，数字的高度一般占凭证横格高度的 1/2。书写时还要注意紧靠横格底线，使上方能留出一定空位，以便更正。

2. 货币符号的书写要求

阿拉伯金额数字前面应当书写货币币种符号或者货币名称简写和币种符号。币种符号与阿拉伯金额数字之间不得留有空白。凡阿拉伯数字前写有币种符号的，数字后面不再写货币单位；所有以"元"为单位（其他货币种类为货币基本单位）的阿拉伯数字，除表示单价等情况外，一律填写到角分；无角分的，角位和分位可写"00"，或者符号"–"；有角无分的，分位应当写"0"，不得用符号"–"代替。

3. 汉字大写数字的书写要求

（1）大写数字的书写。汉字大写数字金额如零、壹、贰、叁、肆、伍、陆、柒、捌、玖、拾、佰、仟、万、亿等，一律用正楷或者行书体书写，如表 6–1 所示。不得用〇、一、二、三、四、五、六、七、八、九、十等简化字代替，不得任意自造简化字。

大写金额数字到元或者角为止的，在"元"或者"角"字之后应当写"整"字或者"正"字；大写金额数字有分的，分字后面不写"整"字或者"正"字。例如，人民币 35 680 元，大写金额数字应为"人民币叁万伍仟陆佰捌拾元整"或"人民币叁万伍仟陆佰捌拾元正"；又如，人民币 471.90 元，大写金额数字应为"人民币肆佰柒拾壹元玖角整"或"人民币肆佰柒拾壹元玖角正"；再如，人民币 2 308.66 元，大写金额数字应为"人民币贰仟叁佰零捌元陆角陆分"。

（2）货币名称的书写。大写金额数字前未印有货币名称的，应当加填货币名称，货币名称与金额数字之间不得留有空白。如人民币 186 497 元，应当写成"人民币拾捌万陆仟肆佰玖拾柒元整"，不能分开写成"人民币 拾捌万陆仟肆佰玖拾柒元整"。

（3）"零"字的写法。阿拉伯金额数字中间有"0"时，汉字大写金额要写"零"字；阿拉伯数字金额中间连续有几个"0"时，汉字大写金额中可以只写一个"零"字；阿拉伯金额数字元位是"0"，或者数字中间连续有几个"0"、元位也是"0"，但角位不是"0"时，汉字大写金额可以只写一个"零"字，也可以不写"零"字。

如人民币 101.50 元，汉字大写金额应写成"人民币壹佰零壹元伍角整"；如人民币 1 004.56 元，汉字大写金额应写成"人民币壹仟零肆元伍角陆分"；如人民币 1 680.32 元，汉字大写金额应写成"人民币壹仟陆佰捌拾元叁角贰分"；又如人民币 1 600.32 元，汉字大写金额应写成"人民币壹仟陆佰元叁角贰分"或"人民币壹仟陆佰元零叁角贰分"。

表 6-1　大写金额数字的规范书写

正楷	壹贰叁肆伍陆柒捌玖拾佰仟万亿零整元角分
行书	壹贰叁肆伍陆柒捌玖拾佰仟万亿零整元角分

6.2　了解原始凭证

6.2.1　原始凭证的类别

依据不同的标准可将原始凭证做不同的分类，具体如表 6-2 所示。

表 6-2　原始凭证的类别

依据	类别	概念
来源不同	外来原始凭证	指在经济业务发生或完成时，从其他单位或个人直接取得的原始凭证，如购买货物取得的增值税专用发票、对外单位支付款项时取得的收据等
	自制原始凭证	指由本单位内部经办业务的部门和人员，在执行或完成某项经济业务时填制的、仅供本单位内部使用的原始凭证，如收料单、领料单、借款单等

依据	类别	概念
填制手续及内容不同	一次凭证	指一次填制完成、只记录一笔经济业务的原始凭证，如收据、领料单、收料单、发货票、借款单、银行结算凭证等。一次凭证是一次有效的凭证
	累计凭证	指在一定时期内多次记录发生的同类型经济业务的原始凭证。其特点是，在一张凭证内可以连续登记同性质的经济业务，随时结出累计数及结余数，并按照费用限额进行费用控制，期末按实际发生额记账。累计凭证是多次有效的原始凭证。具有代表性的累计凭证是限额领料单
	汇总凭证	指对一定时期内反映经济业务内容相同的若干张原始凭证按一定标准综合填制的原始凭证。它合并了同类型经济业务，简化了记账工作量。常用的汇总原始凭证有发出材料汇总表、工资结算汇总表、差旅费报销单等
格式不同	通用凭证	指由有关部门统一印制、在一定范围内使用的具有统一格式和使用方法的原始凭证。通用凭证的使用范围，因制作部门不同而异，可以是某一地区、某一行业使用的，也可以是全国通用的。如某省（市）印制的发货票、收据等，在该省（市）通用；由人民银行制作的银行转账结算凭证，在全国通用等
	专用凭证	指由单位自行印制、仅在本单位内部使用的原始凭证，如领料单、差旅费报销单、折旧计算表、工资费用分配表等
经济业务的类别不同	款项收付业务凭证	指记录现金和银行存款收付增减等业务的原始凭证，既有外来的也有自制的，但多为一次凭证，如现金借据、现金收据、领款单、零星购物发票、车船机票、医药费单据、银行支票、付款委托书、托收承付结算凭证等
	出入库业务凭证	指记录材料、产成品出入库等情况的原始凭证。这类凭证可以是一次凭证，也可以是累计凭证，如入库单、领料单、提货单等
	成本费用凭证	指记录产品生产费用的发生和分配情况的原始凭证，大多是内部自制凭证，如工资单、折旧费用分配表、制造费用分配表、产品成本计算单等
	购销业务凭证	指记录材料物品采购或劳务供应、产成品（商品）或劳务销售情况的原始凭证，前者为外来凭证，后者为自制凭证，如提货单、发货单、交款单等
	固定资产业务凭证	指记录固定资产购置、调拨、报废和盘盈、盘亏业务的原始凭证，如固定资产调拨单、固定资产移交清册、固定资产报废单和盘盈、盘亏报告单等
	转账业务凭证	指会计期间终了，为了结平收入和支出等账户，计算并结转成本、利润等，由会计人员根据会计账簿记录整理制作的原始凭证。这类凭证一般无固定格式，但需要注明制证人并由会计主管签章

6.2.2 原始凭证的填制内容

原始凭证种类繁多、来源广泛，为了能够客观反映经济业务的发生或完成情况，表明经济业务的性质，明确有关单位和人员的经济责任等，根据《会计基础工作规范》第48条规定，原始凭证必须具备以下基本要素：

（1）凭证的名称；

（2）填制凭证的日期；

（3）填制凭证单位的名称或者填制人的姓名；

（4）经办人员的签名或盖章；

（5）接受凭证单位的名称；

（6）经济业务内容；

（7）经济业务的数量、单价和金额。

实际工作中，根据经营管理和特殊业务的需要，除上述基本内容外，可以增加必要的内容。对于不同单位经常发生的共同性经济业务，有关部门可以制定统一的凭证格式。如人民银行统一制定的银行转账结算凭证，标明了结算双方单位名称、账号等内容；铁道部统一制定的铁路运单，标明了发货单位、收货单位、提货方式等内容。

6.2.3 原始凭证的填制

1. 原始凭证填制的基本要求

（1）真实可靠。即如实填列经济业务内容，不弄虚作假，不涂改、挖补。

（2）内容完整。即应该填写的项目要逐项填写（接受凭证方应注意逐项验明），不可缺漏，尤其需要注意：年、月、日要按照填制原始凭证的实际日期填写；名称要写全，不能简化；品名或用途要填写明确，不许含糊不清；有关人员的签章必须齐全。

（3）填制及时。即每当一项经济业务发生或完成时，都要立即填制原始凭证，不积压、不误时、不事后补制。

（4）书写清楚。即字迹端正、易于辨认，数字书写符合要求，文字工整，不草、不乱、不"造"；复写的凭证不串格、不串行、不模糊。

（5）顺序使用。即收付款项或实物的凭证要顺序或分类编号，在填制时按照编号的次序使用，跳号的凭证应加盖"作废"戳记，不得撕毁。

2. 原始凭证填制的附加要求

（1）从外单位取得的原始凭证必须盖有填制单位的公章；从个人取得的原始凭证必须有填制人员的签名或盖章；自制原始凭证必须有经办部门负责人或其指定的人员的签名或盖章；对外开出的原始凭证，必须加盖本单位的公章。所谓"公章"应是具有法律效力和规定用途的印鉴，如业务公章、财务专用章、发票专用章、收款专用章或结算专用章等。

（2）凡填有大写和小写金额的原始凭证，大小写的金额必须相符。

（3）购买实物的原始凭证，必须有验收证明。实物购入以后，要按照规定办理验收手续，会计人员通过有关原始凭证进行监督检查。需要入库的实物，必须填写入库验收单，由仓库保管人员按照采购计划或供货合同验证后，在入库验收单上如实填写实收数额，并签名或盖章。不需要入库的实物，由经办人员在凭证上签名或盖章以后，必须交由实物保管人员或使用人员进行验收，并由实物保管人员或使用人员在凭证上签名或盖章。经过购买人以外的第三者查证核实以后，会计人员才能据以报销付款并做进一步的会计处理。

（4）一式几联的原始凭证，必须注明各联的用途，并且只能以一联用作报销凭证；一式几联的发票和收据，必须用双面复写纸套写，或本身具备复写功能，并连续编号，作废时应加盖"作废"戳记，连同存根一起保存。

（5）发生销货退回及退还货款时，必须填制退货发票，附有退货验收证明和对方单位的收款收据，不得以退货发票代替收据。如果情况特殊，可先用银行的有关凭证，如汇款回单等，作为临时收据，待收到收款单位的收款证明以后，再将其附在原付款凭证之后，作为正式原始凭证。在实际工作中，有的单位发生销货退回时，对收到的退货没有验收证明，造成退货流失；办理退款时，仅以所开出的红字发票的副本作为本单位退款的原始凭证，既不经过对方单位盖章收讫，也不附对方单位的收款收据。这种做法容易发生舞弊行为，应该予以纠正。

（6）职工公出借款的收据，必须附在记账凭证之后。职工公出借款时，应由本人按照规定填制借款单，由所在单位领导人或其指定的人员审核，并签名或盖章，然后办理借款。借款收据是此项借款业务的原始凭证，在收回借款时，应当另开收据或者退还借款收据的副本，不得退还原借款收据以免损害会计资料的完整性，使其中一项业务的会计处理失去依据。

（7）经上级有关部门批准的经济业务，应当将批准文件作为原始凭证附件。如果批准文件需要单独归档，应当在凭证上注明批准机关名称、日期和文件字号。

（8）发现原始凭证有错误的，应当由开出单位重开或者更正，在更正处应当加盖开出单位的公章。

6.2.4 真实第一位，原始凭证的审核

1.原始凭证审核的具体内容

（1）审核原始凭证的真实性。对原始凭证真实性的审核包括对凭证日期是否真实、业务内容是否真实、数据是否真实等内容的审查。对外来原始凭证，必须有填制单位公章和填制人员签章；对自制原始凭证，必须有经办部门和经办人员的签名或盖章。此外，对通用原始凭证，还应审核凭证本身的真实性，以防假冒。

（2）审核原始凭证的合法性。审核原始凭证所记录经济业务是否有违反国家法律法规的情况，是否履行了规定的凭证传递和审核程序，是否有贪污腐化等行为。

（3）审核原始凭证的合理性。审核原始凭证所记录经济业务是否符合企业生产经营活动的需要、是否符合有关的计划和预算等。

（4）审核原始凭证的完整性。审核原始凭证各项基本要素是否齐全，是否有漏项情况，日期是否完整，数字是否清晰，文字是否工整，有关人员签章是否齐全，凭证联次是否正确等。

（5）审核原始凭证的正确性。审核原始凭证各项金额的计算及填写是否正确，包括：阿拉伯数字分位填写，不得连写；小写金额前要标明"￥"字样，中间不能留有空位；大写金额前要加"人民币"字样，大写金额与小写金额要相符；凭证中有书写错误的，应采用正确的方法更正，不能采用涂改、刮擦、挖补等不正确方法更正。

（6）审核原始凭证的及时性。审查凭证的填制日期，尤其是对于支票、银行汇票、银行本票等时效性较强的原始凭证，更应仔细验证其签发日期。

2.经审核原始凭证的处理

原始凭证的审核是一项十分重要、严肃的工作，经审核的原始凭证应根据不同情况进行如下处理。

（1）对于完全符合要求的原始凭证，应及时据以编制记账凭证入账；

（2）对于真实、合法、合理但内容不够完整、填写有错误的原始凭证，应退回给有关经办人员，由其负责将有关凭证补充完整、更正错误或重开后，再办理正式会计手续；

（3）对于不真实、不合法的原始凭证，会计机构、会计人员有权不予接受，并向单位负责人报告。

6.2.5　我来试试看，几种常用原始凭证填制举例

1. 收料单的填制

收料单是在外购的材料物资验收入库时填制的凭证，一般一式三联，一联验收人员留底，一联交仓库保管人员据以登记明细账，一联连同发货票交财会部门办理结算。收料单的格式如图 6-1 所示。

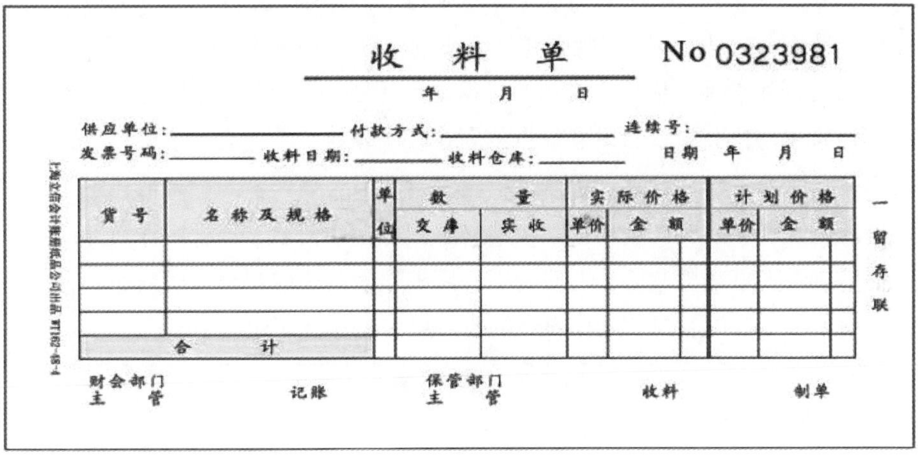

收　料　单　　No 0323981

年　月　日

供应单位：＿＿＿＿ 付款方式：＿＿＿＿ 连续号：＿＿＿＿

发票号码：＿＿＿＿ 收料日期：＿＿＿＿ 收料仓库：＿＿＿＿ 日期　年　月　日

货号	名称及规格	单位	数量		实际价格		计划价格	
			交库	实收	单价	金额	单价	金额
合计								

一留存联

财会部门主管　　记账　　保管部门主管　　收料　　制单

图 6-1　收料单格式

2. 领料单的填制

此凭证为自制原始凭证。为了便于分类汇总，领料单要“一料一单”地填制，即一种原材料填写一张单据。领用原材料需经领料车间负责人批准后，方可填制领料单；车间负责人、收料人、仓库管理员和发料人均需在领料单中签章，无签章或签章不全的均属无效，不能作为记账的依据。领料单格式如图 6-2 所示。

领 料 单

№ 0000001

领料部门________ 用途________ 年 月 日

江龙船艇科技股份有限公司中山分公司

序号	物料编码	产品名称	规格型号	单位	领发数量	实发数量	金额								备注
							十	万	千	百	十	元	角	分	
1															
2															
3															
4															
5															
6															
7															
8															

部门主管： 仓管员： 领料：

第一联：存根（白） 第二联：财务（红） 第三联：仓库（黄）

图 6-2 领料单格式

3. 限额领料单的填制

限额领料单是一种一次开设、多次使用、领用限额已定的累计凭证。在有效期（最长1个月）内，只要领用数量累计不超过限额就可以连续使用。

每月开始以前，应由供应部门根据生产计划、材料消耗定额等有关资料，按照产品和材料分别填制限额领料单。在限额领料单中，要填明领料单位、材料用途、发料仓库、材料名称以及根据本月产品计划产量和材料消耗定额计算确定的全月领料限额等项目。限额领料单一般一式两联，经生产计划部门和供应部门负责人审核签章后，一联送交仓库据以发料，登记材料明细账；另一联送交领料单位据以领料。限额领料单的格式如图 6-3 所示。

限 额 领 料 单

领料部门：生产车间　　　　发料仓库：2号

用　　途：B产品生产　　20××年 2月　　编　　号：008

材料类别	材料编号	材料名称及规格	计量单位	领料限额	实际领用	单价	金额	备注
型钢	0348	圆钢φ10mm	千克	500	480	4.40	2112	

日期	请领		实发			限额结余	退库	
	数量	签章	数量	发料人	领料人		数量	退库单
2.3	200		200	姜同	王立	300		
2.12	100		100	姜同	王立	200		
2.20	180		180	姜同	王立	20		
合计	480		480			20		

供应部门负责人 李微　　生产计划部门负责人 佟伟　　仓库负责人签章 刘俊

图 6-3 限额领料单格式

4. 增值税专用发票的填制

增值税专用发票是一般纳税人于销售货物时开具的销货发票，一式四联，销货单位和购货单位各两联。其中留销货单位的两联，一联存有关业务部门，一联作会计机构的记账凭证；交购货单位的两联，一联作购货单位的结算凭证，一联为税款抵扣凭证。购货单位向一般纳税人购货，应取得增值税专用发票，因为只有专用增值税发票税款抵扣联支付的进项税才能在购货单位作为“进项税额”列账，这样销货单位也不漏税，否则，将给国家带来损失。增值税专用发票的格式（以北京的为例）如图 6-4 所示。

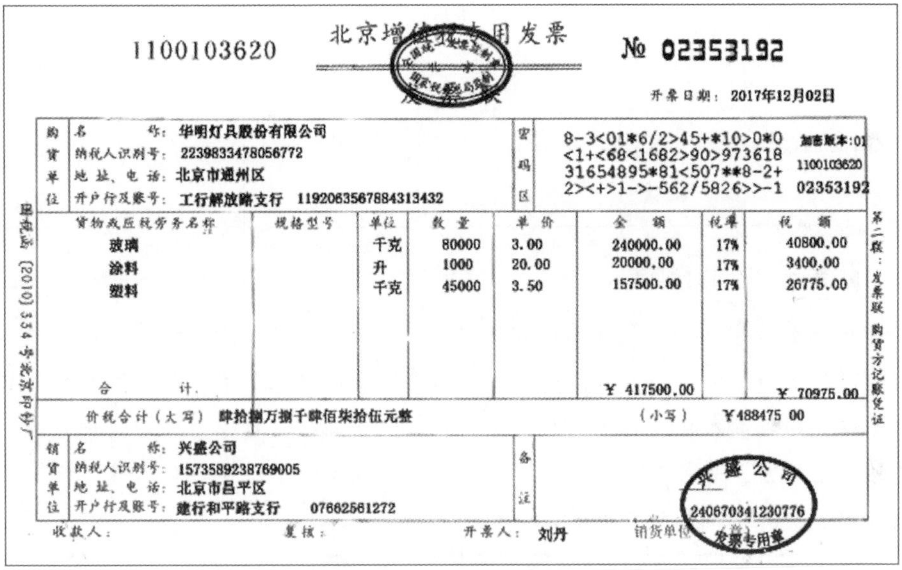

1100103620　北京增值税专用发票　№ 02353192

开票日期：2017年12月02日

购货单位　名称：华明灯具股份有限公司；纳税人识别号：2239833478056772；地址、电话：北京市通州区；开户行及账号：工行解放路支行　1192063567884313432

密码区：8-3<01*6/2>45+*10>0*0　<1+<68<1682>90>973618　31654895*81<507**8-2+　2><+>1->-562/5826>>-1　加密版本:01　1100103620　02353192

货物或应税劳务名称	规格型号	单位	数量	单价	金额	税率	税额
玻璃		千克	80000	3.00	240000.00	17%	40800.00
涂料		升	1000	20.00	20000.00	17%	3400.00
塑料		千克	45000	3.50	157500.00	17%	26775.00
合计					¥ 417500.00		¥ 70975.00

价税合计（大写）肆拾捌万捌千肆佰柒拾伍元整　（小写）¥488475 00

销货单位　名称：兴盛公司；纳税人识别号：1573589238769005；地址、电话：北京市昌平区；开户行及账号：建行和平路支行　07662561272

备注

收款人：　复核：　开票人：刘丹　销货单位（章）

兴盛公司　240670341230776　发票专用章

第二联：发票联　购货方记账凭证

图 6-4　增值税专用发票格式

5. 发料凭证汇总表的填制

工业企业在生产过程中领发材料比较频繁，业务量大，同类凭证也较多。为了简化核算手续，需要编制发料凭证汇总表。编制时间根据业务量的大小确定，可 5 天、10 天、15 天或 1 个月汇总编制一次。汇总时，要根据实际成本计价（或计划成本计价）的领发料凭证、领料部门以及材料用途分类进行。发料凭证汇总表的格式如表 6-3 所示。

表 6–3　发料凭证汇总表的格式

发料凭证汇总表

年　　月　　日

耗用产品或部门	领料单张数	数量	单价		金额	
			实际价	计划价	实际价	计划价
A产品						
B产品						
C产品						
管理部门						
车间耗用						
其他部门						
合 计						

6. 商品验收单的填制

商品验收单是商业企业购进商品验收的凭证。在商品到达企业后，业务部门应将发票与经济合同进行核对，无误后再填制商品验收单，共一式四联，交仓库或实物负责人验收商品。商品验收后，应在商品验收单上加盖收货戳记，然后分送业务、财会、统计等部门据以办理货款结算、记账和登记等手续。商品验收单的格式如图 6–5 所示。

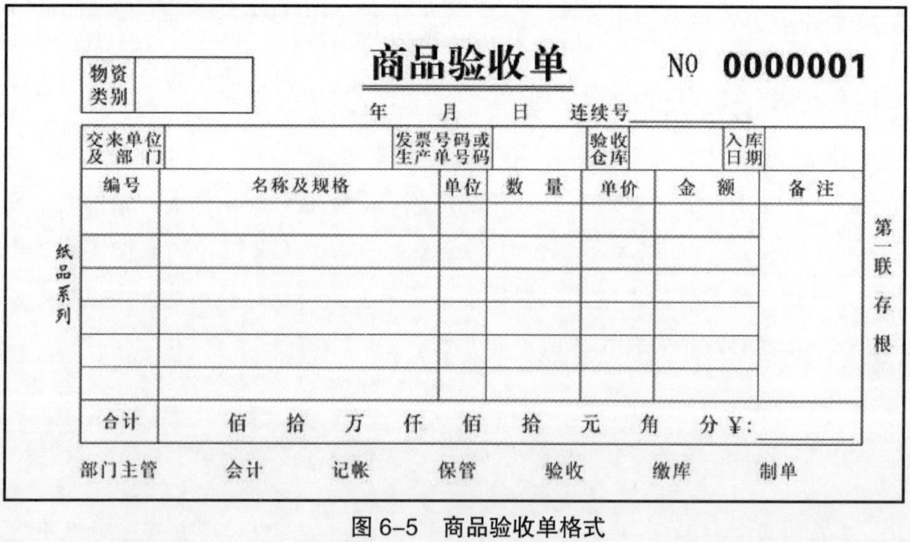

商品验收单　　№ 0000001

物资类别

年　　月　　日　　连续号________

交来单位及部门		发票号码或生产单号码		验收仓库		入库日期	
编号	名称及规格	单位	数量	单价	金额	备注	
合计	佰　拾　万　仟　佰　拾　元　角　分 ¥:________						

纸品系列　　第一联　存根

部门主管　　会计　　记帐　　保管　　验收　　缴库　　制单

图 6–5　商品验收单格式

6.3　记账凭证

6.3.1　记账凭证必备的内容

　　记账凭证，在会计实务工作中也被称为传票，是对经济业务按其性质加以归类，确定会计分录，并据以登记会计账簿的凭证。《会计基础工作规范》规定："会计机构、会计人员要根据审核无误的原始凭证填制记账凭证。"

　　记账凭证作为登记账簿的依据，因其所反映经济业务的内容不同，各单位规模大小及其对会计核算繁简程度的要求不同，其格式亦有所不同。但为了满足记账的基本要求，记账凭证应具备一些必备的内容。根据《会计基础工作规范》的规定，记账凭证必须具备下列内容要素：

　　（1）填制凭证的日期；

　　（2）凭证的名称和编号；

　　（3）经济业务的摘要；

　　（4）应记会计科目（包括一级科目、二级科目和明细科目）、方向及金额；

　　（5）记账符号；

　　（6）所附原始凭证的张数；

　　（7）填制人员、稽核人员、记账人员和会计主管人员（收款凭证和付款凭证还应增加出纳人员）的签名或印章。

6.3.2　记账凭证的类别

　　根据不同的分类标准可将记账凭证做不同的分类，具体如表 6-4 所示。

表 6-4　记账凭证的类别

依据	类型	概念
反映的经济内容	收款凭证	指用于记录现金和银行存款收款业务的会计凭证。收款凭证根据有关现金和银行存款收入业务的原始凭证填制，是登记现金日记账、银行存款日记账以及有关明细账和总账等账簿的依据，也是出纳人员收讫款项的依据
	付款凭证	指用于记录现金和银行存款付款业务的会计凭证。付款凭证根据有关现金和银行存款的支付凭证填制，是登记现金日记账、银行存款日记账以及有关明细账和总账等账簿的依据，也是出纳人员支付款项的依据
	转账凭证	指用于记录不涉及现金和银行存款业务的会计凭证。转账凭证根据有关转账业务的原始凭证填制，是登记有关明细账和总账等账簿的依据

续表

依据	类型	概念
填列方式	复式记账凭证	是将每一笔经济业务所涉及的全部会计科目及其发生额均在同一张记账凭证中反映的一种凭证，实际工作中应用最普遍，全面反映了经济业务的账户对应关系，有利于检查会计分录的正确性，但不便于会计岗位上的分工记账。收款凭证、付款凭证、转账凭证以及通用记账凭证均为复式记账凭证
	单式记账凭证	指每一张记账凭证只填列经济业务所涉及的一个会计科目及其金额的记账凭证。填列借方科目的称为借项凭证，填列贷方科目的称为贷项凭证 某项经济业务涉及几个会计科目，就编制几张单式记账凭证。单式记账凭证反映内容单一，便于分工记账，便于按会计科目汇总，但一张凭证不能反映每一笔经济业务的全貌，不便于检验会计分录的正确性，使用范围较窄
	汇总记账凭证	是将许多同类记账凭证逐日或定期（3天、5天、10天等）加以汇总后填制的凭证。如将收款凭证、付款凭证或转账凭证按一定的时间间隔分别汇总，编制汇总收款凭证、汇总付款凭证或汇总转账凭证

此外，由于收款凭证、付款凭证、转账凭证的划分工作量较大，对于经济业务较简单、规模较小、收付款业务较少的单位，其还可采用通用记账凭证来记录所有经济业务，这时，记账凭证不再区分收款、付款及转账业务，而将所有经济业务统一编号，在同一格式的凭证中进行记录。通用记账凭证的格式与转账凭证的基本相同。

6.3.3 填制记账凭证的要求

1. 记账凭证填制的基本要求

（1）审核无误。即以审核无误的原始凭证为基础填制记账凭证。

（2）内容完整。即记账凭证应该包括的内容都要具备。应注意：以自制的原始凭证或原始凭证汇总表代替记账凭证使用的，也必须具备记账凭证所应有的内容；记账凭证的日期，一般为编制记账凭证当天的日期，按权责发生制原则计算收益、分配费用、结转成本利润等调整分录和结账分录的记账凭证，虽然需要到下月才能编制，仍应填写当月月末的日期，以便在当月的账内进行登记。

（3）分类正确。即根据经济业务的内容，正确区别不同类型的原始凭证，正确应用会计科目。记账凭证可以在正确分类的基础上根据每一张原始凭证填制，或者根据若干张同类原始凭证汇总编制，但不得将不同内容和类别的原始凭证汇总填制在一张记账凭证上。

（4）连续编号。

2. 记账凭证填制的具体要求

（1）除结账和更正错误外，记账凭证必须附有原始凭证并注明所附原始凭证的张数。

与记账凭证中的经济业务记录有关的每一张证据，都应当作为附件。所附原始凭证张数的计算，一般以自然张数为准，如果记账凭证中附有原始凭证汇总表，则应该把所附的原始凭证和汇总表的张数一起计入附件的张数之内。但报销差旅费等的零散票券，可以粘贴在一张纸上，作为一张原始凭证。一张原始凭证如涉及几张记账凭证，可将该原始凭证附在一张主要的记账凭证后面，在其他相关记账凭证上注明该主要记账凭证的编号或者附上该原始凭证的复印件。

（2）一张原始凭证所列的支出需要由两个以上的单位共同负担时，应当由保存该原始凭证的单位开给其他应负担单位原始凭证分割单。

原始凭证分割单必须具备原始凭证的基本内容，包括凭证的名称、填制凭证的日期、填制凭证单位的名称或填制人的姓名、经办人员的签名或盖章、接受凭证单位的名称、经济业务内容、数量、单价、金额和费用的分担情况等。

（3）记账凭证编号的方法有多种，可以按现金收付、银行存款收付和转账业务三类分别编号，也可以按现金收入、现金支出、银行存款收入、银行存款支出和转账五类进行编号，或者将转账业务按照具体内容再分成几类编号。

各单位应当根据本单位业务繁简程度、人员多少和分工情况来选择便于记账、查账、内部稽核、简单严密的编号方法。编号应按月顺序，即每月都从 1 号编起，顺序编至月末。一笔经济业务需要填制两张或者两张以上记账凭证的，可以采用分数编号法编号，如 1 号会计事项分录需要填制 3 张记账凭证，就可以分别编成 1–1/3、1–2/3、1–3/3 号。

（4）填制记账凭证时如果发生错误，应当重新填制。已经登记入账的记账凭证在当年内发现错误的，可以用红字注销法进行更正。在会计科目应用上没有错误，只是金额错误的情况下，也可以按正确数字同错误数字之间的差额，另编一张调整记账凭证。发现以前年度的记账凭证有错误时，应当用蓝字填制一张更正的记账凭证。

（5）实行会计电算化的单位，其机制记账凭证应当符合对记账凭证的一般要求，并应认真审核，做到会计科目使用正确，数字准确无误。

打印出来的机制记账凭证上，要有制单人员、审核人员、记账人员和会计主管人员的印章或者签字，以明确责任。

（6）记账凭证填制完经济业务事项后，如有空行，应当在金额栏自最后一笔金额数字下的空行处至合计数上的空行处划线注销。

（7）正确编制会计分录并保证借贷平衡。必须根据国家统一会计制度的规定和经济业务的内容，正确使用会计科目和编制会计分录，记账凭证借、贷方的金额必须相等，合计数必须计算正确。

（8）摘要应与原始凭证内容一致，能正确反映经济业务的主要内容，表述简短精练。应能使阅读的人通过摘要就能了解该项经济业务的性质、特征，判断出会计分录的正确与否。

（9）只涉及现金和银行存款之间收入或付出的经济业务，应以付款业务为主，只填制付款凭证，不填制收款凭证，以免重复。

6.3.4 记账凭证的审核

为了保证会计信息的质量，在记账之前应由有关稽核人员对记账凭证进行严格的审核。其审核的主要内容如下。

（1）内容是否真实。审核记账凭证是否有原始凭证为依据，所附原始凭证的内容与记账凭证的内容是否一致，记账凭证汇总表的内容与其所依据的记账凭证的内容是否一致等。

（2）项目是否齐全。审核记账凭证各项目的填写，如日期、凭证编号、摘要、会计科目、金额、所附原始凭证张数及有关人员签章等是否齐全。

（3）科目是否正确。审核记账凭证的应借、应贷科目是否正确，是否有明确的账户对应关系，所使用的会计科目是否符合国家统一的会计制度的规定等。

（4）金额是否正确。审核记账凭证所记录的金额与原始凭证的有关金额是否一致、计算是否正确，记账凭证汇总表的金额与记账凭证的金额合计是否相符等。

（5）书写是否正确。审核记账凭证中的记录是否文字工整，数字清晰，是否按规定进行更正等。

此外，出纳人员在办理收款或付款业务后，应在凭证上加盖"收讫"或"付讫”的戳记，以避免重收重付。

6.3.5　常用记账凭证填制举例

1. 专用记账凭证的填制

（1）收款凭证。收款凭证是用来记录现金和银行存款收款业务的记账凭证，它是根据有关现金和银行存款收款业务的原始凭证填制的。收款凭证还可以分为现金收款凭证和银行存款收款凭证两种。收款凭证左上角的借方科目固定为“库存现金”科目或“银行存款”科目，其对应科目填写在贷方科目栏中，格式如图 6-6 所示。

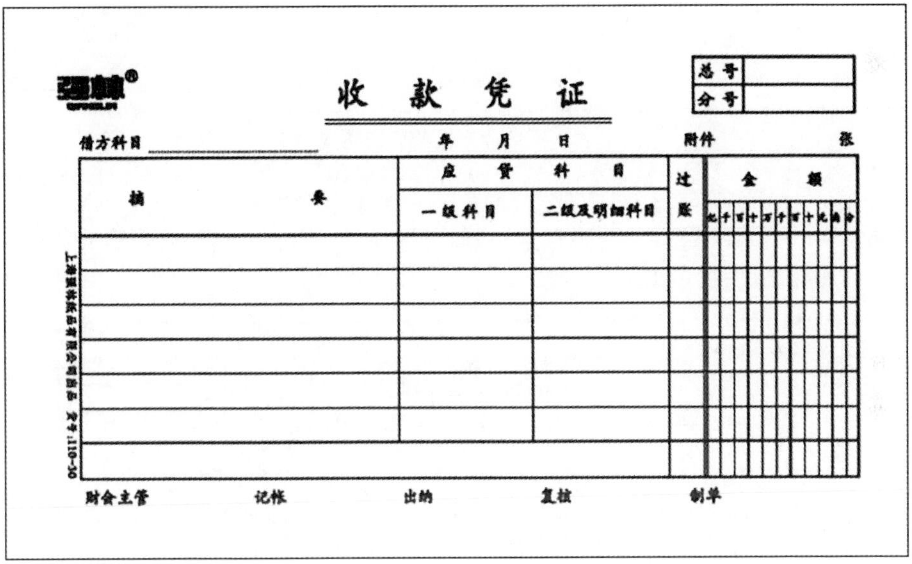

收　款　凭　证

总号
分号

借方科目　　　年　月　日　　　附件　　张

摘要	应贷科目		过账	金额
	一级科目	二级及明细科目		亿千百十万千百十元角分

财会主管　记帐　出纳　复核　制单

图 6-6　收款凭证格式

（2）付款凭证。付款凭证是用来记录现金和银行存款付款业务的记账凭证，它是根据现金和银行存款付款业务的原始凭证填制的。付款凭证也可以分为现金付款凭证和银行存款付款凭证两种。付款凭证左上角的贷方科目也固定为“库存现金”科目或“银行存款”科目，其对应科目填写在借方科目栏中，格式如图 6-7 所示。

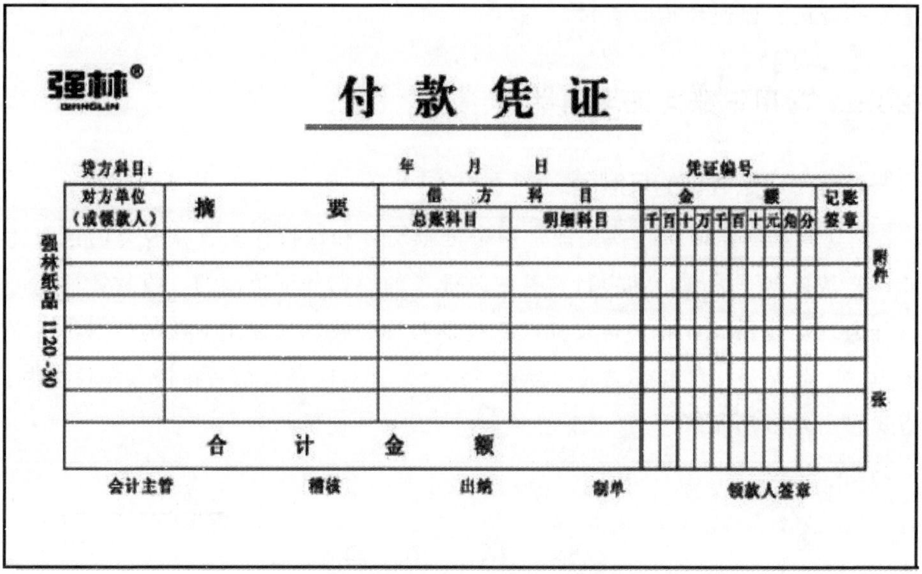

强林®
QIANGLIN

付款凭证

贷方科目：　　　年　月　日　　　凭证编号

对方单位（或领款人）	摘要	借方科目		金额	记账签章
		总账科目	明细科目	千百十万千百十元角分	
合计金额					

强林纸品 1120-30

附件　张

会计主管　稽核　出纳　制单　领款人签章

图 6–7　付款凭证格式

（3）转账凭证。转账凭证是用来记录不涉及现金和银行存款收付业务的记账凭证，它是根据现金和银行存款收付业务以外的转账业务的原始凭证填制的。转账凭证的格式如图 6–8 所示。

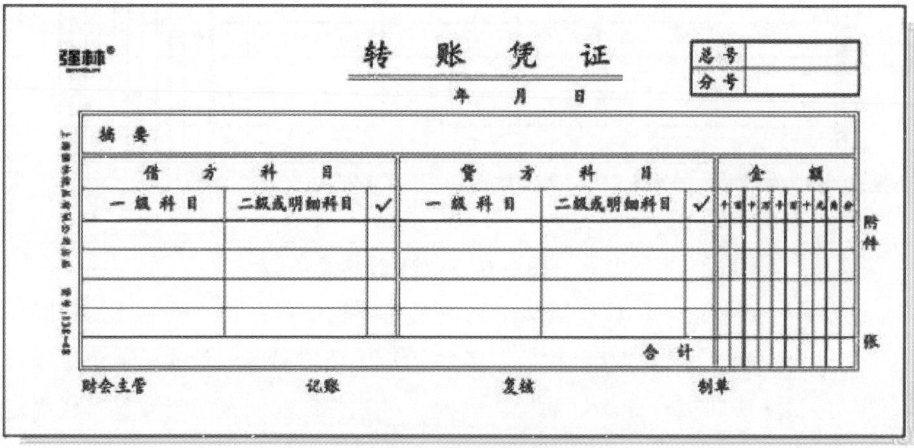

强林®

转账凭证

年　月　日

总号
分号

摘要

借方科目			贷方科目			金额
一级科目	二级或明细科目	✓	一级科目	二级或明细科目	✓	千百十万千百十元角分
				合计		

附件　张

财会主管　记账　复核　制单

图 6–8　转账凭证格式

2. 通用记账凭证的填制

通用记账凭证的名称为“记账凭证”或“记账凭单”，它集收款凭证、付款凭证和转账凭证于一身，通用于收款、付款和转账等各种类型的经济业务。其格式及填制方法与转账凭证的类似，如图 6–9 所示。

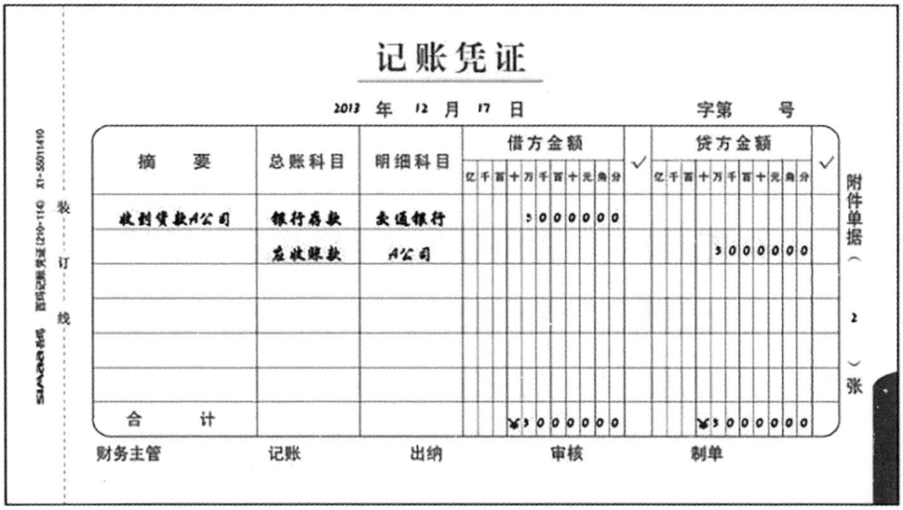

记账凭证

2013 年 12 月 17 日　　字第　　号

摘　要	总账科目	明细科目	借方金额（亿千百十万千百十元角分）	✓	贷方金额（亿千百十万千百十元角分）	✓
收到货款A公司	银行存款	交通银行	3000000			
	应收账款	A公司			3000000	
合　计			¥3000000		¥3000000	

附件单据（ 2 ）张

财务主管　　记账　　出纳　　审核　　制单

装订线

图 6–9　通用记账凭证格式

3. 汇总记账凭证的填制

（1）汇总收款凭证的填制。汇总收款凭证根据现金或银行存款的收款凭证，按现金或银行存款科目的借方分别设置，并按贷方科目加以归类汇总，定期（5 天或 10 天）填列一次，每月编制一张。月份终了，计算出汇总收款凭证的合计数后，分别登记现金或银行存款总账的借方以及各个对应账户的贷方。汇总收款凭证格式如表 6–5 所示。

表 6–5　汇总收款凭证格式

汇总收款凭证

借方科目：银行存款　　年　　月　　汇收第　　号

贷方科目	金　额				总账页数	
	1–10 日 凭证号 ××–××	11–20 日 凭证号 ××–××	21–30 日 凭证号 ××–××	合计	借方	贷方

会计主管：　　记账：　　审核：　　制表：

（2）汇总付款凭证的填制。汇总付款凭证根据现金或银行存款的付款凭证，按现金或银行存款科目的贷方分别设置，并按借方科目加以归类汇总，定期（5 天或 10 天）填列一次，每月编制一张。月份终了，计算出汇总付款凭证的合计数后，分别登记现金或银行存款总账的贷方以及各个对应账户的借方。

汇总付款凭证格式如表 6-6 所示。

表 6-6　汇总付款凭证格式

汇总付款凭证

贷方科目：库存现金　　　　　　年　　月　　汇付　第　　　　号

借方科目	金　额				总账页数	
	1-10 日 凭证号 ××-××	11-20 日 凭证号 ××-××	21-30 日 凭证号 ××-××	合计	借方	贷方

会计主管：　　　　记账：　　　　审核：　　　　制表：

（3）汇总转账凭证的填制。汇总转账凭证根据转账凭证按每个科目的贷方分别设置，并按对应的借方科目归类汇总，定期（5 天或 10 天）填列一次，每月编制一张。月终了，计算出汇总转账凭证的合计数后，分别登记各有关总账的贷方或借方。汇总转账凭证格式如表 6-7 所示。

表 6-7　汇总转账凭证格式

汇总转账凭证

贷方科目：　　　　　　　　年　　月　　　　汇转　第　　　　号

借方科目	金　额				总账页数	
	1-10 日 凭证号 ××-××	11-20 日 凭证号 ××-××	21-30 日 凭证号 ××-××	合计	借方	贷方

会计主管：　　　　记账：　　　　审核：　　　　制表：

（4）记账凭证汇总表的填制。记账凭证汇总表又名科目汇总表，是根据一定时期内的全部记账凭证，整理、汇总各账户的借贷方发生额，并据以登记总账的一种汇总性记账凭证。科目汇总表不能反映账户之间的对应关系。根据记账凭证逐笔登记总账，如果工作量很大，可以填制记账凭证汇总表，然后根据记账凭证汇总表再来登记总账。记账凭证（科目）汇总表格式如表 6-8 所示。

其填制方法一般如下：

①填写记账凭证汇总表的日期、编号和会计科目名称。汇总表的编号一般

按年顺序编列，汇总表上会计科目名称的排列应与总账科目的序号保持一致；

②将需要汇总的记账凭证，按照相同的会计科目名称进行归类；

③将相同会计科目的本期借方发生额和贷方发生额分别加总，求出合计金额；

④将每一会计科目的合计金额填入汇总表的相关栏目；

⑤结计汇总表的本期借方发生额和本期贷方发生额合计数，双方合计数应相等。

表 6-8　记账凭证（科目）汇总表格式

科目汇总表

年　　　　月　　　　日　　　　　　　　　第　　　号

借方金额	√	会计科目	贷方金额	√

会计主管：　　　　　记账：　　　审核：　　　　制表：

6.4　会计凭证的保管

6.4.1　会计凭证的传递

会计凭证的传递是指从会计凭证的取得或填制时起至归档保管过程中，在单位内部有关部门和人员之间的传送程序。会计凭证的传递是会计核算得以正常、有效进行的前提，科学合理的传递程序应能保证会计凭证在传递过程中的安全、及时、准确和完整。会计凭证的传递，要求能够满足内部控制制度的要求，使传递程序合理有效，同时尽量节约传递时间，减少传递的工作量。

《会计基础工作规范》第54条规定："各单位会计凭证的传递程序应当科学、合理，具体办法由各单位根据会计业务需要自行规定。"会计凭证的传递科学、严密、有效，对于加强企业内部管理、提高会计信息的质量具有重要的影响。而根据企业生产组织特点、经济业务的内容和管理要求不同，会计凭证的传递程序也有所不同。

为此，企业应认真制定每一种凭证的传递程序和方法，在确定传递程序时，应该结合本单位的具体情况，如核算工作量的大小、机构及职责设置的繁简、会计内部分工及职能分割的粗细等进行。要反对无序传递，也要注意防止形式化。只做点表面文章，对提高和保证会计核算的质量是不会有实际作用的，因此，应保证正确、有效的会计凭证传递程序。例如，对于收料单的传递，应规定：材料到达企业后多长时间内验收入库，收料单由谁填制，一式几联，各联次的用途是什么，何时传递到会计部门，会计部门由谁负责收料单的审核工作，由谁据以编制记账凭证、登记账簿、整理归档等。

6.4.2　会计凭证的保管

会计凭证的保管是指会计凭证记账后的整理、装订、归档和存查工作。《会计基础工作规范》第55条规定："会计机构、会计人员要妥善保管会计凭证。"会计凭证作为记账的依据，是重要的会计档案和经济资料。本单位以及有关部门、单位，可能因各种需要查阅会计凭证，特别是发生贪污、盗窃、违法乱纪行为时，会计凭证还是依法处理的有效证据。因此，任何单位在完成经济业务手续和记账之后，必须将会计凭证按规定的立卷归档制度形成会计档案资料，妥善保管，防止丢失，不得任意销毁，以便于日后随时查阅。

会计凭证保管的具体要求有以下几点。

（1）会计凭证应当及时传递，不得积压。

（2）会计凭证登记完毕后，应当按照分类和编号顺序保管，不得散乱丢失。

（3）记账凭证应当连同所附的原始凭证或者原始凭证汇总表，按照编号顺序，折叠整齐，按期装订成册，并加具封面（如表6-9所示），注明单位名称、年度、月份和起讫日期、凭证种类、凭证张数、起讫号码、会计主管人员、装订人员等有关事项，由装订人在装订线封签处签名或者盖章，会计主管人员和保管人员应在封面上签章。对于数量过多的原始凭证，可以单独装订保管，在封面上注明记账凭证日期、编号、种类，同时在记账凭证上注明"附件另订"和原始凭证名称及编号。各种经济合同、存出保证金收据以及涉外文件等重要原始凭证，应当另编目录，单独登记保管，并在有关的记账凭证和原始凭证上相互注明日期和编号。

（4）会计凭证应加贴封条，防止抽换凭证。原始凭证不得外借，其他单位如因特殊原因需要使用原始凭证时，经本单位会计机构负责人、会计主管人员批准，可以复制。向外单位提供的原始凭证复制件，应当在专设的登记簿上登记，并由提供人员和收取人员共同签名或者盖章。

（5）从外单位取得的原始凭证如有遗失，应当取得原开出单位盖有公章的证明，并注明原来凭证的号码、金额和内容等，由经办单位会计机构负责人、会计主管人员和单位领导人批准后，才能代作原始凭证。如果确实无法取得证明，如火车、轮船、飞机票等凭证，由当事人写出详细情况，由经办单位会计机构负责人、会计主管人员和单位领导人批准后，代作原始凭证。

（6）每年装订成册的会计凭证，在年度终了时可暂由单位会计机构保管一年，期满后应当移交本单位档案机构统一保管；未设立档案机构的，应当在会计机构内部指定专人保管。出纳人员不得兼管会计档案。

（7）严格遵守会计凭证的保管期限要求，期满前不得任意销毁。

表 6-9　会计凭证的封面

记账凭证

本月第　　　册　　　本月共　　　册

单位名称：

时间	20　年　月　日起至　　年　月　　日		
号数	自　号至　号	记账凭证　张	附件　张
附　记			
企业负责人：		会计主管：	

第**7**章
分门别类，一丝不苟——会计账簿的登录

本章概览

在形式上，会计账簿只是若干账页的组合；在实质上，会计账簿是会计信息形成的重要环节，是编制会计报表的重要依据。登录会计账簿是体现会计核算职能的中心环节。为了保证会计信息的质量，登录会计账簿必须按照严格的程序和要求办理。本章将向你介绍如何设置、登记会计账簿，如何进行对账和结账以及如何发现和改正账簿登记中出现的错误，具体包括：

（1）如何设置总账、日记账、明细分类账簿；

（2）如何登记总账、日记账、明细分类账等会计账簿；

（3）如何对账和结账；

（4）如何查找并更正会计记录的错误。

7.1　会计账簿的设置

《会计法》第3条规定："各单位必须依法设置会计账簿，并保证其真实、完整。"《会计基础工作规范》第56条规定："各单位应当按照国家统一会计制度的规定和会计业务的需要设置会计账簿。"这是会计账簿设置的总原则。

7.1.1　会计账簿的基本构成

《会计基础工作规范》第56条规定："会计账簿包括总账、明细账、日记账和其他辅助性账簿。"这是会计核算内在规律的要求。要使各种散乱、繁杂的经济业务的信息或数据成为有用的会计信息，需要通过不同种类的会计账

簿对一个单位的全部经济业务信息或数据进行连续的、相互衔接的分类、整理和加工。这些账簿构成会计信息形成过程中的不同环节，为整个过程能达到预定的目标提供了实现的手段。

在实际工作中，账簿的格式是多种多样的，不同格式的账簿所包括的具体内容也不尽相同，但各种账簿都应具备以下基本要素。

（1）封面。主要标明账簿的名称，如总分类账、各种明细账、现金日记账、银行存款日记账等。

（2）扉页。账簿启用和经管人员一览表（活页账、卡片账在装订成册后，填列账簿启用和经管人员一览表），其主要内容是：单位名称、账簿名称、起止页数、启用日期、单位领导人、会计主管人员、经管人员、移交人和移交日期、接管人和接管日期。

（3）账页，账簿的主体。在每张账页上，应载明：账户名称（亦即会计科目或明细科目）、记账日期栏、记账凭证的种类和号数、摘要栏、金额栏、总页次和分页次。

7.1.2　总账的设置

总分类账簿简称总账，是按照会计制度中规定的一级会计科目开设的，分类汇总反映各种资产、负债和所有者权益以及费用、成本和收入总括情况的账簿。总分类账在全面、总括地反映全部经济业务的同时，又能为编制会计报表提供依据，因而，任何会计主体都要设置总分类账。

总分类账簿一般都采用订本账，在一本或几本账簿中将全部总分类账户按会计科目的编号顺序分设，因此对每个账户应事先按业务量的大小预留若干账页。

总账一般只进行货币量度的核算，因此总分类账多使用三栏式，在账页中设置借方、贷方和余额三个金额栏，其格式及内容如表 7-1 所示。

表 7-1　总分类账格式

总分类账

会计科目：

年		凭证		摘要	对应科目	借方	贷方	借或贷	余额
月	日	字	号						

总分类账中的对应科目栏，可以设置也可以不设置。"借或贷"栏是指账户的余额是在借方还是在贷方。由于采用的会计核算程序不同，总分类账的登记方法和登记程序也不一样。它可以直接根据记账凭证，按经济业务发生的时间顺序逐笔登记，也可以根据科目汇总表登记，还可以根据汇总记账凭证按期或分次汇总登记。

7.1.3 日记账的设置

1. 普通日记账

普通日记账是用来序时地反映和逐笔记录全部经济业务的日记账。普通日记账也称分录簿，它由会计人员按照每天发生的经济业务的先后顺序，确定应借应贷的会计科目，编制会计分录，逐笔记入普通日记账的相应栏目，作为记入分类账的依据。其格式和内容如表7-2所示。

表7-2　普通日记账

年		凭证		摘要	会计科目	金额		账页	过账符号
月	日	字	号			借方	贷方		

普通日记账的功能和作用只是把反映繁杂经济业务的每一张记账凭证的内容集中在一起，可以全面了解一个时期企业经济业务的全貌，但不便于分工记录，也不能把各种经济业务进行分类反映，且根据普通日记账逐笔登记总账的工作量很大。所以，许多单位并不设置这种普通日记账，而是直接根据记账凭证登记分类账，以减少重复工作。

2. 特种日记账

特种日记账是将大量重复发生的同类经济业务，集中在一本日记账中进行登记的账簿。最常见的特种日记账是现金日记账和银行存款日记账，其账页格式又分为三栏式和多栏式。

现金日记账是出纳人员根据现金收款凭证、现金付款凭证和银行付款凭证（记录从银行提取现金业务），按经济业务发生时间的先后顺序进行登记的账簿。

银行日记账是出纳人员根据银行收款凭证、银行付款凭证和现金付款凭证（记录现金存入银行的业务）按经济业务发生时间的先后顺序进行登记的账簿。

（1）三栏式日记账

三栏式日记账是指账页的金额栏设"借、贷、余"三栏，用来逐日逐笔登记现金或银行存款的增减变动情况的序时账。其格式及内容分别如表 7-3 和表7-4 所示。

表 7-3　现金日记账

年		凭证		摘要	对方科目	借方	贷方	余额
月	日	字	号					

表 7-4　银行存款日记账

年		凭证		摘要	现金支票号数	转账支票号数	对方科目	借方	贷方	余额
月	日	字	号							

日期栏：登记记账凭证的日期，应与现金或银行存款实际收付日期一致。

凭证栏：登记入账的收付款凭证的种类和编号。

摘要栏：简要说明登记入账的经济业务的内容。

现金支票号数和转账支票号数栏：如果所记录的经济业务是以支票付款结算的，应填写相应的支票号数，以便与银行对账。

对方科目栏：登记现金或银行存款收入的来源科目、支出的用途科目。

借方、贷方、余额栏：现金日记账与银行存款日记账是由出纳人员根据审核无误的收、付款凭证（现金日记账根据现金收、付款凭证和与现金有关的银行存款付款凭证登记；银行存款日记账根据银行存款收、付款凭证和与银行存款有关的现金付款凭证登记）逐日逐笔登记的。每日的现金或银行存款收付业务登记完毕后，应当各自结算出当日收入、支出合计数，并结出余额，做到"日清"；每月末同样计算现金或银行存款各自的收入、支出合计数，并结出余额，这通常称作"月结"。

现金日记账的每日结存余额，应与库存现金的实有数核对相符；银行存款日记账的每日结存余额，应定期与银行对账单核对相符，每月至少要核对一次，并通过编制银行存款余额调节表检查银行存款记录的正确性。如果一个单位按规定在银行开设了不同银行存款账户，则应分别设置银行存款日记账。现金日记账和银行存款日记账，还应定期与会计人员登记的现金总账和银行存款总账核对相符。

（2）多栏式日记账

多栏式日记账是在三栏式日记账的基础上发展起来的，即在日记账账页中，按对应科目设置若干专栏，逐日逐笔登记现金或银行存款收付业务的序时账。

多栏式日记账的借方和贷方都是多栏设置的，可以将其列入一个账簿中，但账簿的账页就会太长，实际工作中不便于操作。所以分别设置两本日记账，即现金（或银行存款）收入日记账和现金（或银行存款）支出日记账，其格式分别如表 7-5 和表 7-6 所示。

表 7-5　现金收入日记账（多栏式）

年		凭证		摘要	贷方科目					支出合计	余额
月	日	字	号		银行存款	……	其他应付款	……	收入合计		

表 7-6　现金支出日记账（多栏式）

年		凭证		摘要	借方科目				支出合计
月	日	字	号		银行存款	……	其他应收款	……	

多栏式日记账填制方法的基本原理和三栏式日记账的一样，区别是现金收入和现金支出反映在两本账上，根据现金付款凭证登记现金支出日记账，将逐日结出的现金支出总数登记在支出合计栏内，同时将现金日记账上支出合计数转记到现金收入日记账上。根据现金收入凭证登记现金收入日记账，将逐日结出的现金收入总数登记在收入合计栏内，同时按"上期结存 + 本期收入 - 本期支出 = 本期结存"的计算公式，结出当天的结存余额，并与现金实存数核对相符。

多栏式的银行存款收入日记账与银行存款支出日记账的格式和登记方法，与现金日记账的基本相似，这里不再重复介绍。

多栏式日记账可以反映某一类经济业务的来龙去脉，又设有若干专栏，使每笔经济业务的借贷关系非常明确；同时月末还可根据合计数一次记入总账，减少了登记总账的工作量。但因其设置了若干专栏，账页的篇幅可能过长，因此多栏式日记账主要适用于规模较大、财会人员较多的企业。

7.1.4　明细分类账簿的设置

明细分类账简称明细账，它是根据经营管理的实际需要，按照某些一级会计科目所属的二级科目或明细科目，分类、连续地记录和反映有关资产、负债和所有者权益以及收入、费用和成本的增减变动等详细情况的账簿。

设置和运用明细分类账，能够详细地反映资金循环和收支的具体情况，有利于加强资金的管理和使用，并可为编制会计报表提供必要的依据。所以各会计主体在设置总分类账的基础上，还要根据经营管理的需要，设置若干必要的明细分类账，以形成既能提供经济活动的总括情况，又能提供具体详细情况的账簿体系。

明细分类账簿的通用格式有三种：三栏式明细分类账、数量金额式明细分类账和多栏式明细分类账。

（1）三栏式明细分类账

三栏式明细分类账的账页格式与三栏式总分类账的相同，只设置借方、贷方和余额三个金额栏。它主要适用于只要求提供价值指标的账户，如短期投资、应收账款、长期投资、应付账款、实收资本等科目的明细核算。其账页格式及内容（以"应收账款明细分类账"为例）如表 7-7 所示。

表 7-7　应收账款明细分类账格式

应收账款明细分类账

购货单位名称：　　　　　　　　　第　　页

年		凭证		摘要	借方	贷方	借或贷	余额
月	日	字	号					

（2）数量金额式明细分类账

数量金额式明细分类账的账页格式是在收入、发出、结存三栏下，再分别设数量、单价和金额栏。它主要适用于既要提供价值指标，又要提供数量指标的账户，如原材料、库存商品等账户的明细分类账。其格式及内容（以"原材料明细分类账"为例）如表 7-8 所示。

表 7-8　原材料明细分类账格式

原材料明细分类账

第页

类　别：　　　　　　　　　计量单位：　　　　　　　　　　　仓　库：

最高储量：　　　　　　　　最低储量：　　　　　　　　　储备定额：

品　名：　　　　　　　　　规　格：　　　　　　　　　　计划单价：

年		凭证		摘要	收入			发出			结存		
月	日	字	号		数量	单价	金额	数量	单价	金额	数量	单价	金额

（3）多栏式明细分类账

多栏式明细分类账是根据经营管理的需要和经济业务的特点，在一张账页的借方栏或贷方栏下设置若干专栏，集中记录某一总账科目所属的各明细科目的内容。它主要适用于损益类等经济业务，如生产成本、主营业务成本、营业费用、管理费用、营业外支出、主营业务收入、营业外收入等账户的明细分类账的核算。其格式及内容（以"生产成本明细分类账"和"主营业务收入明细分类账"为例）分别如表 7-9 和表 7-10 所示。

表 7-9　生产成本明细分类账格式

生产成本明细分类账

品种及规格：　　　　　　　计量单位：　　　　　　　　　第　　　　页

年		凭证		摘要	借方				贷方	余额
月	日	字	号		直接材料	直接人工	制造费用	合计		

表 7-10　主营业务收入明细分类账格式

主营业务收入明细分类账

年		凭证		摘要	借方	贷方				余额
月	日	字	号			产品销售	加工收入	……	合计	

此外，为了适应固定资产、低值易耗品等明细核算的特殊要求，其明细分类核算的格式一般采用卡片式，具体格式可以自行设计。

明细分类账的登记，应根据会计主体业务量的大小、业务性质及管理要求选择不同的登记方法，可以直接根据原始凭证或原始凭证汇总表、记账凭证逐日逐笔登记或定期汇总登记。在月末将总分类账的余额与其所属的明细分类账的余额之和核对相符。有些会计科目如经济业务内容单纯、发生次数较少，可以不设明细账。

7.1.5　会计账簿的启用

为了保证会计账簿记录的合法性和资料的完整性，明确记账责任，会计人员在启用账簿时，要填写账簿启用表。《会计基础工作规范》第 59 条规定："启用会计账簿时，应当在账簿封面上写明单位名称和账簿名称。在账簿扉页上应当附启用表，内容包括：启用日期、账簿页数、记账人员和会计机构负责人、会计主管人员姓名，并加盖名章和单位公章。记账人员或者会计机构负责人、会计主管人员调动工作时，应当注明交接日期、接办人员或者监交人员姓名，并由交接双方人员签名或者盖章。"启用订本式账簿，应当从第一页到最后一页按顺序编定页数，不得跳页、缺号。使用活页式账页，应当按账户顺序编号，并须定期装订成册。装订后再按实际使用的账页顺序编定页码。另加目录，记明每个账户的名称和页次。

从以上的规定可以看出，账簿启用表的填写要求如下：

（1）填写启用日期和启用账簿的起止页数。如启用的是订本式账簿，起止页数已经印好不需再填；启用活页式账簿，起止页数可等到装订成册时再填。

（2）填写记账人员姓名和会计主管人员姓名并加盖印章，以示慎重和负责。

（3）加盖单位财务公章，以示严肃。

（4）当记账人员或会计主管人员工作变动时，应办好账簿移交手续，并在启用表上明确记录交接日期及接办人、监交人的姓名，并加盖公章。

账簿启用表格式如表 7-11 所示。

表 7-11　账簿启用表格式

账簿启用表

单位名称		全宗号	
账簿名称		目录号	
账簿页数	自第 页起至第 页止 共 页	案宗号	
		盒 号	
使用日期	自 年 月 日 至 年 月 日	保管期限	
单位领导人 签 章		会计主管人员 签 章	

经管人员 职 别	姓 名	接管日期	签 章	移交日期	签 章
		年 月 日		年 月 日	
		年 月 日		年 月 日	

7.2　会计账簿的登记

7.2.1　登记会计账簿的要求

为了保证账簿记录、成本计算和会计报表不出现差错，登记账簿必须根据审核无误的记账凭证进行。登记账簿的基本要求如下。

（1）内容准确完整。登记会计账簿时，应当将会计凭证日期、编号、业务内容摘要、金额和其他有关资料逐项计入账内，做到数字准确、摘要清楚、登记及时、字迹工整。对于每一项会计事项，一方面要计入有关的总账，另一方面要计入该总账所属的明细账。账簿记录中的日期，应该填写记账凭证上的日期；以自制的原始凭证（如收料单、领料单等）作为记账依据的，账簿记录中的日期应按有关自制凭证上的日期填列。此外，负责登记账簿的会计人员，在登记账簿前，应对已经专门复核人员审查过的记账凭证再复核一遍，这是岗位责任制和内部牵制制度的要求。如果记账人员对记账凭证中的某些问题弄不明白，可以向填制记账凭证的人员或其他人员请教；如果认为记账凭证的处理有错误，可暂停登记，并及时向会计主管人员反映，由其做出更改或照登的决定。在任何情况下，凡不兼任填制记账凭证工作的记账人员都不得自行更改记账凭证。

（2）登记账簿要及时。登记账簿的间隔时间没有统一的规定，这要根据本单位所采用的具体会计核算形式而定，总的来说是越短越好。一般情况下，总账可以3天或5天登记一次，明细账的登记时间间隔要短于总账的登记时间间隔，日记账和债权债务明细账一般1天就要登记一次。现金、银行存款日记账，应根据收、付款记账凭证，随时按照业务发生顺序逐笔登记，每日终了应结出余额。经管现金和银行存款日记账的专门人员，必须每日掌握银行存款和现金的实有数，谨防开出空头支票和影响经营活动的正常用款。

（3）注明记账符号。登记完毕后，要在记账凭证上签名或者盖章，并注明已经登账的符号，表示已经记账。在记账凭证上应设有专门的栏目注明记账的符号，以免重记或漏记。

（4）书写留空。账簿中书写的文字和数字上面要留有适当空格，不要写满格，一般应占格距的1/2。这样，在一旦发生登记错误时，就能比较容易地进行更正，同时也方便查账工作。

（5）正常记账使用蓝黑墨水。登记账簿要用蓝黑墨水或者碳素墨水书写，不得使用圆珠笔（银行的复写账簿除外）或者铅笔书写。在会计上，数字的颜色是重要的语素之一，它同数字和文字一起传达出会计信息，书写墨水的颜色用错了，其导致的概念混乱不亚于数字和文字的错误。

（6）特殊记账使用红墨水。依据《会计基础工作规范》的规定，下列情况可以用红色墨水记账：①按照红字冲账的记账凭证，冲销错误记录；②在不设借、贷等栏的多栏式账页中，登记减少数；③在三栏式账户的余额栏前，如未印明余额方向，在余额栏内登记负数余额；④根据国家统一会计制度的规定可以用红字登记的其他会计记录。

（7）顺序连续登记。各种账簿应按页次顺序连续登记，不得跳行、隔页。如果发生跳行、隔页，应当将空行、空页划线注销，或者注明"此行空白""此页空白"字样，并由记账人员签名或者盖章。这对在账簿登记中可能出现的漏洞，是十分必要的防范措施。

（8）结出余额。凡需要结出余额的账户，结出余额后，应当在"借"或"贷"等栏内写明"借"或"贷"等字样。没有余额的账户，应当在"借"或"贷"等栏内写"平"字，并在余额栏内用"0"表示（"0"一般应当放在"元"位）。现金日记账和银行存款日记账必须逐日结出余额。

（9）过次承前。每一账页登记完毕结转下页时，应当结出本页合计数及余额，写在本页最后一行和下页第一行有关栏内，并在摘要栏内注明"过次页"和"承前页"字样；也可以将本页合计数及金额只写在下页第一行有关栏内，并在摘要栏内注明"承前页"字样。《会计基础工作规范》还对"过次页"的本页合计数的结计方法，根据不同需要做了以下规定：

第一，对需要结计本月发生额的账户，结计"过次页"的本页合计数应当为自本月初起至本页末止的发生额合计数，便于根据"过次页"的合计数，随时了解本月初到本页末止的发生额，也便于月末结账时，加计"本月合计"数；

第二，对需要结计本年累计发生额的账户，结计"过次页"的本页合计数应当为自年初起至本页末止的累计数，便于根据"过次页"的合计数，随时了解本年初到本页末止的累计发生额，也便于年终结账时，加计"本年累计"数；

第三，对既不需要结计本月发生额也不需要结计本年累计发生额的账户，可以只将每页末的余额结转次页，如某些材料明细账户就没有必要将每页的发生额结转次页。

（10）定期打印。《会计基础工作规范》要求："实行会计电算化的单位，总账和明细账应当定期打印"；"发生收款和付款业务的，在输入收款凭证和付款凭证的当天必须打印出现金日记账和银行存款日记账，并与库存现金核对无误。"

7.2.2　总账的登记

登记总账，可以直接根据各种记账凭证逐笔进行，也可以把各种记账凭证先行汇总，编制成汇总记账凭证或"科目汇总表"后再据以进行。

采用记账凭证核算形式的单位，直接根据记账凭证定期（3 天、5 天或 10 天）登记。在这种核算形式下，应当尽可能地根据原始凭证编制原始凭证汇总表，根据原始凭证汇总表和原始凭证填制记账凭证，根据记账凭证登记总账；采用科目汇总表核算形式的单位，可以根据定期汇总编制的科目汇总表随时登记总账；采用汇总记账凭证核算形式的单位，可以根据"汇总收款凭证""汇总付款凭证"和"汇总转账凭证"的合计数，月终时一次登记总账。各单位具体采用哪一种会计核算形式，每隔几天登记一次总账，可以由本单位根据实际情况自行确定。

1. 记账凭证核算形式

记账凭证核算形式是指对发生的经济业务，都要根据原始凭证或原始凭证汇总表编制记账凭证，然后根据记账凭证直接登记总分类账的一种核算形式。它是一种最基本的核算形式，是其他各种核算形式产生和演变的基础，其显著特征是：在会计核算工作中直接根据记账凭证逐笔登记总分类账。

采用记账凭证核算形式时，需要设置三类记账凭证，即收款凭证、付款凭证和转账凭证，以便据以登记总账；需要设置的账簿主要包括特种日记账（现金日记账和银行存款日记账）和分类账（总分类账和明细分类账），其中特种日记账和总账一般采用三栏式，并按照各个总账科目（一级科目）开设账页，明细账则可视业务特点和管理需要采用三栏式、数量金额式或多栏式；会计处理的一般程序包括七个基本步骤，如图7-1所示（图中的序号分别与基本步骤的序号对应，后同）。

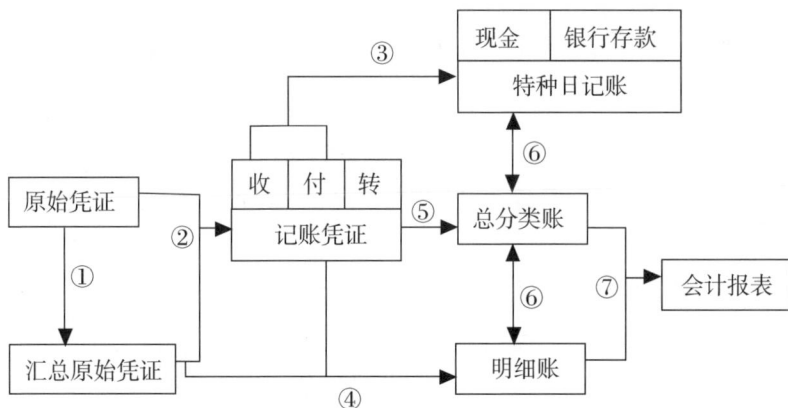

图 7-1　记账凭证核算形式

各基本步骤说明：

①根据原始凭证编制汇总原始凭证；

②根据审核无误的原始凭证或者汇总原始凭证，编制记账凭证（包括收款、付款和转账凭证三类）；

③根据收、付款凭证逐日逐笔登记特种日记账（包括现金日记账、银行存

款日记账）；

④根据原始凭证、汇总原始凭证和记账凭证编制有关的明细账；

⑤根据记账凭证逐笔登记总分类账；

⑥月末，将特种日记账的余额以及各种明细账的余额合计数，分别与总账中有关账户的余额核对相符；

⑦月末，根据经核对无误的总账和有关明细账的记录，编制会计报表。

2. 科目汇总表核算形式

科目汇总表核算形式，也称记账凭证汇总表核算形式，它是根据记账凭证定期编制科目汇总表，然后据以登记总分类账的一种核算形式。这种核算形式是在记账凭证账务处理形式的基础上进行简化而形成的，其显著特点是设置科目汇总表并据以登记总分类账。科目汇总表是一种表格，事先将本单位会计核算所使用的会计科目印成一排，月末（或定期）将收款凭证、付款凭证和转账凭证中各个科目的借方发生额加总填入科目汇总表该科目的借方；将各个科目的贷方发生额加总填入科目汇总表该科目的贷方；最后进行纵向加总并试算平衡。平衡以后，即可作为登记总账的依据。

科目汇总表核算适用于生产经营规模较大，经济业务较多的单位。采用科目汇总表核算形式，需要设置的各种账簿与汇总记账凭证核算的形式基本相同，其核算形式如图 7-2 所示。

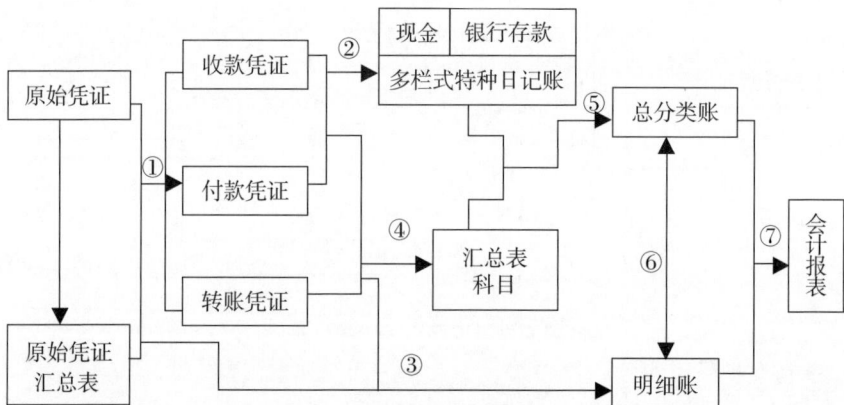

图 7-2　科目汇总表核算形式

各基本步骤说明：

①根据原始凭证或原始凭证汇总表编制收款凭证、付款凭证或转账凭证；

②根据收款凭证、付款凭证登记现金日记账、银行存款日记账；

③根据原始凭证或原始凭证汇总表、收款凭证、付款凭证、转账凭证逐笔登记各种明细账；

④根据收款凭证、付款凭证、转账凭证编制科目汇总表；

⑤根据科目汇总表、现金日记账和银行存款日记账登记总分类账；

⑥月终，将现金日记账、银行存款日记账的余额以及各种明细账的余额合计数分别与相应的总分类账户余额核对相符；

⑦月终，根据总分类账、各种明细账的有关资料编制会计报表。

3. 汇总记账凭证核算形式

汇总记账凭证核算形式是根据原始凭证或原始凭证汇总表编制记账凭证，再根据记账凭证编制汇总记账凭证，然后据以登记总分类账的一种核算形式。汇总记账凭证核算形式是记账凭证核算形式的发展，其主要特点是先定期将全部记账凭证按照种类不同分别归类编制汇总记账凭证，期末再根据汇总记账凭证登记总账。

采用汇总记账凭证核算形式，除需设置记账凭证（收款、付款、转账凭证）之外，还应设置汇总记账凭证（包括汇总收款凭证、汇总付款凭证和汇总转账凭证），作为登记总账的直接依据。汇总收款凭证是按"库存现金"和"银行存款"科目的借方分别设置的一种汇总记账凭证，用来汇总一定时期内现金和银行存款的收款业务，它按有关对应的贷方科目归类汇总编制。汇总付款凭证是按"库存现金"和"银行存款"科目的贷方分别设置的一种汇总记账凭证，用来汇总一定时期内现金和银行存款的付款业务，它按有关对应的借方科目归类汇总编制。汇总转账凭证是按照除"库存现金""银行存款"以外的每一贷方科目分别设置，而按相应的借方科目进行归类汇总的一种汇总记账凭证，用来汇总一定时期内的全部转账业务。

汇总记账凭证的基本格式要求：在编制转账凭证和付款凭证时，只能编制一借一贷或一贷多借的凭证，而不能编制一借多贷的凭证；编制收款凭证时，则只能编制一借一贷或一借多贷的凭证，而不能编制一贷多借的凭证。在汇总记账凭证核算形式下，需要设置的特种日记账有现金日记账和银行存款日记账，一般采用三栏式；总账按总账科目设置账页，一般也采用三栏式；各种明细账可根据实际情况，采用三栏式、数量金额式或多栏式。汇总记账凭证核算形式的基本程序如图 7-3 所示。

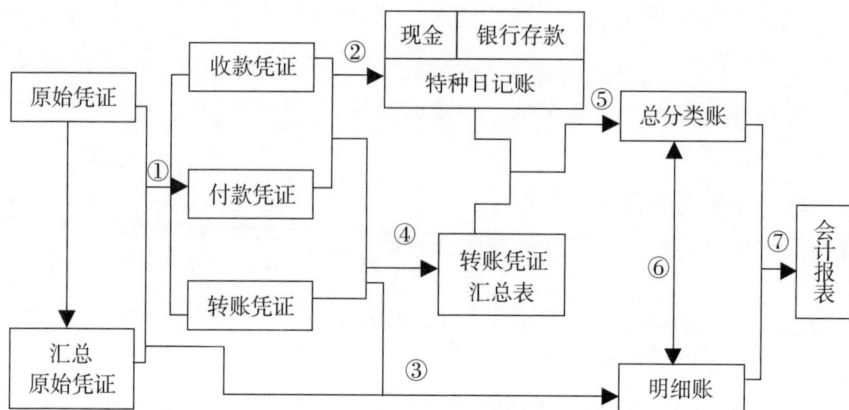

图 7-3 汇总记账凭证核算形式

各基本步骤说明：

①根据经审核的原始凭证或汇总原始凭证，编制记账凭证（收、付、转三类）；

②根据收款凭证和付款凭证，登记特种日记账（现金日记账、银行存款日记账）；

③根据原始凭证、汇总原始凭证和记账凭证，登记有关的明细账；

④根据一定时期内的全部记账凭证，分别汇总编制转账凭证汇总表；

⑤根据定期汇总编制的特种日记账和转账凭证汇总表，登记总分类账；

⑥月末，将特种日记账的余额以及各种明细账的余额合计数，分别与总账中相应账户的余额核对相符；

⑦月末，根据经核对无误的总账和有关的明细账记录，编制会计报表。

7.2.3 明细账的登记

各种明细账，要根据原始凭证、原始凭证汇总表和记账凭证每天进行登记，也可以定期（3天或5天）登记。但债权债务明细账和财产物资明细账应当每天登记，以便随时与对方单位结算，核对库存余额。

7.2.4 日记账的登记

日记账，应当根据办理完毕的收、付款凭证，随时按顺序逐笔登记，最少每天登记一次。

1. 现金日记账的登记方法

现金日记账通常由出纳人员根据审核后的现金收、付款凭证，逐日逐笔顺序登记。同时，由其他会计人员根据收、付款凭证，汇总登记总分类账。对于从银行提取现金的业务，只填制银行存款付款凭证，不填制现金收款凭证，因而现金的收入数，应根据银行存款付款凭证登记。每日收付款项逐笔登记完毕后，应分别计算现金收入和支出的合计数及账面的结余额，并将现金日记账的账面余额与库存现金实存数相核对，借以检查每日现金收、支和结存情况。

2. 银行存款日记账的登记方法

银行存款日记账，应按各种存款分别设置。它通常也是由出纳人员根据审核后的有关银行存款收、付款凭证，逐日逐笔顺序登记的。对于现金存入银行的业务、存款的收入数，应根据现金付款凭证登记。每日终了，应分别计算银行存款收入、付出的合计数和本日余额，以便于检查监督各项收支款项，并便于定期同银行对账单逐笔核对。

在根据多栏式现金日记账和银行存款日记账登记总账的情况下，账务处理可有以下两种做法。

（1）由出纳人员根据审核后的收、付款凭证逐日逐笔登记现金和银行存款的收入日记账和支出日记账，每日应将支出日记账中当日支出合计数，转记入收入日记账中支出合计栏中，以结算当日账面结余额。会计人员应对多栏式现金和银行存款日记账的记录加强检查监督，并负责于月末根据多栏式现金和银行存款日记账各专栏的合计数，分别登记总账有关账户。

（2）另外设置现金和银行存款出纳登记簿，由出纳人员根据审核后的收、付款凭证逐日逐笔登记，以便逐笔掌握库存现金收付情况和同银行核对收付款项。然后将收、付款凭证交由会计人员据以逐日汇总登记多栏式现金和银行存款日记账，并于月末根据多栏式日记账登记总账。出纳登记簿与多栏式现金和银行存款日记账要相互核对。

上述第一种做法可以简化核算工作，第二种做法可以加强内部牵制。总之，采用多栏式现金和银行存款日记账可以减少收、付款凭证的汇总编制手续，简化总账登记工作，而且可以清晰地反映账户的对应关系，了解现金和银行存款收付款项的来龙去脉。

7.3 对账和结账

7.3.1 对账

为了保证账簿所提供的会计资料正确、真实、可靠，会计人员在登记账簿时，一定要有高度的责任心，切不可马虎。记完账后，还应定期做好对账工作，做到账证相符、账账相符、账实相符。

1. 账证核对

记完账后，要将账簿记录与会计凭证进行核对，核对账簿记录与原始凭证、记账凭证的时间、凭证字号、内容、金额等是否一致，记账方向是否相符，做到账证相符。

会计期末，如果发现账证不符，还有必要重新进行账证核对，但这时的账证核对是通过试算平衡发现记账错误之后再按一定的线索进行的。

2. 账账核对

各个会计账簿是一个有机的整体，既有分工，又有衔接，总的目的就是全面、系统、综合地反映企事业单位的经济活动与财务收支情况。各种账簿之间的这种衔接依存关系就是常说的勾稽关系。利用这种关系，可以通过账簿的相互核对发现记账工作是否有误。一旦发现错误，就应立即更正，做到账账相符。账簿之间的核对包括以下内容。

（1）核对总分类账簿的记录。按照"资产＝负债＋所有者权益"这一会计等式和"有借必有贷，借贷必相等"的记账规律，总分类账簿各账户的期初余额、本期发生额和期末余额之间存在对应的平衡关系，各账户的期末借方余额合计和贷方余额合计也存在平衡关系。通过这种等式和平衡关系，可以检查总账记录是否正确、完整。这项核对工作通常采用编制"总分类账户本期发生额和余额对照表"（简称"试算平衡表"）来完成。

（2）总分类账簿与所属明细分类账簿核对，总分类账各账户的期末余额应与其所属的各明细分类账的期末余额之和核对相符。

（3）总分类账簿与序时账簿核对。我国企业、事业等单位必须设置现金日记账和银行存款日记账，现金日记账必须每天与库存现金核对相符，银行存款日记账也必须定期与银行对账。在此基础上，还应检查现金总账和银行存款总账的期末余额，与现金日记账和银行存款日记账的期末余额是否相符。

（4）明细分类账簿之间的核对。例如，会计部门有关实物资产的明细账与财产物资保管部门或使用部门的明细账定期核对，以检查其余额是否相符。核对的方法一般是由财产物资保管部门或使用部门定期编制收发结存汇总表报会计部门核对。

3. 账实核对

账实核对是指各项财产物资、债权债务等账面余额与实有数额之间的核对。账实核对的内容主要有：

（1）现金日记账账面余额与库存现金数额是否相符；

（2）银行存款日记账账面余额与银行对账单的余额是否相符；

（3）各项财产物资明细账账面余额与财产物资的实有数额是否相符；

（4）有关债权债务明细账账面余额与对方单位的账面记录是否相符等。

7.3.2　结账

结账，是在把一定时期内发生的全部经济业务登记入账的基础上，计算并记录本期发生额和期末余额的行为。在一定时期结束时（如月末、季末或年末），为了编制会计报表，需要进行结账。结账的内容通常包括两个方面：一是结清各种损益类账户，并据以计算确定本期利润；二是结清各资产、负债和所有者权益账户，分别结出本期发生额合计数和余额。《会计基础工作规范》规定的结账程序及方法如下。

1. 结账的程序

（1）将本期发生的经济业务全部登记入账，并保证其正确性。

（2）根据权责发生制的要求，调整有关账项，合理确定本期应计的收入和应计的费用。具体包括以下两类：

①应计收入和应计费用的调整。应计收入是指那些已在本期实现、因款项未收而未登记入账的收入。企业发生的应计收入，主要是本期已经发生且符合收入确认标准，但尚未收到相应款项的商品或劳务。对于这类调整事项，应将其确认为本期收入，借记"应收账款"科目，贷记"主营业务收入"科目；待以后收妥款项时，借记"库存现金""银行存款"等科目，贷记"应收账款"科目。

应计费用是指那些已在本期发生、因款项未付而未登记入账的费用，如企业发生的应计费用，本期已经受益，如租用房屋但尚未支付的租金，应付未付的借款利息等。由于这些费用已经发生，应当在本期确认为费用，借记"管理费用""财务费用"等科目，贷记"预提费用"科目；待以后支付款项时，借记"预提费用"科目，贷记"库存现金""银行存款"等科目。

②收入分摊和成本分摊的调整。收入分摊是指企业已经收取有关款项，但未完成或未全部完成商品销售或劳务提供，需在期末按本期已完成的比例，分摊确认本期已实现收入的金额，并调整以前预收款项时形成的负债。如企业销售商品预收定金、提供劳务预收佣金等。在收到预收收入时，应借记"银行存款"等科目，贷记"预收账款"科目；在以后提供商品或劳务、确认本期收入时，进行期末账项调整，借记"预收账款"科目，贷记"主营业务收入"科目。

成本分摊是指企业的支出已经发生，能使若干个会计期间受益，为正确计算各个会计期间的盈亏，将这些支出在其受益的会计期间进行的分配，如企业已经支出，但应由本期和以后各期负担的待摊费用，购建固定资产和无形资产的支出等。企业在发生这类支出时，应借记"固定资产""无形资产"等科目，贷记"银行存款"等科目。在会计期末进行账项调整时，借记"营业费用""管理费用""制造费用"等科目，贷记"累计折旧""累计摊销"等科目。

（3）将损益类科目转入"本年利润"科目，结平所有损益类科目。

（4）结算出资产、负债和所有者权益科目的本期发生额和余额，并结转下期。

2. 结账的方法

（1）对不需按月结计本期发生额的账户，如各项应收应付款明细账和各项财产物资明细账等，每次记账以后，都要随时结出余额，每月最后一笔余额即为月末余额。也就是说，月末余额就是本月最后一笔经济业务记录的同一行内余额。月末结账时，只需要在最后一笔经济业务记录之下通栏划单红线，不需要再结计一次余额。

（2）现金日记账、银行存款日记账和需要按月结计发生额的收入、费用等明细账，每月结账时，要在最后一笔经济业务记录下面通栏划单红线，结出本月发生额和余额，在摘要栏内注明"本月合计"字样，在下面通栏划单红线。

（3）需要结计本年累计发生额的某些明细账户，每月结账时，应在"本月合计"行下结出自年初起至本月末止的累计发生额，登记在月份发生额下面，在摘要栏内注明"本年累计"字样，并在下面通栏划单红线。12月末的"本年累计"就是全年累计发生额，全年累计发生额下通栏划双红线。

（4）总账账户平时只需结出月末余额。年终结账时，为了总括地反映全年各项资金运动情况的全貌，核对账目，要将所有总账账户结出全年发生额和年末余额，在摘要栏内注明"本年合计"字样，并在合计数下通栏划双红线。

年度终了结账时，对于有余额的账户，要将其余额结转下年，并在摘要栏注明"结转下年"字样；在下一会计年度新建有关会计账户的第一行余额栏内填写上年结转的余额，并在摘要栏注明"上年结转"字样。即将有余额的账户的余额直接记入新账余额栏内，不需要编制记账凭证，也不必将余额再记入本年账户的借方或贷方，使本年有余额的账户的余额变为零。因为既然是年末有余额的账户，其余额应当如实地在账户中加以反映，否则容易混淆有余额的账户和没有余额的账户之间的区别。

7.4　登记错误的更正

7.4.1　会计记录错误

会计记录经常遇到的差错种类很多，其主要表现在：记账凭证汇总表不平，总分类账不平，各明细分类账户的余额之和不等于总分类账有关账户的余额，银行存款账户调整后的余额与银行对账单余额不符等。在实际工作中常见的会计记录错误有以下两种。

（1）会计原理、原则运用错误。指在会计凭证的填制、会计科目的设置、会计核算形式的选用、会计处理程序的设计等会计核算的各个环节出现不符合会计原理、原则、《企业会计准则》《企业财务通则》、13个行业的会计制度以及10个行业的财务制度规定的错误。例如，对规定的会计科目不设，不应设立的会计科目却乱设，导致资产、负债、所有者权益不真实；对现行财务制度规定的开支范围、标准执行不严等。

（2）记账错误。主要表现为漏记、重记、错记三种。错记又表现为错记了会计科目，错记了记账方向，错用了记账墨水（蓝黑墨水误用红水，或红水误用蓝黑墨水），错记了金额等。

7.4.2 会计记录错误查找的方法

在日常的会计核算中，发生差错的现象时有发生。如发现错误：一是要确认错误的金额；二是要确认错在借方还是贷方；三是根据产生差错的具体情况，分析可能产生差错的原因，采取相应的查找方法，便于缩短查找差错的时间，减少工作量。

查找错误的方法有很多，现将常用的几种方法介绍如下。

1. 顺查法（又称正查法）

顺查法是按照账务处理的顺序，从原始凭证、账簿、编制会计报表全部过程进行查找的一种方法。即首先检查记账凭证是否正确，然后将记账凭证、原始凭证同有关账簿记录一笔一笔地进行核对，最后检查有关账户的发生额和余额。这种检查方法，可以发现重记、漏记、错记科目、错记金额等，其优点是不易遗漏，缺点是工作量大、时间长。所以在实际工作中，一般是在采用其他方法查找不到错误的情况下采用这种方法。

2. 逆查法（又称反查法）

与顺查法相反，逆查法是按照账务处理的顺序，从会计报表、账簿、原始凭证的过程进行反向查找的一种方法。即先检查各有关账户的余额是否正确，然后将有关账簿按照记录的顺序由后向前同有关记账凭证或原始凭证进行逐笔核对，最后检查有关记账凭证的填制是否正确。这种方法的优点、缺点与顺查法的相同，多用于后期产生差错的可能性较大的情形。

3. 抽查法

抽查法是对整个账簿记账记录抽取其中某部分进行局部检查的一种方法。当出现差错时，可根据具体情况分段、重点查找，将某一部分账簿记录同有关的记账凭证或原始凭证进行核对，还可以根据差错发生的位数有针对性地查找。例如，如果差错是角、分，只要查找元以下尾数即可，如果差错是整数的千位、万位，只需查找千位、万位数即可。其优点是范围小，可以节省时间，减少工作量。

4. 偶合法

偶合法是根据账簿记录差错中经常遇见的规律，推测与差错有关的记录而进行查找的一种方法。这种方法主要适用于漏记、重记、错记的查找。

（1）漏记的查找

①总账一方漏记。总账一方漏记，在试算平衡时，借贷双方发生额不平衡，出现差错，在总账与明细账核对时，会发现某一总账所属明细账的借（或贷）方发生额合计数大于总账的借（或贷）方发生额，也出现一个差额，这两个差额正好相等。而且在总账与明细账中有与这个差额相等的发生额，这说明总账一方的借（或贷）方漏记，借（或贷）方哪一方的数额小，漏记就在哪一方。

②明细账一方漏记。明细账一方漏记，在总账与明细账核对时可以发现。总账已经试算平衡，但在进行总账与明细账核对时，发现某一总账借（或贷）方发生额大于其所属各明细账借（或贷）方发生额之和，说明明细账一方可能漏记，可对该明细的有关凭证进行查对。

③凭证漏记。如果整张的记账凭证漏记，则没有明显的错误特征，只有通过顺查法或逆查法逐笔查找。

（2）重记的查找

①总账一方重记。如果总账一方重记，在试算平衡时，借贷双方发生额不平衡，出现差错；在总账与明细账核对时，会发现某一总账所属明细账的借（或贷）方发生额合计数小于该总账的借（或贷）方发生额合计数，也出现一个差额，这两个差额正好相等，而且在总账与明细账中有与这个差额相等的发生额记录，说明总账借（或贷）方重记，借（或贷）方哪一方的数额大，重记就在哪一方。

②明细账一方重记。如果明细账一方重记，在总账与明细账核对时可以发现。总账已经试算平衡，与明细账核对时，某一总账借（或贷）方发生额小于其所属明细账借（或贷）方发生额之和，则可能是明细账一方重记，可对与该明细账有关的记账凭证进行查对。

③如果整张的记账凭证重记账，则没有明显的错误特征，只能用顺查法或逆查法逐笔查找。

（3）记反账的查找

①总账一方记反。记反账是指在记账时把发生额的方向弄错，将借方发生额记入贷方，或者将贷方发生额记入借方的行为。总账一方记反账，则在试算平衡时发现借贷双方发生不平衡，出现差错。这个差错是偶数，能被 2 整除，

所得的商数则在账簿上有记录，借（或贷）方哪一方大，就记反在哪一方。

②如果明细账记反了，而总账记录正确，则总账发生额试算是正确的，可用总账与明细账核对的方法查找。

（4）记错账的查找

①数字错位。指应记的位数前移或是后移，即小记大或大记小。如把千位数变成了百位数（大变小），或把百位数变成千位数（小变大）。例如，把1 600记成160（大变小），把2.43记成243（小变大）。

如果是大变小，在试算平衡或者总账与明细账核对时，正确数字与错误数字的差额是一个正数，这个差额除以9后所得的商与账上错误的数额正好相等。查账时可以遵循：差额能够除以9，所得商恰是账上的数，可能记错了位，错误是由大变小。

如果是小变大，在试算平衡或者总账与明细账核对时，正确数与错误数的差额是一个负数，这个差额除以9后所得商数再乘以10，得到的绝对数与账上错误恰好相等。查账时应遵循：差额负数除以9，商数乘以10的数账上有，记账错误可以查，错误是由小变大。

②错记。错记是在登记账簿过程中的数字误写。对于错记的查找，可根据由于错记而形成的差数，分别确定查找方法，查找时不仅要查找发生额，同时也要查找余额。一般情况下，同时错记而形成的差数有以下几种情况：

第一种，邻数颠倒。邻数颠倒是指在登记账簿时把相邻的两个数字互换了位置。如把43错记成34，或把34错记成43。

如果前大后小颠倒为后大前小，在试算平衡时，正确数与错误数的差额是一个正数，这个差额除以9后所得商数中的有效数字正好与相邻颠倒两数的差额相等，并且不大于9。可以根据这个特征在差值相同的两个邻数范围内查找。如果前小后大颠倒为前大后小，在试算平衡或者总账与明细账核算时，正确数与错误数的差额是一负数，其他特征同上。在上述情况下，应遵循：差额能除以9有效数字不过9，可能记账数颠倒，根据差值确定查找。

例如，应收账款的总账科目余额合计数应为881.34元，而明细表合计数为944.34元，两表不等。

查找步骤：

第一，求正误差值：881.34-944.34= -63；

第二，判断差值可否用9整除：差值63，正好可以为9整除（63÷9=7）；

第三，求差值系数：（−）63÷9=（−）7；

第四，在错误表中查找有无相邻两数相差为 7 的数字。差值系数为负值时，查前大后小；反之，查前小后大。经查，该表中第 4 行 81.08 中的 8−1=7 前大后小，可以判断为属于数字倒置的错误，即可能是 18.08 而误写为了 81.08；

第五，将第 4 行按 18.08 更正，重新加总，其合计数则为 881.34 与总账一致。

第二种，隔位数字倒置。如将 425 记成 524，701 记成 107 等，这种倒置所产生的差数的有效数字是三位以上，而且中间数字必然是 9，差数以 9 除之所得的商数必须是两位相同的数，如 22，33，34 等。商数中的 1 个数又正好是两个隔位倒置数字之差，如将 802 误记成 208，差数是 594，以 9 除之则商数为 66，两个倒置数 8 与 2 的差也是 6。于是可采用就近邻位数字倒置差错的查找方法去查找账簿记录中百位和个位两数之差为 6 的数字，即 600 与 006、701 与 107、802 与 208、903 与 309 四组数，便可查到隔位数字倒置差错。

采用上述方法时，要注意：一是正确选择作为对比标准的基数；二是保证对比指标口径的可比性；三是同时分析相对数和绝对数的变化，并计算其对总量的影响。

会计人员在日常填制会计凭证和登记账簿的过程中，可能会出现一些差错，切忌生搬硬套，要从具体的实际工作出发，灵活运用查找的方法，有时还要几种方法结合起来并用，通过反复核实，一定会得出正确的结果。

7.4.3　会计记录错误的更正方法

在通过以上方法查找出错账时，为了防止非法改账，应按规定的方法进行更正。更正错账的方法主要有以下三种。

1. 划线更正法，又称红线更正法

这种方法主要适用于：在每月结账前，发现账簿记录中的文字或数字有错误，而其所依据的记账凭证没有错误，即纯属记账时笔误或计算错误。

划线更正法的具体操作方法是：将错误的文字或数字用一条红色横线予以注销，但必须使原有文字或数字清晰可认，以备查阅；然后，在划线文字或数字的上方用蓝字或黑字将正确的文字或数字填写在同一行的上方位置，并由更正人员在更正处签章，以明确责任。

采用这种方法更正错账时应注意：对于文字差错，只划去错误的文字，并相应地予以更正，而不必将全部文字划去；对于数字差错，应将错误的数额全

部划去，而不能只划去错误数额中的个别数字。例如，将 1 354 误记为 1 345，应在 1 345 上划一条红线而不能只划其中的 45，然后应在 1 345 的上方填写正确的数字 1 354。

2. 红字更正法，又称红字冲销法

它是用红字冲销原有记录后再予以更正的方法，主要适用于以下两种情况。

第一，根据记账凭证记账以后，发现记账凭证中的应借、应贷会计科目或记账方向有错误，而账簿记录与记账凭证是相吻合的。其更正的方法是，首先用红字金额填制一张与原错误记账凭证内容完全一致的记账凭证，并据以用红字登记入账，以冲销原错误记录；然后，再用蓝字填制一张正确的记账凭证，并据以用蓝字登记入账。

【例 7-1】红字更正法的应用之一——抵销错账，重做新账

ABC 公司以现金的形式支付 2×17 年下半年的报刊费 1 000 元，会计人员在编制记账凭证时，将应计入"库存现金"科目的金额误记入"银行存款"科目，并按照错误的记账凭证登记入账，其错误记账凭证所反映的会计分录为：

借：管理费用   1 000

    贷：银行存款   1 000

在更正这种错账时，应用红字（在本书中，如无特殊的说明，用带框的数字表示红字记录）记账法做一笔与原来的错误分录一样的红字分录将原来的错账抵销掉：

借：管理费用 | 1 000 |

    贷：银行存款 | 1 000 |

在错误的记账凭证以红字记账更正后，表明已全部冲销原有错误记录，然后用蓝字或黑字填制如下正确的分录，并据以登记入账：

借：管理费用   1 000

    贷：库存现金   1 000

第二，根据记账凭证记账以后，发现记账凭证中应借、应贷会计科目和记账方向都正确，只是所记金额大于应记金额并据以登记账簿。其更正的方法是：将多记的金额用红字填制一张与原错误记账凭证的会计科目、记账方向相同的记账凭证，并据以用红字登记入账，以冲销多记金额，求得正确的金额。

采用红字更正法更正金额多记错误记录时应注意：不得以蓝字金额填制与原错误记账凭证记账方向相反的记账凭证去冲销原错误记录或错误金额，因为

蓝字记账凭证反方向记录的会计分录反映某类经济业务，而不能反映更正错账的内容。例如，借记"库存现金"科目，贷记"其他应收款"科目，如用蓝字填制，则反映的是企业收取某职工的欠款的业务，并不反映对错误账簿记录的更正内容，因此，必须采用红字更正法予以更正。

【例 7-2】红字更正法的应用之二——只抵销错账多记的金额

ABC 公司用银行存款 4 000 元购买办公用计算机一台，在填制记账凭证时，误记金额为 40 000 元，但会计科目、借贷方向均无错误，在登录账簿时，按照错误的会计分录进行了记录，其错误记账凭证所反映的会计分录为：

借：固定资产　　　　　　　　　　　　　　　　　　　40 000

　　贷：银行存款　　　　　　　　　　　　　　　　　40 000

在更正以上的错账时，只需要用红字金额 36 000 元编制如下记账凭证，抵销掉多记的金额就可以了：

借：固定资产　　　　　　　　　　　　　　　　　　　36 000

　　贷：银行存款　　　　　　　　　　　　　　　　　36 000

错误的记账凭证以红字记账更正后，即可反映其正确金额为 3 600 元。

如果记账凭证所记录的文字、金额与账簿记录的文字、金额不符，应首先采用划线法更正，然后用红字冲销法更正。

3. 补充登记法，也称蓝字补记法

这种方法主要适用于：根据记账凭证记账以后，发现记账凭证中应借、应贷会计科目和记账方向都正确，只是所记金额小于应记金额并据以记账。

出现以上错误情况时应采用补充登记法予以更正。更正的方法是：将少记金额用蓝字填制一张与原错误记账凭证科目名称和方向一致的记账凭证，并用蓝字据以登入账，以补足少记的金额。

【例 7-3】补充登记法的应用

ABC 公司开出金额为 40 000 元的转账支票一张用于购买运货汽车一辆，在填制记账凭证时，误记金额为 4 000 元，但会计科目、借贷方向没有错误，其错误的会计分录为：

借：固定资产　　　　　　　　　　　　　　　　　　　4 000

　　贷：银行存款　　　　　　　　　　　　　　　　　4 000

在更正时，应用蓝字或黑字编制如下记账凭证进行更正：

借：固定资产   36 000

贷：银行存款   36 000

大家可以看到，错误的记账凭证经过补充登记后，即可反映其正确的金额为40 000元。

如果记账凭证中所记录的文字、金额与账簿记录的文字、金额不符，应首先采用划线法更正，然后用补充登记法更正。

第 8 章
提纲挈领，高屋建瓴——财务报告的编制

本章概览

定期科学地编制各种财务报表，系统、全面地提供经营管理所需要的完整的会计信息是会计人员也是会计主管的重要职责。了解这些报表的具体内容及编制要求对于做好这项工作具有重要意义，也有助于会计主管提纲挈领地掌握和管理各项会计工作。因此，本章全力帮助你了解如何编制各种财务报表，具体包括：

（1）什么是财务报告，有哪些种类，如何编制财务报告；

（2）资产负债表的内容有哪些，结构是什么，如何编制资产负债表；

（3）利润表的内容有哪些，格式是什么，如何编制利润表；

（4）现金流量表的内容有哪些，结构是什么，如何编制现金流量表。

8.1 认识财务报告

8.1.1 什么是财务报告

《企业会计准则——基本准则》第 44 条指出："财务会计报告是指企业对外提供的反映企业某一特定日期的财务状况和某一会计期间的经营成果、现金流量等会计信息的文件。财务会计报告包括会计报表及其附注和其他应当在财务会计报告中披露的相关信息和资料。会计报表至少应当包括资产负债表、利润表、现金流量表等报表。小企业编制的会计报表可以不包括现金流量表。"

财务报告主要体现为财务报表，财务报表必须是在日常核算资料的基础上，定期地对账簿等核算资料进行归集、加工、汇总并根据会计准则编制而成的。它是财务报告的核心，是对企业财务状况、经营成果和现金流量的结构性表述，其所显示的信息，是会计确认、计量和报告的直接结果，是企业正式对外揭示或表述会计信息的书面文件。财务报告的意义在于真实、完整地反映企业的财务状况、经营成果和现金流量，为财务报告使用者提供经济决策所需的相关信息。

财务报告至少应当包括下列组成部分：（1）资产负债表；（2）利润表；（3）现金流量表；（4）所有者权益（或股东权益，下同）增减变动表；（5）财务报表附注。

当然，尽管财务报表是财务报告的核心，是将财务信息传递给企业外界报表使用者的主要载体，但财务报告比财务报表提供的信息范围要大得多，除了财务报表外，还包括很多其他无法在财务报表中直接列示的信息，如财务指标分析信息、财务预测信息、经济环境对企业经营成果和财务状况的影响、企业管理者对企业业绩的说明及评价等。

8.1.2 财务报告的种类

财务报告可以根据需要，按照不同的标准进行分类。财务报告的种类如表8-1所示。

表 8-1 财务报告的种类

依据	类别	概念或要求
编报时间	月报	要求简明扼要、及时
	季报	季报在会计信息的详细程度方面，介于月报和年报之间
	半年报（又称中期报告）	股份有限公司应编制半年报即中期财务报告，半年报比年报提供的资料略为简单
	年报	要求揭示完整、反映全面
反映财务活动的方式	静态财务报表	指反映企业特定时点上有关资产、负债和所有者权益情况的财务报表，一般应根据各个账户的"期末余额"填列
	动态财务报表	指反映企业一定时期内资金耗费和收回情况以及经营成果的财务报表，一般应根据有关账户的"发生额"填列

依据	类别	概念或要求
服务对象	外部报表	是企业定期向外部报表使用者（如政府部门、投资者、债权人）报送的财务报表，按企业会计准则和有关的会计准则编制的，有统一的格式和指标体系
	内部报表	又称为管理报表，是为了适应企业内部经营管理的需要，自行设计、编制的报表，没有统一规定的格式和指标体系
编制范围	个别财务报表	是独立核算的企业用来反映其本身经营活动和财务状况的财务报表
	合并财务报表	是由母公司编制的，综合了所有控股子公司财务报表的有关内容，反映整个企业集团经营成果和财务状况的财务报表

8.1.3　财务报告的编报要求——财务报表列报的基本要求

《企业会计准则第 30 号——财务报表列报》（以下简称"《财务报表列报》准则"）规定的一般性原则要求包括：财务报告的编制基础、列示的一致性、报表项目的单独列示或合并列示、报表项目间的相互抵销、比较信息的提供。财务报表列报的基本要求主要有以下几项。

1. 列报基础

我国《财务报表列报》准则规范企业持续经营条件下的报表列报，企业应当以持续经营为基础，根据实际发生的交易和事项，按照基本准则和其他各项准则的规定进行确认和计量，在此基础上编制财务报表；企业不应以附注披露代替确认和计量。因此，在编制财务报表时应做到：（1）企业管理层应当评价企业的持续经营能力，对持续经营能力产生严重怀疑的，应当在附注中披露导致对持续经营能力产生重大怀疑的不确定因素；（2）企业在当期已经决定或正式决定下一个会计期间进行清算或停止营业，表明其处于非持续经营状态的，应当采用其他基础编制财务报表，如破产企业的资产应当采用可变现净值计量等，并在附注中声明财务报表未以持续经营为基础列报，披露未以持续经营为基础的原因以及财务报表的编制基础。

2. 重要性、一致性和项目列报

项目列报需要考虑到其重要性，对于性质或功能不同且具有重要性的项目，应当在财务报表中单独列报；而性质或功能类似的项目，则可以合并列报。那么如何判断重要性呢？一般而言，如果财务报表某项目的省略或错报会影响使用者据此做出经济决策，则该项目具有重要性。具体来说，重要性应根据企业所处环境，从项目的性质和金额大小两方面予以判断，对前者应当考虑该项目是否属于企业日常活动、是否对企业的财务状况和经营成果具有较大影响等因素，对后者应当通过单项金额占资产总额、负债总额、所有者权益总额、营业收入总额、净利润等直接相关项目金额的比重加以确定。

另外，财务报表项目的列报应当在各个会计期间保持一致，不得随意变更。

3. 正常营业周期

指企业从购买用于加工的资产起至实现现金或现金等价物的期间，通常短于一年，但也存在长于一年的情况，如房地产开发企业开发用于出售的房地产开发产品等。这种情况下，与生产循环相关的产成品、应收账款、原材料等仍应划分为流动资产；应付账款等经营性项目，属于企业正常经营周期中使用的营运资金的一部分，有时在资产负债表日后超过一年才到期清偿，也应划分为流动负债。正常营业周期不能确定时，应当以一年（12个月）作为划分流动资产或流动负债的标准。

4. 关于终止经营

指对于企业已被处置或划归为持有待售、在经营和编制财务报表时能够单独区分的组成部分，按照企业计划将其整体或部分进行处置。同时满足下列条件的企业组成部分应当确认为持有待售：（1）企业已经就处置该组成部分做出决议；（2）企业已经与受让方签订了不可撤销的转让协议；（3）该项转让将在一年内完成。

5. 列报原则

企业应当根据其经营活动的性质，确定适合本企业的财务报表格式及附注。信托投资公司、租赁公司、财务公司、典当公司应以商业银行财务报表格式为基础进行必要调整；担保公司应以保险公司财务报表格式为基础进行必要调整；基金公司应以证券公司财务报表格式为基础进行必要调整。

6. 项目金额的抵销

资产和负债、收入和费用项目的金额不得相互抵销，但资产项目扣除减值准备后的净额列示、非日常活动损益按收入减费用后的净额列示不属于抵销。

7. 比较数据

财务报表至少应提供所有列报项目上一可比会计期间的比较数据，以及与当期财务报表相关的说明；项目的列报发生变更的，应对上期比较数据按当期的列报要求进行调整，并在附注中披露调整的原因和性质及调整的各项目金额；对上期比较数据的调整不切实可行的，应披露不能调整的原因。

8. 显著信息提供

企业应在财务报表的显著位置至少披露：编报企业名称、资产负债表日或财务报表涵盖的会计期间、人民币金额单位、是合并报表的应标明。

9. 编报期间

企业至少应按年编制财务报表；报表涵盖期间短于一年的应披露年报涵盖期间及短于一年的原因。

8.1.4　财务报告的编报要求——财务报表的具体编制要求

为了充分发挥财务报表的作用，保证财务报表所提供的信息能够满足有关各方的需要，在编制财务报表时，必须做到数字真实、计算准确、内容完整、说明简洁、报送及时、手续齐备。

1. 数字真实、计算准确

财务报表必须根据真实的交易、事项以及完整、准确的账簿记录等资料，按照会计准则所规定的编制基础、编制依据、编制原则和方法进行编制，保证各项数字真实可靠，如实反映编表单位经济活动的情况，以利于总结经验，分析问题，找出差距，改进工作。为此，企业在编制年度财务报表前，应按照规定，全面清查资产，核实债务，具体包括：

（1）结算款项，包括应收款项、应付款项、应交税费等是否存在，与债务、债权单位的相应的债权、债务金额是否一致；

（2）原材料、在产品、自制半成品、库存商品等各项存货的实存数量与账面数量是否一致，是否有报废损失和积压物资等；

（3）各项投资是否真实存在，投资收益是否按照会计准则规定进行确认和计量；

（4）房屋建筑物、机器设备、运输工具等各项固定资产的实存数量与账面数量是否一致；

（5）在建工程的实际发生额与账面记录是否一致；

（6）需要清查、核实的其他内容。

通过清查、核实，查明企业财产物资的实存数量与账面数量是否一致、各项结算款项的拖欠情况及其原因、材料物资的实际储备情况、各项投资是否达到预期目的、固定资产的使用情况及其完好程度等。清查、核实后，应当将结果及其处理办法向企业的董事会或者相应机构报告，并根据会计准则的规定进行相应的会计处理。

2. 内容完整

为方便报表的阅读、理解和汇总，我国《企业会计准则》对企业财务报表规定了统一的格式、内容和填列方法，企业应当按照会计准则（含应用指南）所规定的财务报表格式和内容，根据登记完整、核对无误的会计账簿记录和其他有关资料编制财务报表。凡是会计准则要求提供的财务报表，各企业必须全部编制、报送，不得漏编、漏报；对于应当填列的报表指标，不论是表内的项目还是表外的补充资料，必须全部填列，不得少列、漏列，更不可随意取舍。

3. 说明简洁

财务报表中需要说明的项目，应在报表附注里用简洁的文字加以说明，作为报表内容的补充。对表内指标有重大影响的因素和特殊情况，如经营范围和机构的变动、发生的重大意外损失、会计核算方法的改变等，也必须在报表附注中解释清楚，以便报表阅读者了解和有关部门查证考核。

4. 报送及时

财务报表必须在规定的期限内编制完成，为此，各个企业平时就应做好记账、算账和对账工作，做到日清月结。同时，在编表过程中，有关会计人员应加强协作，密切配合。但应注意的是，在任何情况下都不能为赶编财务报表而提前结账，也不能因此而工作草率、马虎，影响财务报表的质量。

5. 手续齐备

企业对外提供的财务报告应当依次编定页数，加具封面，装订成册，加盖公章。封面上应当注明：企业名称、企业统一代码、组织形式、地址、报表所属年度或者月份、报出日期，并由企业负责人和主管会计工作的负责人、会计机构负责人（会计主管人员）签名并盖章；设置总会计师的企业，还应当由总会计师签名并盖章。

8.2　资产负债表

8.2.1　什么是资产负债表

资产负债表是企业的主要财务报表之一，每个独立核算的企业都必须按期编制。资产负债表是指反映企业在某一特定日期的财务状况的会计报表，根据"资产 = 负债 + 所有者权益"会计恒等式，按照一定的分类标准和顺序，把企业在特定日期的资产、负债、所有者权益等项目予以适当编排，并对日常工作中形成的大量数据进行高度浓缩整理后编制而成，集中反映了企业在该特定日期所拥有或控制的经济资源、所承担的经济义务和所有者对净资产的权利等事项。

具体而言，资产负债表主要有以下几方面的作用。

1. 反映企业拥有或控制的经济资源及其分布情况

资产负债表把企业所拥有或控制的资产按经济性质、用途分成流动资产、长期投资、固定资产、无形资产及其他资产等类别，各类别下又分若干明细项目，方便报表使用者从中了解到企业在某一特定日期所拥有或控制的资产总量及其结构。

2. 反映企业的权益结构

资产负债表把企业的权益分成负债和所有者权益两大类，负债又分为流动负债和非流动负债，所有者权益又分为股本（或实收资本）、资本公积、盈余公积和未分配利润，从而使报表使用者清楚地了解到企业在某一特定日期的资金来源及其构成。

3. 反映企业的流动性和财务实力

流动性又称变现能力，资产转换成现金或负债到期清偿所需的时间越短，其流动性越强。资产负债表上的资产项目是按其流动性排列的，通过研究资产项目的构成及其比例，就能充分了解企业资产的流动性。企业的财务实力取决于企业的资产结构和其权益结构（或称资本结构），这些可以通过资产负债表所显示的资产、负债及所有者权益加以评估。

4. 提供进行财务分析的基本资料

通过分析资产负债表上有关的项目，可以进行解释、评价和预测企业的短期偿债能力、长期偿债能力、财务弹性和企业的绩效等财务分析，了解企业的短期偿债能力，并进而做出合理的经营决策和正确的投资、融资决策。

当然，资产负债表也存在着一定的局限性，了解这些局限性将有助于更好地利用资产负债表。这些局限性主要有：

（1）由于通货膨胀的影响，资产负债表账面上的原始成本与编表日的现时价值相差很远；

（2）难免遗漏企业的人力资源、生产技术的领先程度、社会责任等无法用货币计量的重要经济资源和经济义务的信息；

（3）资产负债表的信息中包含了诸如坏账准备、固定资产折旧、无形资产摊销等估计数，会影响其可靠性；

（4）对资产负债表所提供信息的理解依赖于报表使用者自身的判断，对报表使用者的要求较高。

8.2.2　资产负债表的内容

资产负债表主要反映资产、负债、所有者权益三个方面的内容，其概念或说明、分类及具体项目如表 8-2 所示。

表 8-2　资产负债表的内容

内容	概念或说明	分类	具体项目
资产	资产反映由过去的交易、事项形成并由企业在某一特定日期所拥有或控制的，预期会给企业带来经济利益的资源	流动资产是指预计在一个正常营业周期中变现、出售或耗用，或主要为交易目的而持有，或预计在资产负债表日起一年内（含一年）变现的资产，或自资产负债表日起一年内交换其他资产或清偿负债的能力不受限制的现金或现金等价物	通常包括：货币资金、交易性金融资产、应收票据、应收账款、预付款项、应收利息、应收股利、其他应收款、存货和一年内到期的非流动资产等
		非流动资产是指流动资产以外的资产	长期股权投资、固定资产、在建工程、工程物资、固定资产清理、无形资产、开发支出、长期待摊费用以及其他非流动资产等

续表

内容	概念或说明	分类	具体项目
负债	反映在某一特定日期企业所承担的、预期会导致经济利益流出企业的现时义务	流动负债是指预计在一个正常营业周期中清偿，或者主要为交易目的而持有，或者自资产负债表日起一年内（含一年）到期应予以清偿，或者企业无权自主地将清偿推迟至资产负债表日后一年以上的负债	短期借款、应付票据、应付账款、预收款项、应付职工薪酬、应交税费、应付利息、应付股利、其他应付款、一年内到期的非流动负债等
		非流动负债是指流动负债以外的负债	长期借款、应付债券和其他非流动负债等
所有者权益	企业资产扣除负债后的剩余权益，反映企业在某一特定日期股东（股东投资者）拥有的净资产的总额	一般按照实收资本（或股本）、资本公积、盈余公积和未分配利润分项列示	实收资本（股本）、资本公积、盈余公积、未分配利润

8.2.3　资产负债表的结构

我国企业的资产负债表采用账户式结构，分左右两方，左方为资产项目，大体按资产的流动性大小排列："货币资金""交易性金融资产"等流动性大的资产排在前面，"长期股权投资""固定资产"等流动性小的资产排在后面。右方为负债及所有者权益项目，一般按要求清偿时间的先后顺序排列："短期借款""应付票据""应付账款"等需要在一年以内或者长于一年的一个正常营业周期内偿还的流动负债排在前面，"长期借款"等在一年以上才需偿还的非流动负债排在中间，在企业清算之前不需要偿还的所有者权益项目排在后面。

账户式资产负债表中的资产各项目的合计等于负债和所有者权益各项目的合计，即资产负债表左方和右方平衡，因此可以反映资产、负债、所有者权益之间的内在关系，即"资产＝负债＋所有者权益"。我国企业资产负债表格式如表 8-3 所示。

表 8-3　资产负债表格式

资产负债表

会企 01 表

编制单位：　　　　　　　　　　　年　　月　　日　　　　　　　　　　单位：元

资　产	期末余额	年初余额	负债和所有者权益（或股东权益）	期末余额	年初余额
流动资产：			流动负债：		
货币资金			短期借款		
交易性金融资产			交易性金融负债		
应收票据			应付票据		
应收账款			应付账款		
预付款项			预收款项		
应收利息			应付职工薪酬		
应收股利			应交税费		
其他应收款			应付利息		
存货			应付股利		
一年内到期的非流动资产			其他应付款		
其他流动资产			一年内到期的非流动负债		
流动资产合计			其他流动负债		
非流动资产：			流动负债合计		
可供出售金融资产			非流动负债：		
持有至到期投资			长期借款		
长期应收款			应付债券		
长期股权投资			长期应付款		
投资性房地产			专项应付款		
固定资产			预计负债		
在建工程			递延所得税负债		

资　产	期末余额	年初余额	负债和所有者权益（或股东权益）	期末余额	年初余额
工程物资			其他非流动负债		
固定资产清理			非流动负债合计		
生产性生物资产			负债合计		
油气资产			所有者权益（或股东权益）：		
无形资产			实收资本（或股本）		
开发支出			资本公积		
商誉			减：库存股		
长期待摊费用			盈余公积		
递延所得税资产			未分配利润		
其他非流动资产			所有者权益（或股东权益）合计		
非流动资产合计					
资产总计			负债和所有者权益（或股东权益）总计		

8.2.4　资产负债表的编制

1. 资产负债表项目的填列方法

资产负债表的各项目均需填列"年初余额"和"期末余额"两栏。"年初余额"栏内各项数字，应根据上年末资产负债表的"期末余额"栏内所列数字填列。如上年度资产负债规定的各个项目名称和内容与本年度的不一致，应按照本年度规定进行调整，并填入本表"年初余额"栏内；"期末余额"栏内各项数字的填列方法如下。

（1）根据总账科目的余额填列。资产负债表中的有些项目，如"交易性金融资产""短期借款""应付票据""应付职工薪酬"等可直接根据有关总账科目的余额填列；有些项目，则需根据几个总账科目的余额计算填列，如"货

117

币资金"项目需根据"库存现金""银行存款""其他货币资金"三个总账科目余额合计数填列。

（2）根据有关明细科目的余额计算填列。如"应付账款"项目，需要分别根据"应付账款"和"预付账款"两科目所属明细科目的期末贷方余额计算填列。

（3）根据总账科目和明细科目的余额分析计算填列。如"长期借款"项目，应根据"长期借款"总账科目余额扣除"长期借款"科目所属的明细科目中将在资产负债表日起一年内到期，且企业不能自主将清偿义务展期的长期借款后的金额填列。

（4）根据有关科目余额减去其备抵科目余额后的净额填列。如资产负债表中的"应收账款""长期股权投资"等项目，应根据"应收账款""长期股权投资"等科目的期末余额减去"坏账准备""长期股权投资减值准备"等科目余额后的净额填列；"固定资产"项目，应根据"固定资产"科目期末余额减去"累计折旧""固定资产减值准备"科目余额后的净额填列；"无形资产"项目应根据"无形资产"科目期末余额减去"累计摊销""无形资产减值准备"科目余额后的净额填列。

（5）综合运用上述填列方法分析填列。如资产负债表中的"存货"项目，需根据"原材料""库存商品""委托加工物资""周转材料""材料采购""在途物资""发出商品""材料成本差异"等总账科目期末余额的分析汇总数，再减去"存货跌价准备"备抵科目余额后的金额填列。

2. 资产负债表项目的填列说明

资产负债表中资产、负债和所有者权益主要项目的填列说明如下。

（1）资产项目的填列说明如表 8-4 所示。

表 8-4　资产项目的填列说明

项目	反映内容	填列说明
货币资金	反映企业库存现金、银行结算户存款、外埠存款、银行汇票存款、银行本票存款、信用卡存款、信用证保证金存款等的合计数	应根据"库存现金""银行存款""其他货币资金"科目期末余额的合计数填列

项目	反映内容	填列说明
交易性金融资产	反映企业持有的以公允价值计量且其变动计入当期损益的为交易目的所持有的债券投资、股票投资、基金投资、权证投资等金融资产	应当根据"交易性金融资产"科目的期末余额填列
应收票据	反映企业因销售商品、提供劳务等而收到的商业汇票，包括银行承兑汇票和商业承兑汇票	应根据"应收票据"科目的期末余额，减去"坏账准备"科目中有关应收票据计提的坏账准备期末余额后的金额填列
应收账款	反映企业因销售商品、提供劳务等经营活动应收取的款项	应根据"应收账款（预付账款）"和"预收账款（应付账款）"科目所属各明细科目的期末借方余额合计减去"坏账准备"科目中有关应收账款（预付账项）计提的坏账准备期末余额后的金额填列
预付款项	反映企业按照购货合同规定预付给供应单位的款项等	如果"应收账款（预付账款）"科目所属明细科目期末有贷方余额，应在"预收款项（应付账款）"项目内填列
应收利息	反映企业应收取的债券投资等的利息	应根据"应收利息"科目的期末余额，减去"坏账准备"科目中有关应收利息计提的坏账准备期末余额后的金额填列
应收股利	反映企业应收取的现金股利和应收取其他单位分配的利润	应根据"应收股利"科目的期末余额，减去"坏账准备"科目中有关应收股利计提的坏账准备期末余额后的金额填列
其他应收款	反映企业除应收票据、应收账款、预付账款、应收股利、应收利息等经营活动外其他各种应收、暂付款项	应根据"其他应收款"科目的期末余额，减去"坏账准备"科目中有关其他应收款计提的坏账准备期末余额后的金额填列
存货	反映企业期末在库、在途和在加工中的各种存货的可变现净值	应根据材料采购、原材料、低值易耗品、库存商品、周转材料、委托加工物资、委托代销商品、生产成本等科目的期末余额合计，减去受托代销商品款、存货跌价准备科目期末余额后的金额填列。材料采用计划成本核算，以及库存商品采用计划成本核算或售价核算的企业，还应按加或减材料成本差异、商品进销差价后的金额填列
一年内到期的非流动资产	反映企业将于一年内到期的非流动资产项目金额	应根据有关科目的期末余额填列

项目	反映内容	填列说明
长期股权投资	反映企业持有的对子公司、联营企业和合营企业的长期股权投资	应根据"长期股权投资"科目的期末余额，减去"长期股权投资减值准备"科目的期末余额后的金额填列
固定资产	反映企业各种固定资产原价减去累计折旧和累计减值准备后的净额	应根据"固定资产"科目的期末余额减去"累计折旧"和"固定资产减值准备"科目期末余额后的金额填列
在建工程	反映企业期末各项未完工程的实际支出，包括交付安装的设备价值、未完建筑安装工程已经耗用的材料、工资和费用支出、预付出包工程的价款等的可收回金额	应根据"在建工程"科目的期末余额，减去"在建工程减值准备"科目期末余额后的金额填列
工程物资	反映企业尚未使用的各项工程物资的实际成本	应根据"工程物资"科目的期末余额填列
固定资产清理	反映企业因出售、毁损、报废等原因转入清理但尚未清理完毕的固定资产的净值，以及固定资产清理过程中所发生的清理费用和变价收入等各项金额的差额	应根据"固定资产清理"科目的期末借方余额填列，如"固定资产清理"科目期末为贷方余额，以"－"号填列
无形资产	反映企业持有的无形资产，包括专利权、非专利技术、商标权、著作权、土地使用权等	应根据"无形资产"的期末余额，减去"累计摊销"和"无形资产减值准备"科目期末余额后的金额填列
开发支出	反映企业开发无形资产过程中能够资本化形成无形资产成本的支出部分	应当根据"研发支出"科目中所属的"资本化支出"明细科目期末余额填列
长期待摊费用	反映企业已经发生但应由本期和以后各期负担的分摊期限在一年以上的各项费用。长期待摊费用中在1年内（含1年）摊销的部分，在资产负债表"1年内到期的非流动资产"项目填列	应根据"长期待摊费用"科目的期末余额减去将于1年内（含1年）摊销的数额后的金额填列
其他非流动资产	反映企业除长期股权投资、固定资产、在建工程、工程物资、无形资产等以外的其他非流动资产	应根据有关科目的期末余额填列

（2）负债项目的填列说明如表 8-5 所示。

表 8-5　负债项目的填列说明

项目	反映内容	填列说明
短期借款	反映企业向银行或其他金融机构等借入的期限在 1 年以下（含 1 年）的各种借款	应根据"短期借款"科目的期末余额填列
应付票据	反映企业购买材料、商品和接受劳务供应等而开出、承兑的商业汇票，包括银行承兑汇票和商业承兑汇票	应根据"应付票据"科目的期末余额填列
应付账款	反映企业因购买材料、商品和接受劳务供应等经营活动应支付的款项	应根据"应付账款（预收账款）"和"预付账款（应收账款）"科目所属各明细科目的期末贷方余额合计数填列；如"应付账款（预收账款）"科目所属明细科目期末有借方余额的，应在资产负债表"预付款项（应收账款）"项目内填列
预收款项	反映企业按照购货合同规定预付给供应单位的款项	
应付职工薪酬	反映企业根据有关规定应付给职工的工资、职工福利、社会保险费、住房公积金、工会经费、职工教育经费、非货币性福利、辞退福利等各种薪酬。外商投资企业按规定从净利润中提取的职工奖励及福利基金，也在本项目列示	
应交税费	反映企业按照税法规定计算应交纳的各种税费，包括增值税、消费税、所得税、资源税、土地增值税、城市维护建设税、房产税、土地使用税、车船使用税、教育费附加、矿产资源补偿费等 企业代扣代交的个人所得税，也通过本项目列示 企业所交纳的税金不需要预计应交数的，如印花税、耕地占用税等，不在本项目列示	应根据"应交税费"科目的期末贷方余额填列；如"应交税费"科目期末为借方余额，应以"-"号填列
应付利息	反映企业按照规定应当支付的利息，包括分期付息到期还本的长期借款应支付的利息、企业发行的企业债券应支付的利息等	应当根据"应付利息"科目的期末余额填列
应付股利	反映企业分配的现金股利或利润。企业分配的股票股利，不通过本项目列示	应根据"应付股利"科目的期末余额填列
其他应付款	反映企业除应付票据、应付账款、预收款项、应付职工薪酬、应付股利、应付利息、应交税费等经营活动以外的其他各项应付、暂收的款项	应根据"其他应付款"科目的期末余额填列

项目	反映内容	填列说明
一年内到期的非流动负债	反映非流动负债中将于资产负债表日后一年内到期部分的金额，如将于一年内偿还的长期借款	应根据有关科目的期末余额填列
长期借款	反映企业向银行或其他金融机构借入的期限在1年以上（不含1年）的各项借款	应根据"长期借款"科目的期末余额填列
应付债券	反映企业为筹集长期资金而发行的债券本金和利息	应根据"应付债券"科目的期末余额填列
其他非流动负债	反映企业除长期借款、应付债券等项目以外的其他非流动负债	应根据有关科目的期末余额填列。其他非流动负债项目应根据有关科目期末余额减去将于1年内（含1年）到期偿还数后的余额填列 非流动负债各项目中将于1年内（含1年）到期的非流动负债，应在"1年内到期的非流动负债"项目内单独反映

（3）所有者权益项目的填列说明如表8-6所示。

表8-6　所有者权益项目的填列说明

项目	反映内容	填列说明
实收资本（或股本）	反映企业各投资者实际投入的资本（或股本）总额	应根据"实收资本"（或"股本"）科目的期末余额填列
资本公积	反映企业资本公积的期末余额	应根据"资本公积"科目的期末余额填列
盈余公积	反映企业盈余公积的期末余额	应根据"盈余公积"科目的期末余额填列
未分配利润	反映企业尚未分配的利润	应根据"本年利润"科目和"利润分配"科目的余额计算填列。未弥补的亏损在本项目内以"-"号填列

8.3 利润表

8.3.1 什么是利润表

利润表，又称收益表，是反映企业在一定会计期间（如年度、季度、月份）生产经营成果的会计报表，属于动态会计报表，主要依据会计的收入实现原则和配比原则编制，即把同一会计期间的营业收入与相关销售费用（成本）进行配比，从而计算出企业在该会计期间的净利润或净亏损。目前在西方国家中，利润表的地位甚至已超过了资产负债表而成为最重要的会计报表，其原因一方面在于人们对企业的盈利状况愈加重视，另一方面在于利润表具备以下诸多作用。

1. 有助于分析企业的经营成果和获利能力

利润表可直接揭示企业一定会计期间的经营成果，同时，根据利润表数据，报表阅读者通过比较同一企业在不同时期，或同一行业中不同企业在相同时期的有关指标，即可分析企业今后的利润发展趋势，评价和预测企业的获利能力，并据此做出相关决策。

2. 有助于预测企业未来利润和现金流量

利润表所提供的对于过去经营活动收益水平的客观记录和历史反映，有助于财务报表的使用者更好地判断企业未来的利润状况和现金流量。

3. 有助于企业管理人员的未来决策

比较和分析利润表中的各种构成要素可以把握各项收入、成本、费用与利润之间的消长关系，发现工作中存在的问题，采取措施，改善经营管理。

4. 有助于考核企业管理人员的经营业绩

利润表中所提供的盈利信息是一项综合性的信息，它是企业在生产、经营、理财、投资等各项活动中管理效率和效益的直接表现，基本上能够反映企业管理者的经营业绩和管理效率，从而帮助企业适当调整，改善经营。

8.3.2 利润表的内容

根据我国 2006 年《企业会计准则第 30 号——财务报表列报》的规定：在

利润表中，费用应当按照功能分类，分为从事经营业务发生的成本、管理费用、销售费用和财务费用等。利润表至少应当单独列示反映下列信息的项目：营业收入、营业成本、税金及附加、管理费用、销售费用、财务费用、投资收益、公允价值变动损益、资产减值损失、非流动资产处置损益、所得税费用和净利润。在合并利润表中，企业应当在净利润项目之下单独列示归属于母公司的损益和归属于少数股东的损益。

利润表主要反映以下几方面的内容：

（1）构成营业利润的各项要素。营业利润是营业收入减去为取得营业收入而发生的相关费用（包括有关的流转税）后得到；

（2）构成利润总额（或亏损总额）的各项要素。利润总额（或亏损总额）在营业利润的基础上，加上营业外收入减去营业外支出后得到；

（3）构成净利润（或净亏损）的各项要素。净利润（或净亏损）在利润总额（或亏损总额）的基础上，减去本期计入损益的所得税费用后得到；

（4）构成每股收益的各项要素。

8.3.3　利润表的格式

我国企业利润表采用多步式格式，如表 8-7 所示。

表 8-7　利润表格式

利润表

会企 02 表

编制单位：　　　　年　　月　　　　　　　　　　　　　　单位：元

项　目	本期金额	上期金额
一、营业收入		
减：营业成本		
税金及附加		
销售费用		
管理费用		
财务费用		
资产减值损失		
加：公允价值变动收益（损失以"-"号填列）		

续表

项　目	本期金额	上期金额
其中：对联营企业和合营企业的投资收益		
二、营业利润（亏损以"－"号填列）		
加：营业外收入		
减：营业外支出		
其中：非流动资产处置损失		
三、利润总额（亏损总额以"－"号填列）		
减：所得税费用		
四、净利润（净亏损以"－"号填列）		
五、每股收益：		
（一）基本每股收益		
（二）稀释每股收益		

8.3.4　利润表的编制

1. 利润表的编制步骤

（1）以营业收入减去营业成本、税金及附加、销售费用、管理费用、财务费用、资产减值损失，加上公允价值变动收益（减去公允价值变动损失）和投资收益（减去投资损失），计算出营业利润；

（2）以营业利润加上营业外收入，减去营业外支出，计算出利润总额；

（3）以利润总额减去所得税费用，计算出净利润（或净亏损）。

普通股或潜在普通股已公开交易的企业及正处于公开发行普通股或潜在普通股过程中的企业，还应当在利润表中列示每股收益信息。

2. 利润表项目的填列方法

利润表各项目均需填列"本期金额"和"上期金额"两栏。

在编制中期（月、季或半年）利润表时，"本期金额"栏应分为"本期金额"和"年初至本期末累计发生额"两栏，分别填列各项目本中期各项目实际发生额，以及自年初起至本中期末止的累计实际发生额。"上期金额"栏应分为"上年可比本中期金额"和"上年初至可比本中期末累计发生额"两栏，根据上年可比中期利润表对应的数字分别填列。上年度利润表与本年度利润表的项目名称和内容不一致的，应对上年度利润表项目的名称和数字按本年度的规定进行调整。年终结账时，由于全年的收入和支出已全部转入"本年利润"科目，并且通过收支对比结出本年净利润的数额，应将年度利润表中的"净利润"数字，与"本年利润"科目结转到"利润分配——未分配利润"科目的数字相核对，检查账簿记录和报表编制的正确性。

利润表"本期金额""上期金额"栏内各项数字，除"每股收益"项目外，应当按照相关科目发生额分析填列。

3. 利润表项目的填列说明

利润表"本期金额"栏内各项数字一般应当反映以下内容。

（1）"营业收入"项目，反映企业经营主要业务和其他业务所确认的收入总额，应根据"主营业务收入"和"其他业务收入"科目的贷方发生额扣除借方发生额后的净额计算填列；"营业成本"项目，反映企业经营主要业务和其他业务发生的实际成本总额，应根据"主营业务成本"和"其他业务成本"科目的借方发生额扣除贷方发生额后的净额计算填列。

（2）"税金及附加"项目，反映企业经营业务应负担的消费税、城市维护建设税、资源税、土地增值税和教育费附加等。

（3）"销售费用"项目，反映企业在销售商品过程中发生的包装费、广告费等费用和为销售本企业商品而专设的销售机构的职工薪酬、业务费等经营费用。"管理费用"项目，反映企业为组织和管理生产经营发生的管理费用。"财务费用"项目，反映企业筹集生产经营所需资金等而发生的筹资费用。企业发生勘探费用的，应在"管理费用"和"财务费用"项目之间，增设"勘探费用"项目反映。

（4）"资产减值损失"项目，反映企业各项资产发生的减值损失。

（5）"公允价值变动净收益"项目，反映企业按照相关准则规定应当计入当期损益的资产或负债公允价值变动净收益，如交易性金融资产当期公允价值的变动额。如为净损失，以"-"号填列。

（6）"投资净收益"项目，反映企业以各种方式对外投资所取得的收益。如为净损失，以"-"号填列。企业持有的交易性金融资产处置和出售时，处置收益部分应当自"公允价值变动损益"项目转出，列入本项目。

（7）"营业外收入""营业外支出"项目，反映企业发生的与其经营活动无直接关系的各项收入和支出。其中，处置非流动资产净损失，应当单独列示。

（8）"利润总额"项目，反映企业实现的利润总额。如为亏损总额，以"−"号填列。

（9）"所得税费用"项目，反映企业根据所得税准则确认的应从当期利润总额中扣除的所得税费用。

（10）"基本每股收益"和"稀释每股收益"项目。《企业会计准则第34号——每股收益》及其应用指南规定：企业应当按照归属于普通股股东的当期净利润，除以发行在外普通股的加权平均数计算基本每股收益。发行在外普通股加权平均数 = 期初发行在外普通股股数 + 当期新发行普通股股数 × 已发行时间 ÷ 报告期时间 − 当期回购普通股股数 × 已回购时间 ÷ 报告期时间；已发行时间、报告期时间和已回购时间一般按照天数计算；在不影响计算结果合理性的前提下，也可以采用简化的计算方法。

8.4　现金流量表

8.4.1　现金流量与现金流量表

现金流量表是反映企业现金流量的报表，可以为报表使用者提供企业一定会计期间内现金流量的信息，便于使用者了解和评价企业获取现金和现金等价物的能力，据以预测企业未来现金流量。

现金流量是指一定会计期间内企业现金和现金等价物的流入和流出，但企业从银行提取现金、用现金购买短期到期的国库券等现金和现金等价物之间的转换不属于现金流量。

现金是指企业库存现金以及可以随时用于支付的存款，包括库存现金、银行存款和其他货币资金（如外埠存款、银行汇票存款、银行本票存款）等。不能随时用于支付的存款不属于现金。

现金等价物是指企业持有的期限短（一般是指从购买日起三个月内到期）、

流动性强、易于转换为已知金额现金、价值变动风险很小的投资。现金等价物通常包括三个月内到期的债券投资等。权益性投资变现的金额通常不确定，因而不属于现金等价物。企业应当根据具体情况，确定现金等价物的范围，一经确定不得随意变更。

企业产生的现金流量分为以下三类。

（1）经营活动产生的现金流量，包括销售商品或提供劳务、购买商品、接受劳务、支付工资和交纳税款等流入和流出的现金和现金等价物。

经营活动，是指企业投资活动和筹资活动以外的所有交易和事项。

（2）投资活动产生的现金流量，主要包括购建固定资产、处置子公司及其他营业单位等流入和流出的现金和现金等价物。

投资活动，是指企业长期资产的购建和不包括在现金等价物范围内的投资及其处置活动。

（3）筹资活动产生的现金流量，主要包括吸收投资、发行股票、分配利润、发行债券、偿还债务等流入和流出的现金和现金等价物。偿付应付账款、应付票据等商业应付款等属于经营活动，不属于筹资活动。

筹资活动，是指导致企业资本及债务规模和构成发生变化的活动。

8.4.2　现金流量表的结构和内容

我国企业现金流量表采用报告式结构，分类反映经营活动产生的现金流量、投资活动产生的现金流量和筹资活动产生的现金流量，最后汇总反映企业某一期间现金及现金等价物的净增加额。我国企业现金流量表的格式如表8-8所示。

表8-8　现金流量表的格式

现金流量表

会企03表

编制单位：　　　　　　年　　　月　　　　　　　　　　　　单位：元

项　目	本期金额	上期金额
一、经营活动产生的现金流量		
销售商品、提供劳务收到的现金		
收到的税费返还		
收到其他与经营活动有关的现金		

续表

项　目	本期金额	上期金额
经营活动现金流入小计		
购买商品、接受劳务支付的现金		
支付给职工以及为职工支付的现金		
支付的各项税费		
支付其他与经营活动有关的现金		
经营活动现金流出小计		
经营活动产生的现金流量净额		
二、投资活动产生的现金流量		
收回投资收到的现金		
取得投资收益收到的现金		
处置固定资产、无形资产和其他长期资产收回的现金净额		
处置子公司及其他营业单位收到的现金净额		
收到其他与投资活动有关的现金		
投资活动现金流入小计		
购建固定资产、无形资产和其他长期资产支付的现金		
投资支付的现金		
取得子公司及其他营业单位支付的现金净额		
支付其他与投资活动有关的现金		
投资活动现金流出小计		
投资活动产生的现金流量净额		
三、筹资活动产生的现金流量		
吸收投资收到的现金		
取得借款收到的现金		
收到其他与筹资活动有关的现金		
筹资活动现金流入小计		
偿还债务支付的现金		

项　目	本期金额	上期金额
分配股利、利润或偿付利息支付的现金		
支付其他与筹资活动有关的现金		
筹资活动现金流出小计		
筹资活动产生的现金流量净额		
四、汇率变动对现金及现金等价物的影响		
五、现金及现金等价物净增加额		
加：其实现金及现金等价物余额		
六、期末现金及现金等价物余额		

8.4.3　现金流量表的编制

企业应当采用直接法列示经营活动产生的现金流量。直接法，是指通过现金收入和现金支出的主要类别列示经营活动的现金流量，它一般以利润表中的营业收入为起算点，调整与经营活动有关的项目的增减变动，然后计算出经营活动的现金流量。采用直接法编制现金流量表时，可以采用工作底稿法或 T 型账户法，也可以根据有关科目记录分析填列。

1. 经营活动产生的现金流量

（1）"销售商品、提供劳务收到的现金"项目，反映企业本年销售商品、提供劳务收到的现金，以及以前年度销售商品、提供劳务本年收到的现金（包括应向购买者收取的增值税销项税额）和本年预收的款项，应扣除本年销售本年退回商品和以前年度销售本年退回商品支付的现金。企业销售材料和代购代销业务收到的现金，也在本项目反映。

（2）"收到的税费返还"项目，反映企业收到的所得税、增值税、消费税、关税和教育费附加等各种税费返还款。

（3）"收到其他与经营活动有关的现金"项目，反映企业经营租赁收到的租金等其他与经营活动有关的现金流入，金额较大的应单独列示。

（4）"购买商品、接受劳务支付的现金"项目，反映企业本年购买商品、接受劳务实际支付的现金（包括增值税进项税额），以及本年支付以前年度购买商品、接受劳务的未付款项和本年预付款项，减去本年发生的购货退回收到的现金。企业购买材料和代购代销业务支付的现金，也在本项目反映。

（5）"支付给职工以及为职工支付的现金"项目，反映企业本年实际支付给职工的工资、资金、各种津贴和补贴等职工薪酬（包括代扣代缴的职工个人所得税）。

（6）"支付的各项税费"项目，反映企业本年发生并支付、以前各年发生本年支付以及预交的各项税费，包括所得税、增值税、消费税、印花税、房产税、土地增值税、车船使用税、教育费附加等。

（7）"支付其他与经营活动有关的现金"项目，反映企业经营租赁支付的租金、支付的差旅费、业务招待费、保险费、罚款支出等其他与经营活动有关的现金流出，金额较大的应当单独列示。

2. 投资活动产生的现金流量

（1）"收回投资收到的现金"项目，反映企业出售、转让或到期收回除现金等价物以外的对其他企业长期股权投资而收到的现金，但处置子公司及其他营业单位应收到的现金净额除外。

（2）"取得投资收益收到的现金"项目，反映企业除现金等价物以外的对其他企业的长期股权投资等分回的现金股利和利息等。

（3）"处置固定资产、无形资产和其他长期资产收回的现金净额"项目，反映企业出售、报废固定资产、无形资产和其他长期资产所取得的现金（包括因资产毁损而收到的保险赔偿收入），扣除为处置这些资产而支付的有关费用后的净额。

（4）"处置子公司及其他营业单位应收到的现金净额"项目，反映企业处置子公司及其他营业单位所取得的现金，减去相关处置费用以及子公司及其他营业单位持有的现金和现金等价物后的净额。

（5）"购建固定资产、无形资产和其他长期资产支付的现金"项目，反映企业购买、建造固定资产、取得无形资产和其他长期资产所支付的现金（含增值税款等），以及用现金支付的应由在建工程和无形资产负担的职工薪酬。

（6）"投资支付的现金"项目，反映企业取得除现金等价物以外的对其他企业的长期股权投资所支付的现金以及支付的佣金、手续费等附加费用，但取得子公司及其他营业单位支付的现金净额除外。

（7）"取得子公司及其他营业单位支付的现金净额"项目，反映企业购买子公司及其他营业单位购买出价中以现金支付的部分，减去子公司及其他营业单位持有的现金和现金等价物后的净额。

（8）"收到其他与投资活动有关的现金"与"支付其他与投资活动有关的现金"项目，反映企业除上述（1）至（7）项目外收到或支付的其他与投资活动有关的现金，金额较大的应当单独列示。

3.筹资活动产生的现金流量

（1）"吸收投资收到的现金"项目，反映企业以发行股票、债券等方式筹集资金实际收到的款项，减去直接支付的佣金、手续费、宣传费、咨询费、印刷费等发行费用后的净额。

（2）"取得借款收到的现金"项目，反映企业举借各种短期、长期借款而收到的现金。

（3）"偿还债务支付的现金"项目，反映企业为偿还债务本金而支付的现金。

（4）"分配股利、利润或偿付利息支付的现金"项目，反映企业实际支付的现金股利、支付给其他投资单位的利润或用现金支付的借款利息、债券利息。

（5）"收到其他与筹资活动有关的现金""支付其他与筹资活动有关的现金"项目，反映企业除上述（1）至（4）项目外收到或支付的其他与筹资活动有关的现金，金额较大的应当单独列示。

4."汇率变动对现金及现金等价物的影响"项目

（1）企业外币现金流量折算为记账本位币时，采用现金流量发生日的即期汇率近似的汇率折算的金额（编制合并现金流量表时折算境外子公司的现金流量，应当比照处理）。

（2）企业外币现金及现金等价物净增加额按年末汇率折算的金额填列。

第**9**章
让企业拥有数字神经——会计电算化的建立

本章概览

　　会计电算化是会计发展史上的一次革命，将整个企业的会计信息统一用数字加以综合分析，就像企业的数字神经，反映着企业各方面的经营状况，从而使会计工作取得了更大的发挥作用的空间。目前，会计电算化已经成为会计人员必须掌握的工具，深入了解并组织实施会计电算化是会计主管组织管理好会计工作的前提。本章主要介绍：

　　（1）什么是会计电算化，会计电算化账务处理有哪些一般要求；

　　（2）怎样建立会计电算化内部管理制度。

9.1　认识会计电算化

9.1.1　什么是会计电算化

　　会计电算化是会计工作领域的一场工具革命，是以电子计算机为主的当代电子和信息技术应用到会计工作中的简称，它主要是应用电子计算机代替人工记账、算账、报账，以及代替部分由大脑完成的对会计信息的处理、分析和判断的过程。

　　目前，会计电算化已发展成为一门融电子计算机科学、管理科学、信息科学和会计科学为一体的新型科学和实用技术，对会计工作的各个方面都将产生深刻的、积极的影响。例如，采用会计电算化处理账务，可以对数据进行一体化处理，极大地提高处理的速度和准确性；其信息存放的磁盘化使会计数据的保存更加安全；另外，运用计算机进行数据查询可以做到高速、有效等。

9.1.2 常用的会计软件有哪些功能模块

采用会计电算化工作需要借助于一些会计软件，会计核算软件是专门用于会计核算工作的电子计算机应用软件。一般而言，大部分会计核算软件将会计核算系统按功能划分为若干个相对独立的子系统，每一子系统的功能简单明了并相对独立，各子系统的会计信息相互传递与交流，形成完整的会计核算系统，这些具备相对独立地完成会计数据输入、处理和输出功能的各个部分，被称为会计核算软件的功能模块。了解常用会计软件的基本功能模块，有助于我们对会计软件有一个更为直观的认识。会计核算软件的功能模块一般包括以下部分。

1. 账务处理模块

账务处理模块主要是以会计凭证为原始数据，按会计科目、统计指标体系对记账凭证所载的经济内容，进行记录、分类、计算、加工、汇总，输出总分类账、明细分类账、日记账及其他辅助账簿、凭证和报表等。

内容主要包括：①账务初始（建账）；②凭证处理（输入、审核、汇总）；③查询；④对账；⑤结账；⑥打印输出；⑦其他辅助功能。

账务初始是根据程序要求和内部管理需要自定义会计科目体系、记账凭证格式、账簿体系的过程，是建账的过程，以设立一套新的账务核算体系。

凭证处理包括凭证的输入、修改、审核、汇总、打印等内容。

查询是设定查询条件标志，迅速查询某会计期间的会计凭证及有关明细分类账、总账的有关内容。例如，寻找特定内容的会计凭证等。

对账功能一部分是由会计核算软件在设计时由程序自动检查核对，如总账、明细账、日记账之间的账账核对；另一部分则提供给用户进行核对，如与银行对账单核对，与往来账核对，与其他辅助账核对等，并能做出调节表等相关资料。

结账功能由程序完成，根据国家会计制度规定，按会计科目分级进行计算、汇总，结出借贷发生额和余额，结束当期核算，开始下一个会计核算循环。结账还包括会计信息跨年度结转，开始一个新的会计年度的特殊内容。

打印输出功能是打印记账凭证、账簿等会计信息资料，以便用户使用和归档保管。

2. 报表处理模块

报表处理模块的功能是按国家统一的会计制度规定，根据会计资料而编制会计报表，向公司管理者和政府部门提供财务报告。会计报表按其汇编范围可分为个别报表、汇总报表及合并报表。

报表处理模块包括：①报表定义；②报表计算；③报表汇总；④报表查询；⑤报表输出。

报表定义是依据会计软件，建立一个新的报表体系所做的工作。主要包括：定义报表名称，描述空白表格的格式，定义报表项目填写内容的数据来源和报表项目及运算关系，确定表格项目审核校验及报表间项目的勾稽关系，检查公式以及汇总报表的汇总范围等步骤。

经过报表定义之后，就可以按规定计算或汇总产生所需要的会计报表，通过审核校验确认后，可以打印、复制、查询并输出会计报表。

3. 固定资产核算模块

固定资产核算模块主要用于固定资产明细核算及管理。此模块主要根据财务制度的规定，建立固定资产卡片，确定固定资产计提折旧的系数、方法，录入固定资产增减变动情况，汇总计算固定资产原值、累计折旧及净值。按预先设计自动编制转账分录，完成转账的记录，打印输出固定资产明细账和资料卡片，详细反映固定资产价值状况。其内容包括：①建立固定资产卡片；②建立固定资产账簿；③录入固定资产变动情况；④计提固定资产折旧；⑤汇总计算；⑥查询及打印输出；⑦编制转账凭证。

4. 工资核算模块

工资核算模块以计提发放职工个人工资的原始数据为基础，计算职工工资，处理工资核算。

工资核算模块包括：①设计工资项目及项目计算公式；②录入职工工资基础资料；③增减变动及修改；④计算汇总；⑤查询；⑥打印输出。该模块应具备自行定义工资的项目，选择分类方式，灵活修订工资项目，调整职工个人基础资料，定义工资计算公式（如代扣个人所得税计算公式）进行汇总计算，自动制作转账凭证，填制分录，进行工资分配，计算工资福利费。

5. 其他模块

其他模块主要包括：存货核算，成本核算系统，应收应付款核算、销售核算和财务分析等。根据行业的特点，又分为零售业进销存核算系统、批发业进销存核算系统等；根据管理的需要，又分为劳资人事管理系统、国有资产管理系统等。

9.1.3 会计电算化账务处理的一般要求

《会计法》第 13 条第 2 款规定："使用电子计算机进行会计核算的，其软件及其生成的会计凭证、会计账簿、财务会计报告和其他会计资料，也必须符合国家统一的会计制度的规定。"这是《会计法》对会计电算化的基本要求，包括以下两个方面内容。

第一，使用的会计软件应当符合国家统一的会计制度中会计软件应达到的标准并经过相应机关的评审。因为会计软件是会计电算化的重要手段和工具，是保证会计数据质量和会计核算工作正常秩序的前提，所以，实行会计电算化的单位所使用的会计软件必须符合国家的有关规定。

第二，用电子计算机及软件生成的会计资料应当符合国家统一的会计制度的要求。生成合法有效的会计资料是会计电算化的目标，除了有一个质量可靠的会计软件外，还必须在技术上、设备上、操作人员水平上等各方面保证生成的会计数据符合国家统一会计制度的要求。也就是说，实行会计电算化的单位，其电子计算机生成的会计凭证、会计账簿和其他会计资料，在格式、内容以及数据的合法、真实、准确、完整等方面都必须符合国家统一会计制度的规定。

9.2 实施会计电算化

9.2.1 怎样建立会计电算化内部管理制度

实施会计电算化的单位应当根据工作需要，建立健全其内部相关管理制度。

1. 岗位责任制

实施会计电算化应当设置的工作岗位包括电算主管、软件操作、审核记账、电算维护、电算审查和数据分析等，以履行直接管理、操作、维护计算机及会计软件系统等工作。

2. 操作管理制度

从会计工作的准确性和安全性，预防已输入计算机的会计凭证等会计数据未经审核而登记机内账簿的方面考虑，应设计以下操作管理制度：

（1）明确规定上机操作人员对会计软件的操作工作内容和权限，对操作密码要严格管理，指定专人定期更换密码，杜绝未经授权人员操作会计软件；

（2）操作人员离开机房前，应执行相应命令退出会计软件；

（3）由专人保存必要的上机操作记录，记录操作人、操作时间、操作内容、故障情况等内容。

3. 硬件、软件和数据管理制度

该制度主要内容包括：

（1）确保会计数据和会计软件的安全保密，防止对数据和软件的非法修改和删除；

（2）保证机房设备安全和计算机正常运行，保养有关设备，保持机房和设备的整洁，防止意外事故的发生；

（3）修改、升级正使用的会计软件等要有审批手续；

（4）健全有关计算机硬件、软件故障排除的管理措施；

（5）健全必要的防治计算机病毒的措施。

4. 电算化会计档案管理制度

电算化会计档案包括存储在计算机硬盘中的会计数据以及其他磁性介质或光盘存储的会计数据和计算机打印出来的以书面形式保存的会计数据。

电算化会计档案管理制度主要应包括：

（1）专人负责；

（2）防磁、防火、防潮和防尘，重要的会计档案应有备份，分开存放于不同地方；

（3）磁性介质保存的会计档案要定期检查，定期复制；

（4）会计软件的全套文档资料以及会计软件程序，视同会计档案保管，保管期截至该软件停止使用或有重大更改之后的 5 年。

9.2.2　企业实行会计电算化的准备工作

企业在使用电子计算机来建立会计核算系统前，除了要制定一定的管理制度外，还需要从以下几个具体的方面做好准备。

1. 人员方面

会计电算化的组织成员，主要由本企业的计算机专业人员和会计人员共同组成。应选择对计算机操作有一定掌握的会计人员作为骨干，配备计算机专业人员。财务主管在实施会计电算化的过程中，主要职责是确认电算化信息的需求，监督会计软件和计算机硬件的选配是否满足会计业务要求，并确定会计人员在会计电算化工作中的岗位分工。

2. 硬件方面

硬件方面应考虑工作方式和硬件配制。工作方式包括单机式、多机式和网络式。

单机式主要配制一台主机、键盘、显示器等外部设备，每一时刻计算机只能接受一个人的指令，即只供一个人使用，每次只完成一项任务。

多机式在一台主机上通过特定硬件，连接若干台终端设备，支持多个用户同时使用的多用户多任务。

网络式是指按一定方式，通过通信设备，将不同区域的不同计算机联结起来，其最显著的特点是会计信息资料共享。

硬件配制主要是指主机，主机决定了机器的性能，即运行速度和处理能力。在建立会计电算化时应根据工作需要采取合适的工作方式并配置符合要求的硬件设备。

3. 软件方面

建立电算化会计信息系统，常采用定点开发（包括本单位自行开发、委托其他单位开发和联合开发）、选择通用商品会计软件、通用和定点开发相结合等方式，一般企业以外购通用会计软件为主。在选择通用会计软件时，应考虑本单位的行业核算特点和业务规模，选择符合自己需要的会计软件。

9.2.3　如何选择适用的会计软件

契合自身需要的会计软件才能完美地实现会计工作的目的。要想在种类繁多的会计软件中选择一种适合本企业会计核算要求的通用会计软件，就应当充分注意软件的合法性、安全性、正确性、可扩充性和满足审计要求等方面的问题，并考虑到软件服务的便利、软件功能单位实际需要的满足以及今后工作发展的要求。

1. 合法性

会计软件提供的功能必须符合会计核算的规定。例如，软件中采用的总分类会计科目名称、编号方法、输入的记账凭证的格式等应符合国家统一的会计制度的规定；应当同时提供国家统一会计制度允许使用的多种会计核算方法以供选择；应当提供机内记账凭证、会计账簿、会计报表等的打印输出功能等。另外应当采用合法的正版会计软件，保障会计核算工作不受非正常干扰，以顺利地进行。

2. 安全性

会计软件提供的功能能防止误操作和作弊行为。例如，对于程序文件和数据文件应当有必要的加密或其他保护措施，以防被非法篡改；应当具有在计算机发生故障、强行关机及其他原因使会计数据被破坏的情况下，利用现有数据尽量恢复到破坏前状态的功能。

3. 正确性

保证计算正确和防止输入错误。例如，当输入的记账凭证重号，输入的记账凭证借贷方金额不相等时，软件应提示或者拒绝执行；应当提供自动进行银行对账的功能，根据机内银行存款日记账与输入的银行对账单及适当的手工辅助，自动生成银行存款余额调节表；机内数据进行总分类账、明细分类账汇总的计算结果应正确无误；应当提供机内会计数据按照规定的会计期间进行结账的功能等。

4. 查询性

应能方便地查询机内总分类会计科目的名称、科目代号、年初余额、期初余额、累计发生额和余额，能查询记账凭证。应设计复合条件查询、模糊查询。应具有灵活的界面切换功能，以便于灵活地寻找凭证、明细分类账、总账的信息资料等。

5. 售后服务

为了保证在出现问题时能够得到及时解决从而保证会计核算工作不受影响，在选择会计软件时还应了解其售后服务，如会计软件的日常维护情况，用户培训的内容、方式是否可行，二次开发的方式是否具体，维修服务人员是否充足，相关技术支持和软件版本的升级换代是否及时等。

6. 价格

会计软件售价中一般包括软件价格、售后服务与培训价格。在考虑价格时应注意报价具体所包含的内容。

9.2.4 会计电算化账务处理的流程

1. 账务初始化

账务初始化也称财务软件的初始设置，是指将通用财务软件转化成专用财务软件，将手工会计业务数据移植到计算机中的一系列准备工作。前者需要设置具体的核算规则和方法，后者需要输入有关的基础科目或数据。一般地，账务初始化主要有以下两个步骤的工作。

（1）设置业务参数及基本信息。业务参数是反映企业会计核算和管理具体要求的指标，不同的企业其会计业务处理的对象、会计核算方法等有所差别，为了使通用财务软件适应自身的特定需求，可以通过设置业务参数来解决。

（2）设置会计科目和账户。主要设置以下项目：

①会计科目的级别。一般应设到三级，多的可以设到五级。

②会计科目代码，即会计科目统一规定的代码。目前，行业会计制度将一级会计科目代码确定，企业可根据情况增加会计科目和科目代码，自定的会计科目代码应与财政部规定的相吻合；二级以下的代码可自己设定，大公司和企业集团应设定统一代码，以便会计信息共享。

③会计科目名称。会计科目名称应按会计制度的规定设置，不应随意简化。

④会计科目的类型。会计科目的类型有资产类、负债类、成本类和损益类等，在具体操作中用代号来实现，一般用阿拉伯数字中的1、2、3、4、5来代替。

⑤账户的定义，即对账户的格式和账户余额进行规定。账户的格式分三栏式、多栏式和数量金额式。账户余额是指设置账户的年初数、累计发生额和本期余额的借贷方向和金额。如果已记录过手工账，要将手工账转入计算机的数据是在账户定义这一环节完成的，也就是将账簿上要结转的数据的借贷方向、发生额和余额，在此环节输入计算机，以便以后按期输入凭证。

（3）自动转账设置。企业的一些账务处理往往是固定的，只是不同期间的发生额不同而已，自动转账功能的运用可以使一些账务处理可以按照事先的设置来进行。自动转账设置包括：①业务凭证顺序号；②经济业务摘要；③科目代号或名称；④借贷方向；⑤金额来源；⑥计算公式。

（4）输入期初数据并验证，保证会计数据的连续、准确、真实。在首次使用新的财务软件时，初始数据是指软件启用时间以前的科目总账、明细账、辅助账等余额。

2. 日常会计业务处理

日常会计处理主要包括输入、处理、输出、利用等基本工作，具体来说，其会计数据处理的基本内容有：数据输入；凭证处理；记账；结账；查询；对账；系统管理（包括账务初始）；打印输出；分析利用。

3. 期末处理

会计期末进行账账、账证、账实核对，处理期末会计事项，如工资分配及费用计提、销售成本结转、固定资产折旧处理以及各种转账业务等，然后进行结账，提供有关报表等。

9.2.5 如何进行报表定义

1. 什么是报表定义

会计报表是由报表格式和报表数据构成的，报表定义就是对会计报表的格式和数据来源进行设定的过程。除资产负债表、损益表、现金流量表等会计制度规定的报表种类以外，各行业、各企业可以根据自身的需要设置其他报表，如管理费用表、主要产品成本表、应交增值税明细表等。为了便于用户制作此类报表，通用会计软件的报表系统为用户提供了自定义空白格式的功能，用户可以根据自己的需要设定（即定义）特定的报表格式，系统生成报表时即按用户定义的格式生成。

报表的数据是按会计制度的规定对已输入的会计信息进行加工、整理、汇总、计算出来的。各报表的各个空白位置的数据，是依据设定的取数公式而形成的。在会计软件的运用中，通过设定（即定义）特定的、具体的数据来源即可自动生成所需要的数据。数据的来源主要有：①账户，从某账户中取某一时期或某一会计期间的某项数据；②报表，从已形成的当前报表或其他报表中获取数据填入某行某列中，如资产负债表的"本年利润"可以从损益表中获取；③手工输入。

2. 怎样进行报表定义

报表定义是做好报表工作的前提和基础，进行报表定义时，必须做好如下工作。

（1）要制作一张空表的格式并将其保存在一个文件里，确定表的表头、栏目数量及名称、表尾等，该文件称为"报表格式文件"。

（2）要建立取数公式和计算公式以确定表中每栏数据的来源，把两个公式分别存在"取数公式文件"和"计算公式文件"中。也就是说，报表中每一栏数据都有两个来源：其一是从账目中取得某个科目的余额或发生额或年初数，其公式即"取数公式"；其二是从前期的报表或其他报表或本表中经过加减乘除等计算而来的，其公式即"计算公式"。

（3）要对各栏目横平竖直检查勾稽关系进行描述，将其存在 "校验公式文件"中。

以上四个文件都是描述某张报表的，统称为"描述文件"。

（4）要建立一个"表格管理文件"将某一报表的描述文件与实际打印的报表建立起联系，即让操作者告诉计算机打印哪张报表，使用哪些描述文件。

这样，进行报表定义时就需要建立"报表格式""取数公式""计算公式""校验公式""表格管理"五个文件。

此外，进行会计报表定义时还应注意如下两个问题。

（1）为了取数方便，应在设置会计科目时，根据需要多设明细科目。因为有些会计报表栏目中的数值是根据一个或几个一级会计科目的余额相加而形成的，有的要进行分析才能填列，如现金流量表中的"固定资产折旧"项目应根据"累计折旧"科目的贷方发生额中属于本期提取的计入成本费用的折旧数分析填列，这就需要增设三个二级科目："计入成本费用的折旧""非经营性计提的折旧""其他折旧结转"，在编制现金流量表时，对于"固定资产折旧"栏就可以根据"计入成本费用的折旧"数来填列。

（2）应细致认真地描述公式。运算符号除了主要的"+、−、×、÷、="等以外，还有"<（小于）、>（大于）、≥（大于或等于）、≤（小于或等于）、≠（不等于）"等逻辑运算符号，在定义时不应出现错误；同时也要注意取数的借方和贷方。例如，资产负债表中"资产总额"的年初数应等于"负债及所有者权益"的年初数，"资产总计"的期末数应等于"负债及所有者权益"的期末数等。

第三部分 会计核算

第 10 章
物尽其流、财尽其用——资产类业务的账务处理

本章概览

在日常的记账实务中，资产业务是最常见的业务。资产是指企业的过去交易或事项形成的、由企业拥有或控制的、预期会给企业带来经济利益的资源。

资产按照不同的标准可以做不同的分类。按是否具有实物形态，资产可分为有形资产和无形资产；按其来源不同，资产可分为自有资产和租入资产；按其流动性不同，资产可分为流动资产和非流动资产，其中流动资产又可分为货币资金、交易性金融资产、应收票据、应收账款、预付款项、其他应收款、存货等，非流动资产又可分为长期股权投资、固定资产、无形资产及其他资产等。

本章主要介绍了货币资金、交易性金融资产、应收及预付款项、存货、固定资产、无形资产和其他资产的核算。

通过本章的学习，我们主要解决以下的问题：

（1）现金和银行存款如何进行账务处理？

（2）应收票据与应收账款如何进行账务处理？

（3）预付账款如何进行账务处理？

（4）存货的计价方法是什么？

（5）存货如何进行账务处理？

（6）短期投资如何进行计价与账务处理？

（7）长期股权投资如何进行账务处理？

（8）长期债权投资如何进行账务处理？

（9）如何计提长期投资减值准备？

（10）固定资产如何进行计价与账务处理？

（11）无形资产如何进行账务处理？

10.1 货币资金业务的账务处理

货币资金是企业资产的重要组成部分，是企业资产中流动性较强的一种资产。任何企业要进行生产经营活动都必须拥有货币资金，持有货币资金是进行生产经营活动的基本条件。根据存放地点及用途的不同，货币资金分为库存现金、银行存款及其他货币资金。

10.1.1 库存现金的账务处理

库存现金的总分类核算应设置"库存现金"科目，借方登记库存现金的增加数，贷方登记库存现金的减少数，期末余额在借方，反映期末库存现金的实有数。

如果企业收付的库存现金中有外币，还应在"库存现金"科目下设置外币库存现金明细科目进行核算。

1. 库存现金收入的账务处理

库存现金收入是企业在其生产经营和非生产经营业务中取得的库存现金。库存现金收入的账务处理以库存现金收入原始凭证为依据，包括发票、行政事业性专用收据、内部收据等。

【例10-1】库存现金收入的账务处理方法

（1）ABC公司收回A公司所欠贷款的尾款，为现金500元。进行账务处理如下：

借：库存现金   500

    贷：应收账款——A公司   500

（2）ABC公司从银行提取现金5 000元。进行账务处理如下：

借：库存现金   5 000

    贷：银行存款   5 000

（3）ABC公司收回职工的借款600元。进行账务处理如下：

借：库存现金   600

    贷：其他应收款——×××   600

（4）ABC公司出售多余材料收入现金2 000元。进行账务处理如下：

借：库存现金   2 000

    贷：其他业务收入   2 000

2. 库存现金支出的账务处理

库存现金支出是指企业在其生产经营和非生产经营业务中向外支付的库存现金。库存现金支出的账务处理以库存现金支出原始凭证为依据，包括外来原始凭证和自制原始凭证两部分。常见的库存现金支出原始凭证包括：

（1）借据，企业内部所属机构为购买零星办公用品或职工因公出差借款时使用；

（2）工资结算单，企业向职工支付工资时使用；

（3）报销单（支出凭证），企业内部有关人员为单位内部购买零星物品，接受外单位或个人劳务、服务而办理报销业务，以及单位职工向单位办理托补费、医疗费、统筹医药费的报销时使用；

（4）差旅费报销单，企业出差人员办理差旅费报销和出差补贴时使用；

（5）领款收据，企业职工向企业领取各种非工资性奖金、津贴、补贴、劳务费和其他各种库存现金款项，其他单位或个人向本企业领取各种劳务费、服务费时使用。

【例 10-2】库存现金支出的账务处理

（1）ABC 公司以库存现金 18 000 元发放 2×19 年 3 月的职工工资。进行账务处理如下：

借：应付职工薪酬	18 000	
贷：库存现金		18 000

（2）ABC 公司用库存现金 850 元购买办公用品。进行账务处理如下：

借：管理费用	850	
贷：库存现金		850

（3）ABC 公司职工张华出差预借差旅费 1 000 元，以库存现金支付。进行账务处理如下：

借：其他应收款——张华	1 000	
贷：库存现金		1 000

（4）ABC 公司向银行送存库存现金 5 000 元。进行账务处理如下：

借：银行存款	5 000	
贷：库存现金		5 000

发生库存现金支出业务时，应根据审核无误的原始凭证，编制付款凭证。

3. 备用金的账务处理

对定额备用金应通过"其他应收款——备用金"科目或单独设置"备用金"科目进行账务处理。

【例10-3】备用金的账务处理

（1）ABC公司对后勤部门实行定额备用金制度，定额1 000元。后勤部门第一次领取时，进行账务处理如下：

借：其他应收款——备用金——后勤   1 000

  贷：库存现金   1 000

（2）月末，后勤部门的备用金保管人员凭有关单据向会计部门报销，报销金额为900元，会计部门经审核准予报销，并以库存现金补足定额。进行账务处理如下：

借：管理费用   900

  贷：库存现金   900

为进行库存现金的序时核算（类似于库存现金的明细核算），应设置"现金日记账"。由出纳人员按照业务发生的先后顺序逐日逐笔登记，每日终了时结出余额，并同库存现金数核对，月末与库存现金总账核对，做到"日清月结"，保证账款相符、账账相符。库存现金日记账应采用订本式账簿，一般采用三栏式账页。

4. 库存现金清查的账务处理

库存现金清查中发现的待查明原因的库存现金短缺或溢余，应通过"待处理财产损溢"科目核算：库存现金短缺，借记"待处理财产损溢"科目，贷记"库存现金"科目；库存现金溢余，借记"库存现金"科目，贷记"待处理财产损溢"科目。待查明原因后做如下处理。

（1）库存现金短缺。应由责任人赔偿部分，借记"其他应收款——应收库存现金短缺款（××）"科目，贷记"待处理财产损溢"科目；无法查明原因部分，经批准后，借记"管理费用——现金短缺"科目，贷记"待处理财产损溢"科目。

（2）库存现金溢余。应支付给有关人员或单位的，应借记"待处理财产损溢"科目贷记"其他应付款——应付现金溢余（某某个人或单位）"科目；无法查明原因的，经批准后，借记"待处理财产损溢"科目，贷记"营业外收入——现金溢余"科目。

【例 10-4】库存现金清查的账务处理

（1）ABC 公司在对库存现金进行盘点时，发现现金短缺 11 元。进行账务处理如下：

  借：待处理财产损溢   11

    贷：库存现金   11

（2）后经查明原因，属于出纳人员张某某疏忽大意造成的，应由出纳人员赔偿。进行账务处理如下：

  借：其他应收款——张某某   11

    贷：待处理财产损溢   11

10.1.2 银行存款的账务处理

银行存款是企业存入银行和其他金融机构的货币资金，是企业货币资产的重要组成部分。

银行存款的总分类核算应设置"银行存款"科目，借方登记银行存款的增加数，贷方登记银行存款的减少数，期末余额在借方，反映银行存款的实际结存数。有外币存款的企业，应在"银行存款"科目下分人民币和各种外币设置"银行存款日记账"进行明细核算。

【例 10-5】收入银行存款的账务处理

（1）ABC 公司将库存现金 1 800 元存入银行。进行账务处理如下：

  借：银行存款   1 800

    贷：库存现金   1 800

（2）ABC 公司从银行取得短期借款 200 000 元。进行账务处理如下：

  借：银行存款   200 000

    贷：短期借款   200 000

（3）ABC 公司销售产品收到支票一张，存入银行，货款 50 000 元，增值税 6 500 元。进行账务处理如下：

  借：银行存款   56 500

    贷：主营业务收入   50 000

      应交税费——应交增值税（销项税额）   6 500

（4）ABC 公司收到 A 公司转账支票一张 60 000 元，偿还前欠账款。进行账务处理如下：

借：银行存款   60 000

 贷：应收账款   60 000

（5）ABC 公司从子公司分得税后利润 240 000 元。进行账务处理如下：

借：银行存款   240 000

 贷：投资收益   240 000

【例 10-6】支出银行存款的账务处理

（1）ABC 公司提取库存现金 28 000 元用于发放工资。进行账务处理如下：

借：库存现金   28 000

 贷：银行存款   28 000

（2）ABC 公司从外地采购材料，价款 6 000 元，增值税 780 元，均以银行存款支付，材料尚未入库。进行账务处理如下：

借：材料采购   6 000

  应交税费——应交增值税（进项税额） 780

 贷：银行存款   6 780

（3）ABC 公司用银行存款交纳增值税 76 000 元。进行账务处理如下：

借：应交税费——应交增值税（已交税金） 76 000

 贷：银行存款   76 000

（4）ABC 公司用银行存款偿还应付账款 100 000 元。进行账务处理如下：

借：应付账款   100 000

 贷：银行存款   100 000

（5）ABC 公司兑付到期商业承兑汇票一张，票面金额 291 720 元。进行账务处理如下：

借：应付票据   291 720

 贷：银行存款   291 720

银行存款的序时核算就是银行存款的明细核算，应设置"银行存款日记账"，由出纳人员按照业务发生的先后顺序逐日逐笔登记，每日终了时结出余额，并定期（一般是每月月末）同银行对账单核对相符。银行存款日记账必须是订本账，一般采用三栏式账页。

10.1.3　其他货币资金的账务处理

其他货币资金包括企业的外埠存款、银行汇票存款、银行本票存款、存出投资款、信用证存款、信用卡存款等。

为了核算其他货币资金的收支和结存情况，应设置"其他货币资金"科目，借方登记其他货币资金的增加数，贷方登记其他货币资金的减少数，余额在借方，表示其他货币资金的结存数额。

1. 外埠存款的账务处理

外埠存款是指企业到外地进行临时或零星采购时，采用汇兑结算方式汇往采购地银行开立采购专户的款项。采购资金存款不计利息，除采购员差旅费可以支取少量库存现金外，一律转账。采购专户只付不收，付完结束账户。

【例 10-7】外埠存款的账务处理

（1）ABC 公司汇往上海 60 000 元开立采购物资专户。进行账务处理如下：

借：其他货币资金——外埠存款　　　　　　　　　　60 000

　　贷：银行存款　　　　　　　　　　　　　　　　　60 000

（2）在上海采购，支付材料价款 50 000 元，增值税 6 500 元。进行账务处理如下：

借：材料采购（或在途物资）　　　　　　　　　　　50 000

　　应交税费——应交增值税（进项税额）　　　　　6 500

　　贷：其他货币资金——外埠存款　　　　　　　　　56 500

（3）将多余的外埠存款转回公司本地的开户银行。进行账务处理如下：

借：银行存款　　　　　　　　　　　　　　　　　　3 500

　　贷：其他货币资金——外埠存款　　　　　　　　　3 500

2. 银行汇票存款的账务处理

银行汇票存款是指企业为取得银行汇票，按照规定存入银行的款项。

企业从银行取得汇票后，借记"其他货币资金——银行汇票"科目，贷记"银行存款"科目。企业使用银行汇票支付款项后，借记"材料采购""应交税费——

应交增值税（进项税额）"等科目，贷记"其他货币资金——银行汇票"等科目。

银行汇票使用完毕，应转销"其他货币资金——银行汇票"科目。如实际采购支出小于银行汇票面额，多余部分应借记"银行存款"科目，贷记"其他货币资金——银行汇票"科目。汇票因超过付款期限或其他原因未曾使用而退还款项时，应借记"银行存款"科目，贷记"其他货币资金——银行汇票"科目。

【例 10-8】银行汇票存款的账务处理

（1）ABC 公司以银行存款支付银行汇票存款 12 000 元。进行账务处理如下：

借：其他货币资金——银行汇票存款　　　　　　　　　　12 000

　　贷：银行存款　　　　　　　　　　　　　　　　　　　　12 000

（2）ABC 公司以银行汇票支付采购材料价款 10 000 元，增值税 1 300 元。进行账务处理如下：

借：材料采购（或在途物资）　　　　　　　　　　　　　10 000

　　应交税费——应交增值税（进项税额）　　　　　　　　1 300

　　　　贷：其他货币资金——银行汇票　　　　　　　　　　11 300

（3）ABC 公司将银行汇票余额 700 元转销。进行账务处理如下：

借：银行存款　　　　　　　　　　　　　　　　　　　　700

　　贷：其他货币资金——银行汇票　　　　　　　　　　　　700

3. 银行本票存款的账务处理

银行本票存款是指企业为取得银行本票，按照规定存入银行的款项。

企业取得银行本票时，借记"其他货币资金——银行本票"科目，贷记"银行存款"科目。

用银行本票支付购货款等款项后，应根据发票账单等有关凭证，借记"材料采购""应交税费——应交增值税（进项税额）"等科目，贷记"其他货币资金——银行本票"科目。

如企业因本票超过付款期等原因未曾使用而要求银行退款时，应填制进账单一式两联，连同本票一并交给银行，然后根据银行收回本票时盖章退回的一联进账单，借记"银行存款"科目，贷记"其他货币资金——银行本票"科目。

【例 10-9】银行本票存款的账务处理

（1）ABC 公司以银行存款 4 680 元支付银行本票存款。进行账务处理如下：

| 借：其他货币资金——银行本票 | 4 680 |
| 贷：银行存款 | 4 680 |

（2）ABC 公司支付材料采购款 4 000 元，增值税 520 元。进行账务处理如下：

借：材料采购（或在途物资）	4 000
应交税费——应交增值税（进项税额）	520
贷：其他货币资金——银行本票	4 520

（3）若 ABC 公司未使用该银行本票购买货物，要求银行退款。进行账务处理如下：

| 借：银行存款（或库存现金） | 4 520 |
| 贷：其他货币资金——银行本票 | 4 520 |

4. 存出投资款的账务处理

存出投资款是指企业已存入证券公司但尚未进行交易性金融资产的现金。企业向证券公司划出资金时，应按实际划出的金额，借记"其他货币资金——存出投资款"科目，贷记"银行存款"科目；购买股票、债券等时，借记"交易性金融资产"等科目，贷记"其他货币资金——存出投资款"科目。

【例 10–10】存出投资款的账务处理

（1）ABC 公司将银行存款 1 000 000 元存入证券公司，以备购买有价证券。进行账务处理如下：

| 借：其他货币资金——存出投资款 | 1 000 000 |
| 贷：银行存款 | 1 000 000 |

（2）ABC 公司用存出投资款 1 000 000 元购入股票。进行账务处理如下：

| 借：交易性金融资产——股票 | 1 000 000 |
| 贷：其他货币资金——存出投资款 | 1 000 000 |

5. 信用证存款的账务处理

信用证存款是指采用信用证结算方式的企业为开具信用证而存入银行信用证保证金专户的款项。

企业向银行申请开出信用证用于支付供货单位购货款项时，根据开户银行盖章退回的"信用证委托书"回单，借记"其他货币资金——信用证存款"科目，贷记"银行存款"科目。

企业收到供货单位信用证结算凭证及所附发票账单，经核对无误后进行账务处理，借记"在途物资""应交税费——应交增值税（进项税额）"等科目，贷记"其他货币资金——信用证存款"科目。

如果企业收到未用完的信用证存款余款，应借记"银行存款"科目，贷记"其他货币资金——信用证存款"科目。

【例 10-11】信用证存款的账务处理

（1）ABC 公司向银行申请开出信用证，金额为 58 500 元，用于支付供货单位购货款项。进行账务处理如下：

借：其他货币资金——信用证存款　　　　　　　　　　58 500

　　贷：银行存款　　　　　　　　　　　　　　　　　　58 500

（2）ABC 公司以信用证的方式，支付供货单位购货款项 50 000 元，增值税进项税额 6 500 元。进行账务处理如下：

借：材料采购（或在途物资）　　　　　　　　　　　　50 000

　　应交税费——应交增值税（进项税额）　　　　　　 6 500

　　贷：其他货币资金——信用证存款　　　　　　　　56 500

（3）若 ABC 公司未使用该信用证购买货物，要求银行退款。进行账务处理如下：

借：银行存款（或库存现金）　　　　　　　　　　　　56 500

　　贷：其他货币资金——信用证存款　　　　　　　　56 500

6. 信用卡存款的账务处理

信用卡存款是指企业为取得信用卡而存入银行信用卡专户的款项。企业申领信用卡时，按照有关规定填制申请表，并按银行要求交存备用金，银行开立信用卡存款账户，发给信用卡。

企业根据银行盖章退回的交存备用金的进账单，借记"其他货币资金——信用卡存款"科目，贷记"银行存款"科目。

企业收到开户银行转来的信用卡存款的付款凭证及所附发票账单，经核对无误后进行账务处理，借记相关科目，贷记"其他货币资金——信用卡存款"科目。

【例 10-12】信用卡存款的账务处理

（1）ABC 公司使用单位信用卡，购入办公用品一批，合计 1 000 元。进行账务处理如下：

借：管理费用   1 000

 贷：其他货币资金——信用卡存款   1 000

（2）ABC 公司将银行存款 1 000 元存入银行信用卡专户，用于偿还欠款。进行账务处理如下：

借：其他货币资金——信用卡存款   1 000

 贷：银行存款   1 000

10.2 应收账款的账务处理

应收账款是指企业因销售产品、商品或提供劳务等，应向购货或接受劳务单位收取的款项，主要包括企业出售产品、商品、提供劳务等应向购货单位或接受劳务单位收取的款项。

10.2.1 应收账款价值的确定

核算应收账款时，必须确定其入账价值，及时反映应收账款的形成、收回情况，合理地确认、计量坏账损失情况。

应收账款的入账价值包括：销售货物或提供劳务的价款、增值税，以及代购货方垫付的包装费、运杂费等。在确认应收账款的入账价值时，应当考虑有关的折扣和折让因素。

存在现金折扣时，根据我国《企业会计准则》的规定，企业的应收账款应按总价法确认。总价法是将未扣减现金折扣前的实际售价（即总价）作为应收账款的入账价值，把实际发生的现金折扣视为销售企业为了尽快回笼资金而发生的理财费用（在现金折扣实际发生时计入财务费用）。

10.2.2 应收账款的账务处理

为了反映应收账款的增减变动及其结存情况，应设置"应收账款"和"坏账准备"科目。

（1）"应收账款"科目。该科目用于核算企业因销售产品、商品或提供劳务等，应向购货或接受劳务单位收取的款项。该科目的借方登记应收账款的增加数，贷方登记应收账款的收回数及确认的坏账损失数，余额一般在借方，表示尚未收回的应收账款数。

（2）"坏账准备"科目。该科目用于核算企业提取的坏账准备。该科目贷方登记每期预提的坏账准备数额，借方登记实际发生的坏账损失数额，余额一般在贷方，表示已预提但尚未转销的坏账准备数额。

企业销售商品、产品或提供劳务发生应收款项时，借记"应收账款"科目，贷记"主营业务收入""应交税费——应交增值税（销项税额）"等科目；收回款项时，借记"银行存款"等科目，贷记"应收账款"科目。

企业代购货单位垫付包括包装费、运杂费时，借记"应收账款"科目，贷记"银行存款"等科目；收回代垫费用时，借记"银行存款"科目，贷记"应收账款"科目。

【例10-13】应收账款的账务处理

（1）ABC公司采用托收承付结算方式向A公司销售产品一批，货款100 000元，增值税额13 000元，以银行存款代垫运杂费5 000元，已办理托收手续。进行账务处理如下：

借：应收账款——A公司	118 000
贷：主营业务收入	100 000
应交税费——应交增值税（销项税额）	13 000
银行存款	5 000

（2）ABC公司接到银行收款通知，应收A公司的全部款项118 000元已收到入账。进行账务处理如下：

借：银行存款	118 000
贷：应收账款——A公司	118 000

10.2.3　坏账损失的账务处理

坏账是指企业无法收回或收回的可能性极小的应收账款。由于发生坏账而产生的损失，称为坏账损失。

1. 坏账损失的确认

企业确认坏账时，应遵循财务报告的目标和会计核算的基本原则，具体分析各应收账款的特性、金额的大小、信用期限、债务人的信誉和当时的经营情况等因素。一般来讲，企业的应收账款符合下列条件之一的，应确认为坏账：

（1）债务人死亡，以其遗产清偿后仍然无法收回；

（2）债务人破产，以其破产财产清偿后仍然无法收回；

（3）债务人较长时期内未履行其偿债义务，并有足够的证据表明无法收回或收回的可能性极小（如债务单位已撤销、破产、资不抵债、现金流量严重不足、发生严重的自然灾害等导致停产而在短时间内无法偿付债务，以及 3 年以上的应收款项等）。

2. 坏账准备的提取方法

企业应当定期或至少于年度终了对应收账款进行检查，对预计可能发生的坏账损失，计提坏账准备。按照企业会计准则规定，计提坏账准备的方法主要有应收账款余额百分比法、账龄分析法和销货百分比法。

（1）应收账款余额百分比法。这种方法是以会计期末应收账款的账面余额为基数，乘以估计的坏账率，计算当期估计的坏账损失，据此提取坏账准备的方法。

（2）账龄分析法。这种方法是根据应收账款挂账时间的长短估计坏账损失，提取坏账准备的方法。

（3）销货百分比法。这种方法是根据赊销金额的一定百分比估计坏账损失，提取坏账准备的方法。

根据《企业会计准则》的规定，采用哪种方法由企业自定。企业应当制定计提坏账准备的政策，明确计提坏账准备的范围、提取方法、账龄的划分和提取比例，按照法律、行政法规的规定报有关各方备案，并备置于企业所在地。坏账准备提取方法一经确定，不得随意变更。如需变更，应当在会计报表附注中予以说明。

企业无论采用哪种方法提取坏账准备，当期应提取的坏账准备应按以下公式计算：

当期应提取的坏账准备 = 当期按应收账款计算应计提的坏账准备金额 −（+）本账户的贷方余额（或借方余额）

当期按应收账款计算应计提的坏账准备金额大于本账户的贷方余额时，应按其差额提取坏账准备；如果当期按应收账款计算应计提的坏账准备金额小于本账户的贷方余额时，应按其差额冲减已计提的坏账准备；当期按应收账款计算应计提的坏账准备的金额为零，应将本账户的余额全部冲回。

应当指出，对已确认为坏账的应收账款，并不意味着企业放弃了追索权，一旦重新收回，应及时入账。

3. 坏账损失的账务处理

提取坏账准备时，借记"资产减值损失"科目，贷记"坏账准备"科目；发生坏账损失时，借记"坏账准备"科目，贷记"应收账款"科目。已确认并转销的坏账又收回时，借记"应收账款"科目，贷记"坏账准备"科目，同时借记"银行存款"科目，贷记"应收账款"科目。

【例 10-14】坏账准备的账务处理

ABC 公司采用应收款项余额百分比法计提坏账准备。2×17 ~ 2×19 年发生下列经济业务，坏账损失的账务处理方法如下。

（1）ABC 公司 2×17 年首次计提坏账准备。年末应收账款余额为 400 000 元，坏账准备的提取比例为 5%，2×17 年年末提取坏账准备的会计分录为：

借：资产减值损失   20 000

 贷：坏账准备   20 000

（2）ABC 公司 2×18 年实际发生坏账损失 28 000 元。确认坏账损失时，进行账务处理如下：

借：坏账准备   28 000

 贷：应收账款   28 000

（3）ABC 公司 2×18 年年末应收账款余额为 600 000 元，"坏账准备"科目应保持的贷方余额为 30 000（600 000×5%）元；"坏账准备"科目年末的实际余额为借方 8 000（20 000-28 000）元，因此本年年末应提 38 000（8 000+30 000）元。进行账务处理如下：

借：资产减值损失   38 000

 贷：坏账准备   38 000

（4）ABC 公司 2×19 年 5 月 28 日收到 2×15 年已转销的坏账 15 000 元，已存入银行。2×19 年 8 月 23 日，又确认坏账损失 24 000 元，进行账务处理如下：

①收到已转销的坏账时：

借：应收账款 15 000

　　贷：坏账准备 15 000

借：银行存款 15 000

　　贷：应收账款 15 000

②新确认坏账损失时：

借：坏账准备 24 000

　　贷：应收账款 24 000

（5）ABC 公司 2×19 年年末应收账款余额为 500 000 元。"坏账准备"科目应保持的余额为 25 000（500 000×5%）元，现有贷方余额 21 000（30 000+15 000-24 000）元，因此本年年末应提 4 000（25 000-21 000）元。进行账务处理如下：

借：资产减值损失 4 000

　　贷：坏账准备 4 000

10.3　应收票据的账务处理

10.3.1　应收票据的含义与内容

《中华人民共和国票据法》规定，票据包括汇票、本票和支票。但在我国会计实务中，支票、银行本票及银行汇票均为见票即付的票据，无须将其列为应收票据予以处理。因此，应收票据仅指企业因销售商品、提供劳务等而收到的商业汇票。

10.3.2　应收票据的初始计量

根据我国《企业会计准则》的规定，企业收到开出、承兑的商业汇票时，按照商业汇票的票面金额入账，即应收票据按其面值计价。

10.3.3　商业汇票的利息计算

商业汇票的利息是出票人使用货币资金的成本，它是按照使用货币的时间和规定的利率计算的。对付款人来讲，承担的利息是费用；对收款人来讲，收到的利息是收入。

商业汇票的利息计算公式如下：

商业汇票的利息 = 商业汇票的票面金额 × 票面利率 × 票据期限

上式中，"票面利率"一般指年利率；"票据期限"指自签发日起至到期日止的时间间隔。商业汇票的期限，有按月表示和按日表示两种。

票据期限按月表示时，应以到期月份中与出票日相同的那一天为到期日。如 4 月 1 日签发的 3 个月票据，到期日应为 7 月 1 日。月末签发的票据，不论月份大小，以到期月份的月末那一天为到期日。与此同时，计算利息使用的利率要换成月利率（年利率 ÷12）。

票据期限按日表示时，应从出票日起按实际经历天数计算。出票日和到期日只能计算其中的一天，即"算头不算尾"或"算尾不算头"。例如，4 月 1 日签发的 90 天票据，其到期日应为 6 月 30 日 [90 天 −4 月实有天数 −5 月实有天数 =90−30−31=29（天）]。同时，计算利息使用的利率，要换算成日利率（年利率 ÷360）。

10.3.4　应收票据的账务处理

1. 不带息应收票据的账务处理

为了核算应收票据的取得和回收情况，企业应设置"应收票据"科目。企业因销售商品、产品或提供劳务收到开出、承兑的商业汇票时，按商业汇票的票面金额，借记"应收票据"科目，按实现的营业收入，贷记"主营业务收入"科目，按专用发票上注明的增值税额，贷记"应交税费——应交增值税（销项税额）"科目。

商业汇票到期，应按实际收到的金额，借记"银行存款"科目，按商业汇票的票面金额，贷记"应收票据"科目。商业承兑汇票到期，承兑人违约拒付或无力支付票款，企业收到银行退回的商业承兑汇票、委托收款凭证、未付票款通知书或拒绝付款证明等，将到期票据的票面金额转入"应收账款"科目。"应收票据"科目期末借方余额，反映企业持有的商业汇票的票面金额。

　　企业应当设置"应收票据备查簿",逐笔登记商业汇票的种类、号数和出票日期、票面金额、票面利率、交易合同号和付款人、承兑人、背书人的姓名或单位名称、到期日、背书转让日、贴现日期、贴现率和贴现净额、未计提的利息,以及收款日期和收回金额、退票情况等资料,商业汇票到期结清票款或退票后,应当在备查簿内逐笔注销。现举例说明应收票据的账务处理。

　　【例 10-15】 不带息应收票据的账务处理

　　ABC 公司销售一批产品给 A 公司,货已发出,货款 10 000 元,增值税额为 1 300 元。按合同约定 3 个月以后付款,A 公司交给 ABC 公司一张 3 个月到期的商业承兑汇票,票面金额 11 700 元。

　　（1）ABC 公司收到该票据时,进行账务处理如下:

借:应收票据	11 300
贷:主营业务收入	10 000
应交税费——应交增值税（销项税额）	1 300

　　（2）3 个月后,该应收票据到期,ABC 公司收回款项 11 300 元,存入银行。进行账务处理如下:

借:银行存款	11 300
贷:应收票据	11 300

　　（3）如果该票据到期,A 公司无力偿还票款,ABC 公司应将到期票据的票面金额转入"应收账款"科目。进行账务处理如下:

借:应收账款——A 公司	11 300
贷:应收票据	11 300

2. 带息应收票据的账务处理

　　企业收到的带息商业汇票,应于资产负债表日按商业汇票的票面金额和确定的利率计提票据利息,计提的利息一方面增加应收票据的账面余额,另一方面冲减"财务费用"。

　　带息的商业汇票到期收回款项时,应按收到的本息,借记"银行存款"科目,按账面余额,贷记"应收票据"科目,按其差额（未计提利息部分）,贷记"财务费用"科目。

　　到期不能收回的带息应收票据,转入"应收账款"科目核算后,期末不再计提利息，其所包含的利息，在有关备查簿中进行登记，待实际收到时再冲减收到当期的财务费用。

【例10-16】带息应收票据的账务处理

ABC公司2×19年9月1日销售一批产品给A公司，货已发出，专用发票上注明的销售收入为200 000元，增值税额为26 000元。收到A公司交来的商业承兑汇票一张，期限为6个月，票面利率为5%。

（1）ABC公司收到票据时，进行账务处理如下：

借：应收票据	226 000
贷：主营业务收入	200 000
应交税费——应交增值税（销项税额）	26 000

（2）年度终了（2×19年12月31日）计提票据利息时，进行账务处理如下：

票据利息=226 000×5%÷12×4=3 766.67（元）

借：应收票据	3 766.67
贷：财务费用	3 766.67

（3）票据到期收回款项时，进行账务处理如下：

收款金额=226 000×（1+5%÷12×6）=231 650（元）

2×20年2月末发生的票据利息=226 000×5%÷12×2=1 883.33（元）

借：银行存款	231 650
贷：应收票据	229 766.67
财务费用	1 883.33

（4）如果票据到期A公司无力付款，ABC公司应将带息应收票据的金额转入"应收账款"科目。进行账务处理如下：

借：应收账款	229 766.67
贷：应收票据	229 766.67

其余的利息在备查簿中登记，待实际收到时再冲减收到当期的财务费用。

【例10-17】收到抵付应收账款的商业汇票的账务处理

ABC公司收到A公司寄来一张2个月期的商业承兑汇票，面值为113 000元，抵偿前欠的产品货款。ABC公司应进行如下账务处理：

借：应收票据	113 000
贷：应收账款	113 000

3. 商业汇票背书转让的账务处理

企业为取得所需物资而将持有的应收票据背书转让时，按应计入取得物资成本的金额，借记"材料采购"或"原材料""库存商品"等科目，按专用发票上注明的增值税额，借记"应交税费——应交增值税（进项税额）"科目，按商业汇票的票面金额，贷记"应收票据"科目，如有差额，借记或贷记"银行存款"等科目。

【例 10-18】商业汇票背书转让的账务处理

ABC 公司将持有的尚未到期的银行承兑汇票背书转让给某钢铁厂，用于购买钢材一批，取得的增值税专用发票上注明价款为 62 000 元，增值税额为 8 060 元，并签发转账支票一张，补付货款与票据面值之间的差额 2 340 元，材料已到货并验收入库。ABC 公司进行账务处理如下：

借：材料采购　　　　　　　　　　　　　　　　　　62 000

　　应交税费——应交增值税（进项税额）　　　　　8 060

　　贷：应收票据　　　　　　　　　　　　　　　　　　67 720

　　　　银行存款　　　　　　　　　　　　　　　　　　2 340

10.4　其他应收款的账务处理

10.4.1　其他应收款的内容

其他应收款是指除应收票据、应收账款、预付账款以外的其他各种应收、暂付款项。其主要内容包括：

（1）应收的各种赔款，如因职工失职给企业造成一定损失而向该职工收取的赔款，或因企业财产等遭受意外损失而向保险公司收取的赔款等；

（2）应收的各种罚款；

（3）存出保证金，如租入包装物后支付的押金等；

（4）备用金；

（5）应向职工收取的各种垫付的款项，如为职工垫付的水电费、应由职工负担的医药费、房租费等。

10.4.2 其他应收款的账务处理

为了反映其他应收款的增减变动及其结存情况，应设置"其他应收款"科目。该科目核算除应收票据、应收账款、预付账款以外的其他各种应收、暂付款项。其借方登记其他应收款的增加数，贷方登记其他应收款的收回数及确认的坏账损失数，余额一般在借方，表示尚未收回的其他应收款数额。

1.备用金的账务处理

备用金是指为了满足企业内部各部门和职工个人生产经营活动的需要，而暂付给有关部门和人员使用的备用库存现金。

为了反映和监督备用金的领用和使用情况，应在"其他应收款"科目下设置"备用金"二级明细科目，或设置"备用金"一级明细科目，借方登记备用金的领用数额，贷方登记备用金使用数额，余额在借方，表示暂付周转使用的备用金数额。

根据备用金的管理制度，备用金的账务处理分为定额备用金和非定额备用金两种情况。

（1）定额备用金。它是指根据使用部门和人员工作的实际需要，先核定其备用金定额并依次拨付备用金，使用后再拨付库存现金，补足其定额的制度。

【例10-19】定额备用金的账务处理

ABC公司某生产车间核定的备用金定额为5 000元，以库存现金拨付。进行账务处理如下：

借：其他应收款——备用金　　　　　　　　　　　　　　　5 000

　　贷：库存现金　　　　　　　　　　　　　　　　　　　　5 000

上述生产车间报销日常管理支出3 800元。进行账务处理如下：

借：制造费用　　　　　　　　　　　　　　　　　　　3 800

　　贷：库存现金　　　　　　　　　　　　　　　　　　　　3 800

（2）非定额备用金，也称一次性备用金，它是指为了满足临时性需要暂付给有关部门和个人的库存现金，使用后实报实销的备用金制度。

【**例 10-20**】非定额备用金的账务处理

（1）ABC 公司行政管理部门张力外出预借差旅费 1 000 元，以库存现金付讫。进行账务处理如下：

借：其他应收款——备用金（张力）　　　　　　　　1 000

　　贷：库存现金　　　　　　　　　　　　　　　　　　　1 000

（2）ABC 公司行政管理部门张力出差归来，报销 980 元，剩余库存现金 20 元交回。进行账务处理如下：

借：管理费用　　　　　　　　　　　　　　　　　　980

　　库存现金　　　　　　　　　　　　　　　　　　　20

　　贷：其他应收款——备用金（张力）　　　　　　　　1 000

2. 其他应收款坏账损失的账务处理

企业应当定期或者至少于每年年度终了，对其他应收款进行检查，预计其可能发生的坏账损失，并计提坏账准备。企业对于不能收回的其他应收款应当查明原因，追究责任。对确实无法收回的款项，应按照企业的管理权限，经股东大会或董事会，或经理（厂长）会议或类似机构批准作为坏账损失，冲销提取的坏账准备。

经批准作为坏账的其他应收款，借记"坏账准备"科目，贷记"其他应收款"科目。

已确认并转销的坏账损失，如果以后又收回，按实际收回的金额，借记"其他应收款"科目，贷记"坏账准备"科目；同时，借记"银行存款"科目，贷记"其他应收款"科目。

10.5　交易性金融资产的账务处理

交易性金融资产主要是指企业为了近期内出售而持有的金融资产，例如企业以赚取差价为目的从二级市场购入的股票、债券、基金等。

10.5.1 交易性金融资产账务处理的相关科目

为了核算交易性金融资产的取得、收取现金股利或利息、处置等业务，企业应当设置"交易性金融资产""公允价值变动损益""投资收益"等科目。

1."交易性金融资产"科目

本科目用于核算企业为交易目的所持有的债券投资、股票投资、基金投资等交易性金融资产的公允价值。企业持有的直接指定为以公允价值计量且其变动计入当期损益的金融资产也在"交易性金融资产"科目核算。"交易性金融资产"科目的借方登记交易性金融资产的取得成本、资产负债表日其公允价值高于账面余额的差额等；贷方登记资产负债表日其公允价值低于账面余额的差额，以及企业出售交易性金融资产时结转的成本和公允价值变动损益。企业应当按照交易性金融资产的类别和品种，分别设置"成本""公允价值变动"等明细科目进行核算。

2."公允价值变动损益"科目

本科目用于核算企业交易性金融资产等公允价值变动而形成的应计入当期损益的利得或损失，贷方登记资产负债表日企业持有的交易性金融资产等的公允价值高于账面余额的差额；借方登记资产负债表日企业持有的交易性金融资产等的公允价值低于账面余额的差额。

3."投资收益"科目

本科目用于核算企业持有交易性金融资产等期间取得的投资收益以及处置交易性金融资产等实现的投资收益或投资损失，贷方登记企业出售交易性金融资产等实现的投资收益；借方登记企业出售交易性金融资产等发生的投资损失。

10.5.2 取得交易性金融资产的账务处理

企业取得交易性金融资产时，应当按照该金融资产取得时的公允价值作为其初始确认金额，记入"交易性金融资产——成本"科目。取得交易性金融资产所支付价款中包含了已宣告但尚未发放的现金股利或已到付息期但尚未领取的债券利息的，应当单独确认为应收项目，记入"应收股利"或"应收利息"科目。

取得交易性金融资产所发生的相关交易费用应当在发生时计入投资收益。

交易费用是指可直接归属于购买、发行或处置金融工具新增的外部费用，包括支付给代理机构、咨询公司、券商等的手续费和佣金及其他必要支出。

【例 10-21】取得交易性金融资产的账务处理

2×18 年 1 月 20 日，ABC 公司委托某证券公司从上海证券交易所购入 A 上市公司股票 100 万股，并将其划分为交易性金融资产。该笔股票投资在购买日的公允价值为 10 000 000 元。另支付相关交易费用金额为 25 000 元。

ABC 公司应做如下账务处理：

（1）2×18 年 1 月 20 日，购买 A 上市公司股票时：

借：交易性金融资产——成本　　　　　　　　　　　10 000 000

　　贷：其他货币资金——存出投资款　　　　　　　　　10 000 000

（2）支付相关交易费用时：

借：投资收益　　　　　　　　　　　　　　　　　　　25 000

　　贷：其他货币资金——存出投资款　　　　　　　　　　25 000

在本例中，取得交易性金融资产所发生的相关交易费用 25 000 元应当在发生时计入投资收益。

10.5.3　交易性金融资产的现金股利和利息的账务处理

企业持有交易性金融资产期间对于被投资单位宣告发放的现金股利或企业在资产负债表日按分期付息、一次还本债券投资的票面利率计算的利息收入，应当确认为应收项目，记入"应收股利"或"应收利息"科目，并计入投资收益。

【例 10-22】交易性金融资产的现金股利和利息的账务处理

2×17 年 1 月 8 日，ABC 公司购入 B 公司发行的公司债券，该笔债券于 2×16 年 7 月 1 日发行，面值为 25 000 000 元，票面利率为 4%，债券利息按年支付。ABC 公司将其划分为交易性金融资产，支付价款为 26 000 000 元（其中包含已宣告发放的债券利息 500 000 元），另支付交易费用 300 000 元。2×17 年 2 月 5 日，ABC 公司收到该笔债券利息 500 000 元。2×18 年 2 月 10 日，ABC 公司收到债券利息 1 000 000 元。ABC 公司应做如下账务处理：

（1）2×17 年 1 月 8 日，购入 B 公司的公司债券时：

借：交易性金融资产——成本　　　　　　　　　　　25 500 000

　　应收利息　　　　　　　　　　　　　　　　　　　500 000

	投资收益	300 000
	贷：银行存款	26 300 000

（2）2×17 年 2 月 5 日，收到购买价款中包含的已宣告发放的债券利息时：

借：银行存款	500 000
贷：应收利息	500 000

（3）2×17 年 12 月 31 日，确认 B 公司的公司债券利息时：

借：应收利息	1 000 000
贷：投资收益	1 000 000

（4）2×18 年 2 月 10 日，收到持有 B 公司的公司债券利息时：

借：银行存款	1 000 000
贷：应收利息	1 000 000

在本例中，取得交易性金融资产所支付价款中包含了已宣告但尚未发放的债券利息 500 000 元，应当记入"应收利息"科目，不记入"交易性金融资产"科目。

10.5.4　交易性金融资产的期末计量的账务处理

资产负债表日，交易性金融资产应当按照公允价值计量，公允价值与账面余额之间的差额计入当期损益。企业应当在资产负债表日按照交易性金融资产公允价值与其账面余额的差额，借记或贷记"交易性金融资产——公允价值变动"科目，贷记或借记"公允价值变动损益"科目。

【例 10-23】交易性金融资产的期末计量的账务处理

接【例 10-22】，假定 2×17 年 6 月 30 日，ABC 公司购买的该笔债券的市价为 25 800 000 元；2×17 年 12 月 31 日，ABC 公司购买的该笔债券的市价为 25 600 000 元。

ABC 公司应做如下账务处理：

（1）2×17 年 6 月 30 日，确认该笔债券的公允价值变动损益时：

借：交易性金融资产——公允价值变动	300 000
贷：公允价值变动损益	300 000

（2）2×17 年 12 月 31 日，确认该笔债券的公允价值变动损益时：

借：公允价值变动损益	200 000

　　　　贷：交易性金融资产——公允价值变动　　　　　　　　　　200 000

　　在本例中，2×17 年 6 月 30 日，该笔债券的公允价值为 25 800 000 元，账面余额为 25 500 000 元，公允价值大于账面余额 300 000 元，应记入"公允价值变动损益"科目的贷方；2×17 年 12 月 31 日，该笔债券的公允价值为 25 600 000 元，账面余额为 25 800 000 元，公允价值小于账面余额 200 000 元，应记入"公允价值变动损益"科目的借方。

10.5.5　处置交易性金融资产的账务处理

　　出售交易性金融资产时，应当将该金融资产出售时的公允价值与其初始入账金额之间的差额确认为投资收益，同时调整公允价值变动损益。

　　企业应按实际收到的金额，借记"银行存款"等科目，按该金融资产的账面余额，贷记"交易性金融资产"科目，按其差额，贷记或借记"投资收益"科目。同时，将原计入该金融资产的公允价值变动转出，借记或贷记"公允价值变动损益"科目，贷记或借记"投资收益"科目。

　　【例 10-24】处置交易性金融资产的账务处理

　　接【例 10-23】，假定 2×18 年 1 月 15 日，ABC 公司出售了所持有的 B 公司的公司债券，售价为 25 650 000 元，应做如下账务处理：

　　借：银行存款　　　　　　　　　　　　　　　　　25 650 000

　　　　贷：交易性金融资产——成本　　　　　　　　　　25 500 000

　　　　　　　　　　——公允价值变动　　　　　　　　　100 000

　　　　　　投资收益　　　　　　　　　　　　　　　　　50 000

　　同时，

　　借：公允价值变动损益　　　　　　　　　　　100 000

　　　　贷：投资收益　　　　　　　　　　　　　　　100 000

　　在本例中，企业出售交易性金融资产时，还应将原计入该金融资产的公允价值变动转出，即出售交易性金融资产时，应按"公允价值变动"明细科目的贷方余额 100 000 元，借记"公允价值变动损益"科目，贷记"投资收益"科目。

10.6　存货业务的账务处理

存货属于企业的流动资产，根据《企业会计准则第 1 号——存货》的规定，存货是指企业在日常活动中持有以备出售的库存商品或商品、处在生产过程中的在产品、在生产过程或提供劳务过程中耗用的材料和物料等。

10.6.1　存货的种类

具体来讲，存货包括各类原材料、在产品、半成品、库存商品、商品以及周转材料（含包装物、低值易耗品）等。

（1）原材料，指企业在生产过程中经加工改变其形态或性质并构成产品主要实体的各种原料及主要材料、辅助材料、外购半成品（外购件）、修理用备件（备品备件）、包装材料、燃料等。

（2）在产品，指企业正在制造尚未完工的生产物，包括正在各个工序加工的产品和已加工完毕但尚未检验或已检验但尚未办理入库手续的产品。

（3）半成品，指经过一定生产过程并已检验合格交付半成品仓库保管，但尚未制造完工成为库存商品，仍需进一步加工的中间产品，但不包括从一个生产车间转给另一个生产车间继续加工的自制半成品以及不能单独计算成本的自制半成品。

（4）库存商品，指企业已经完成全部生产过程并验收入库，可以按照合同规定的条件送交订货单位，或者可以作为商品对外销售的产品。企业接受外来原材料加工制造的代制品和为外单位加工修理的代修品，制造和修理完成验收入库后，应视同企业的库存商品。

（5）商品，指可供销售的物品。工业企业的商品包括用本企业自备原材料生产的库存商品和对外销售的半成品等；商品流通企业的商品包括外购或委托加工完成验收入库用于销售的各种商品。

（6）周转材料，是指企业能够多次使用、逐渐转移其价值但仍保持原有形态不确认为固定资产的材料，如包装物和低值易耗品，应当采用一次转销法或者五五摊销法进行摊销；企业（建造承包商）的钢模板、木模板、脚手架和其他周转材料等，可以采用一次转销法或者五五摊销法进行摊销。

10.6.2　存货的确认条件与范围

按照《企业会计准则第 1 号——存货》的规定，存货在同时满足以下两个条件时，才能加以确认：

（1）与该存货有关的经济利益很可能流入企业；

（2）该存货的成本能够可靠地计量。

某个项目要确认为存货，首先要符合存货的概念，在此前提下，应当符合上述存货确认的两个条件。

10.6.3　存货的计价方法

存货的价值在流动资产价值中占较大比重。因此，对存货的正确计价直接关系到企业资产价值的确定和企业利润的确定；同时，还可以为使用者提供有关的存货信息，借以正确地预测企业未来的资金流转状况。

1. 存货的初始计量

企业存货的取得，主要通过外购和自制两个途径。从理论上讲，企业无论从何种途径取得存货，凡与取得存货有关的支出，均应计入存货的历史成本或实际成本之中。

《企业会计准则第 1 号——存货》规定："存货应当按照成本进行初始计量。存货成本包括采购成本、加工成本和其他成本"。其中，存货的采购成本，包括购买价款、相关税费、运输费、装卸费、保险费以及其他可归属于存货采购成本的费用。

2. 实际成本法下的发出存货成本的确定

准确地计量发出存货的成本，对于正确的计量产品的成本，计算企业当期的损益有着重要的意义。确定发出存货的成本的方法主要包括实际成本法和计划成本法。

采用实际成本进行存货日常核算的企业，由于存货入库时间、产地、价格、运输费用及生产耗费的条件不同，造成同一种存货的每批成本往往不同。这样就会产生在存货发生时应按什么单价记账的问题。

《企业会计准则第 1 号——存货》规定，企业应当采用先进先出法、加权平均法（包括移动平均法和月末一次加权平均法）或者个别计价法确定发出存货的实际成本。对于性质和用途相似的存货，应当采用相同的成本计算方法确定发出存货的成本。对于不能替代使用的存货、为特定项目专门购入或制造的存货以及提供劳务的成本，通常采用个别计价法确定发出存货的成本。

（1）先进先出法。先进先出法是以先购入的存货先发出这样一种存货实物流转假设为前提，对发出存货进行计价的一种方法。采用这种方法，先购入的存货成本在后购入的存货成本之前转出，据此确定发出存货和期末存货的成本。

（2）移动平均法。也称移动加权平均法，是指在每次进货以后，立即根据库存存货数量和总成本计算出新的平均单位成本，作为下次进货前发出存货的单位成本的一种计价方法。

移动平均法与月末一次加权平均法的计算原理基本相同，只要求在每次（批）收入存货时重新计算一次加权平均单价。其计算公式如下：

移动加权平均单价＝（本批进货前库存存货成本＋本批进货成本）÷（本批进货前库存存货数量＋本批进货数量）

（3）月末一次加权平均法。加权平均法是在计算存货的单价时，以期初存货数量和本期各批收入的数量作为权数的计价方法。即平时收入时按数量、单价、金额登记，但每次不确定其结存单价，而是在期终时一次计算其本期的加权平均单价。本期耗用或出售的存货，平时只登记数量，不登记单价和金额，到期终时，再按此加权平均单价确定其金额。其计算公式如下：

公式1：材料加权平均单价＝（期初结存金额＋本期收入金额）÷（期初结存数量＋本期收入数量）

公式2：本期耗用或出售成本＝本期耗用或出售数量 × 加权平均单价

公式3：期末结存金额＝期末结存数量 × 加权平均单价

（4）个别计价法。采用这一方法是假设存货的成本流转与实物流转相一致，按照各种存货，逐一辨认各批发出存货和期末存货所属的购进批别或生产批别，分别按其购入或生产时所确定的单位成本作为计算各批发出存货和期末存货成本的方法。

采用这种方法，计算发出存货的成本和期末存货的成本比较合理、准确，但这种方法的前提是需要对发出和结存存货的批次进行具体认定，以辨别其所属的收入批次，因此实务操作的工作量繁重，困难较大。个别计价法适用于容易识别、存货品种数量不多、单位成本较高的存货，如房产、船舶、飞机、重型设备、珠宝、名画等贵重物品的计价。

3.计划成本法下的发出存货成本的确定

计划成本法是指存货的收入、发出和结存均采用计划成本进行日常核算，同时将实际成本与计划成本的差额另行设置有关成本差异科目（如"材料成本差异"科目）反映，期末计算发出存货和结存存货应分摊的成本差异，将发出存货和结存存货由计划成本调整为实际成本的方法。

有关计算公式如下：

公式 1：　存货成本差异率 =（月初结存存货成本差异额 + 本月收入存货成本差异额）÷（月初结存存货计划成本 + 本月收入存货计划成本）×100%

根据存货成本差异率，就可以将发出存货的计划成本调整为实际成本，其计算公式为：

公式 2：本月发出存货应负担的成本差异 = 发出存货计划成本 × 存货成本差异率

公式 3：本月发出存货的实际成本 = 发出存货的计划成本 ± 发出存货应负担的成本差异

公式 4：月末结存存货的实际成本 = 结存存货的计划成本 ± 结存存货应负担的成本差异

【例 10-25】 计划成本法下的发出存货成本的计算

ABC 公司 2×17 年 5 月初结存原材料的计划成本为 50 000 元，本月收入原材料的计划成本为 100 000 元，本月发出材料的计划成本为 80 000 元，原材料成本差异的月初数为 1 000 元（超支），本月收入材料成本差异为 2 000 元（超支）。材料成本差异率及发出材料应负担的成本差异计算如下：

材料成本差异率 =（1 000+2 000）÷（50 000+100 000）×100% =2%

本月发出材料应负担的成本差异 =80 000×2% =1600（元）

本月发出材料的实际成本 =80 000+1 600=81 600（元）

月末结存材料的实际成本 =70 000+1 400=71 400（元）

10.6.4　原材料相关业务的账务处理

原材料是生产经营过程中的劳动对象,是企业生产经营中不可缺少的物质。尽管材料在生产经营过程中所起的作用不同，但它们具有共同的特点：一次性地参加生产经营、经过一个生产周期就要全部消耗掉或改变其原有的实物形态;同时其价值也随着其实物的消耗，一次性地全部转移到产品价值中去，通过产品销售，价值得到一次性补偿。

1. 按实际成本计价进行的日常账务处理

按实际成本计价进行的日常核算，是指从材料的收发凭证到明细分类账和总账均以实际成本来反映材料的收、发、结存情况。

为了总括反映和监督材料的增减变动和结存情况，应设置"原材料""在途物资"等科目。

"原材料"科目核算企业库存的各种材料，其借方发生额，反映收入各种材料的实际成本；贷方发生额，反映发出材料的实际成本；借方余额表示库存材料的实际成本。

"在途物资"科目核算企业采用实际成本（或进价）进行材料、商品等物资的日常核算、货款已付尚未验收入库的在途物资的采购成本。"在途物资"科目可按供货单位和物资品种进行明细核算。其借方发生额，反映已支付或已开出、承兑商业汇票的材料货款；贷方发生额，反映已验收入库的材料；"在途物资"科目月末借方余额，反映企业在途材料、商品等物资的采购成本。

（1）外购材料收入的总分类核算。

从供应单位采购材料和验收入库的业务角度看，因为货款结算方式、采购地点、收料和付款时间不同，其账务处理也有所不同。

①发票账单与材料同时到达的钱货两清业务。企业采购材料，如果付款后随即收到材料，或者货款支付或已开出、承兑商业汇票与材料的验收入库基本上同时进行，则在业务发生后，可根据银行结算凭证、发票账单和收料单等确定的材料成本，借记"原材料"科目，根据取得的增值税专用发票上注明的税额，借记"应交税费——应交增值税（进项税额）"科目，按照实际支付的款项，贷记"银行存款""库存现金""其他货币资金""应付票据"等科目。

【例10-26】外购原材料的账务处理

ABC公司是一般纳税人，2×19年9月10日，该公司购入原材料一批，取得的增值税专用发票上注明的原材料价款为12 600元，增值税额为1 638元，发票等结算凭证已经收到，货款已通过银行转账支付，材料已验收入库。ABC公司应做如下会计分录：

借：原材料　　　　　　　　　　　　　　　　　　　　12 600

　　应交税费——应交增值税（进项税额）　　　　　　 1 638

　　贷：银行存款　　　　　　　　　　　　　　　　　　　　14 238

②付款在前，收料在后。该项业务的产生，多数是在企业向外地采购材料，发生结算凭证等单据已到，并已承付货款或开出、承兑商业汇票，但材料尚在运输途中的情况。在会计上将此项业务作为在途物资处理，通过"在途物资"科目核算。

【例 10-27】外购原材料的账务处理

接【例 10-26】，购入材料的业务，假定发票等结算凭证已到，货款已经支付，但材料尚未运到。ABC 公司应于收到发票等结算凭证时做如下会计分录：

借：在途物资 12 600

应交税费——应交增值税（进项税额） 1 638

贷：银行存款 14 238

上述材料到达验收入库时，再做如下分录：

借：原材料 12 600

贷：在途物资 12 600

③收料在前，付款在后。企业在材料采购过程中，发生材料已到、结算凭证未到或企业暂时无力支付的业务，如所收到的材料，确属企业订购的品种，则可先行办理材料的验收入库手续，并分别情况进行必要的账务处理。

第一，材料已到，供应单位发票收单也已到达，但由于企业的银行存款不足而暂未付款。在此情况下，属于企业占用了供应单位的资金，形成了应付而未付供应单位的款项，构成了企业的一项流动负债，应通过"应付账款"科目核算。

【例 10-28】外购原材料的账务处理

ABC 公司从外地凤凰铝材公司购入甲种材料 2 000 千克，买价 8 000 元，增值税发票上的增值税税额为 1 040 元，供应单位代垫运杂费 400 元。材料已到达并已验收入库，但货款尚未支付。ABC 公司应据有关发票账单及收料单等凭证做如下分录：

借：原材料——甲种材料 8 400

应交税费——应交增值税（进项税额） 1 040

贷：应付账款——凤凰铝材公司 9 440

第二，材料已到，但供应单位发票账单未到，而货款尚未支付。在此情况下，为做到材料账实相符，应先按双方合同价格或计划价格暂估入账，借记"原材料"科目，贷记"应付账款"科目。下月初用红字做同样的记账凭证，予以冲回，以便下月付款或开出、承兑商业汇票时，按正常程序，借记"原材料""应交税费——应交增值税（进项税额）"科目，贷记"银行存款"或"应付票据"等科目。

在实际工作中，发生的材料已经验收入库，而发票账单尚未到达时，一般情况下，发票账单在材料到达后的几天内即可到达。为简化核算手续，对这些业务月份内可暂不进行总分类核算，只在材料明细分类账中登记收入数量，待发票账单到达后，按实际成本入账。但如果月终仍未收到发票账单，应暂估入账，下月初用红字将暂估价注销，待发票账单到达后再按实际成本入账。

【例10-29】外购原材料的账务处理

接【例10-28】，假设上述购入材料的业务，材料已经运到并验收入库，但发票等结算凭证尚未收到，货款尚未支付。月末，按照暂估价入账，假设其暂估价为8 000元，有关账务处理如下：

借：原材料   8 000

    贷：应付账款——暂估应付账款   8 000

下月初用红字将上述分录原账冲回：

借：原材料   8 000

    贷：应付账款——暂估应付账款   8 000

（2）材料发出的总分类核算。

企业生产过程中发出材料业务非常频繁，平时根据领发料凭证逐笔登记材料明细分类账，以详细反映各种材料的收、发和结存余额。总分类核算一般根据按实际成本计价的领、发料凭证，按领用部门和用途进行归类汇总，通过编制"发出材料汇总表"，于月末一次登记总分类账，这样就可大大简化记账工作。

2. 按计划成本计价进行的日常核算

按计划成本计价进行的日常核算，是指从材料的收发凭证到明细账、总账上都以计划成本加以计量。实际成本与计划成本之间的差异，应单独通过专设的"材料成本差异"科目组织核算，最终于月末将领用材料的计划成本调整为实际成本。

（1）材料总分类核算。

材料按计划成本计价进行的总分类核算，仍应设置"原材料"科目，但均应按计划成本入账，即按计划成本核算企业库存的各种材料。由于材料的计划成本与实际成本之间必然会产生差异，为了正确计算材料的采购成本和考核采购业务成果，还需增设"材料采购"与"材料成本差异"两个资产类科目。

"材料采购"科目核算企业采用计划成本进行材料日常核算而购入材料的采购成本。"材料采购"科目可按供应单位和材料品种进行明细核算。企业支付材料价款和运杂费等，按应计入材料采购成本的金额，借记"材料采购"科目，按实际支付或应支付的金额，贷记"银行存款""库存现金""其他货币资金""应付账款""应付票据""预付账款"等科目。涉及增值税进项税额的，还应进行相应的处理。

月末，企业应将仓库转来的外购收料凭证，分别下列不同情况进行处理：

①对于已经付款或已开出、承兑商业汇票的收料凭证，应按实际成本和计划成本分别汇总，按计划成本，借记"原材料""周转材料"等科目，贷记"材料采购"科目；将实际成本大于计划成本的差异，借记"材料成本差异"科目，贷记"材料采购"科目；将实际成本小于计划成本的差异做相反的会计分录。

②对于尚未收到发票账单的收料凭证，应按计划成本暂估入账，借记"原材料""周转材料"等科目，贷记"应付账款——暂估应付账款"科目，下月初予以冲回。下月收到发票账单的收料凭证，借记"材料采购"科目，贷记"银行存款""应付账款""应付票据"等科目。涉及增值税进项税额的，还应进行相应的处理。"材料采购"科目月末借方余额，反映企业在途材料的采购成本。

"材料成本差异"科目核算企业采用计划成本进行日常核算的材料计划成本与实际成本的差额。企业也可以在"原材料""周转材料"等科目下设置"成本差异"明细科目。"材料成本差异"科目下可以分别"原材料""周转材料"等明细科目，按照类别或品种进行明细核算。对于入库材料发生的材料成本差异，实际成本大于计划成本的差异，借记"材料成本差异"科目，贷记"材料采购"科目；实际成本小于计划成本的差异做相反的会计分录。入库材料的计划成本应当尽可能接近实际成本。除特殊情况外，计划成本在年度内不得随意变更。结转发出材料应负担的材料成本差异，按实际成本大于计划成本的差异，借记"生产成本""管理费用""销售费用""委托加工物资""其他业务成本"等科目，贷记"材料成本差异"科目；实际成本小于计划成本的差异做相反的会计分录。发出材料应负担的成本差异应当按月分摊，不得在季末或年末一次计算。发出材料应负担的成本差异，除委托外部加工发出材料可按月初成本差异率计算外，应使用当月的实际差异率；月初成本差异率与本月成本差异率相差不大的，也可按月初成本差异率计算。计算方法一经确定，不得随意变更。

材料成本差异率的计算公式如下：

公式1：本月材料成本差异率 ＝（月初结存材料的成本差异 ＋ 本月验收入库材料的成本差异）÷（月初结存材料的计划成本 ＋ 本月验收入库材料的计划成本）×100%

公式2：月初材料成本差异率 ＝ 月初结存材料的成本差异 ÷ 月初结存材料的计划成本 ×100%

公式3：发出材料应负担的成本差异 ＝ 发出材料的计划成本 × 材料成本差异率

"材料成本差异"科目月末借方余额，反映企业库存材料等的实际成本大于计划成本的差异；贷方余额反映企业库存材料等的实际成本小于计划成本的差异。

（2）收入材料的总分类核算。

同实际成本计价核算一样，由于采购地点、结算方式和收料与付款时间不同，同样存在几种不同情况。

①发票账单与材料同时到达的钱货两清业务。在企业办理货款结算，同时办理材料验收入库手续后，财会部门应根据银行结算凭证、发票账单等，按采购的实际成本，记入"材料采购"科目的借方和"银行存款""库存现金""其他货币资金""虚付票据"等科目的贷方，同时根据"收料单"，按计划成本记入有关材料科目的借方和"材料采购"科目的贷方。

【例10-30】按计划成本法收入原材料的账务处理

2×19年9月5日，ABC公司从凤凰铝材公司购入甲种材料6 000千克，价款为12 600元，取得的增值税专用发票上注明的增值税额为1 638元，当即以银行存款付清、材料已按计划成本12 900元验收入库。ABC公司应进行如下账务处理：

（1）购入甲种材料时：

借：材料采购——甲种材料   12 600

     应交税费——应交增值税（进项税额）   1 638

       贷：银行存款   14 238

（2）按计划成本反映材料成本差异时：

借：原材料——甲种材料   12 900

       贷：材料采购——甲种材料   12 600

          材料成本差异   300

②付款在前，收料在后。当货款已经支付或已开出、承兑商业汇票，材料尚未到达，作为在途材料，记入"材料采购"科目的借方，待材料到达验收入库后，再据"收料单"按计划成本，由"材料采购"科目的贷方，转入有关材料科目的借方。

【例 10-31】按计划成本法收入原材料的账务处理

2×19 年 9 月 13 日，ABC 公司从外地凤凰铝材公司采购甲种材料 4 000 千克，买价为 8 600 元，增值税额为 1 118 元，采用商业汇票结算方式，签发银行承兑汇票一张，共计 9 718 元，向开户银行申请承兑，并以银行存款支付手续费 50 元，当日连同解讫通知一并交给供应单位，材料尚未运达。ABC 公司应据有关凭证做如下会计分录：

（1）购入甲种材料时：

借：材料采购——原材料　　　　　　　　　　　　　　　8 600

　　应交税费——应交增值税（进项税额）　　　　　　　1 118

　　贷：应付票据　　　　　　　　　　　　　　　　　　　9 718

（2）支付手续费时：

借：财务费用　　　　　　　　　　　　　　　　　　　　50

　　贷：银行存款　　　　　　　　　　　　　　　　　　　50

上述甲种材料于 18 日到达，并已验收入库，其计划成本为 9 200 元。ABC 公司据"收料单"做如下分录：

借：原材料——甲种材料　　　　　　　　　　　　　　　9 200

　　贷：材料采购——甲种材料　　　　　　　　　　　　　8 600

　　　　材料成本差异　　　　　　　　　　　　　　　　　600

【例 10-32】按计划成本法收入原材料的账务处理

2×19 年 9 月 20 日，ABC 公司从外地凤凰铝材公司采购乙种材料 10 000 千克，买价为 16 000 元，增值税额为 2 080 元，采用托收承付结算方式，已承付全部货款，材料尚未到达。ABC 公司应据有关结算凭证，做如下会计分录：

借：材料采用——乙种材料　　　　　　　　　　　　　　16 000

　　应交税费——应交增值税（进项税额）　　　　　　　2 080

　　贷：银行存款　　　　　　　　　　　　　　　　　　　18 080

月末上述材料仍未到达，反映为"材料采购"科目的借方余额即在途材料的实际成本。

待上述乙种材料于下月到达，并验收入库后，按计划成本 15 000 元记入"原材料"科目，据"收料单"做如下会计分录：

借：原材料——乙种材料   15 000

  材料成本差异   1 000

  贷：材料采购——乙种材料   16 000

③收料在前，付款在后。此类业务仍分为两种情况，一是结算凭证已到，但企业暂时无力支付或未开出、承兑商业汇票；二是发票账单等结算凭证未到，而货款尚未支付。应分别以下情况做出必要的账务处理。

第一，材料已到，并已验收入库，供应单位发票账单也已到达，但企业暂时存款不足而未付款或未开出、承兑商业汇票。在此情况下，属于企业占用了供应单位的资金，形成了企业的债务，应记入"材料采购"科目的借方和"应付账款"科目的贷方。

第二，材料已到，但供应单位发票账单未到，而货款尚未支付。在此情况下，平时可不做账务处理，到月终发票账单仍未到达，为使材料账实相符，应按计划成本暂估入账，到下月初用红字冲回，以便下月付款或开出承兑商业汇票后，按正常程序通过"材料采购"科目核算。

【例 10-33】按计划成本法收入原材料的账务处理

2×17 年 7 月 29 日，ABC 公司接到货场通知，从凤凰铝材公司按合同购入的 12 000 千克乙种材料已经到达，并于当日验收入库，但对方发票账单未到，故按计划成本 19 000 元暂估入账。ABC 公司应于月终根据收料单做如下会计分录：

借：原材料——乙种材料   19 000

  贷：应付账款——暂估应付账款   19 000

下月初用红字填制相同的收料凭证并据登账，将暂估价冲销。待收到发票账单后，据实按正常程序入账。

（3）材料发出的总分类核算。

按计划成本计价的材料发出的总分类核算，一般是在月终根据各种发料和退料凭证，按照发出材料的类别和用途分别汇总，据以编制"发料凭证汇总表"并根据汇总表进行发出材料的总分类核算。

发料凭证汇总表中的计划成本应据各种发料凭证和退料凭证直接分类汇总填列,成本差异应据前述公式计算填列;发出材料的计划成本加上成本差异即为发出材料的实际成本。

10.6.5 存货清查的账务处理

为了保护企业存货的安全完整,做到账实相符,企业应对存货进行定期的清查。企业发生的存货毁损,应当将处置收入扣除账面价值和相关税费后的金额计入当期损益。存货的账面价值是存货成本扣减累计跌价准备后的金额。存货盘亏造成的损失,应当计入当期损益。

为了核算企业在财产清查中查明的各财产物资的盘盈、盘亏和毁损,企业应设置"待处理财产损溢"科目。从其性质和结构看,该科目具有双重性质。其借方登记发生的各种财产物资的盘亏金额和批准转销的盘盈金额,贷方登记发生的各种财产物资的盘盈金额和批准转销的盘亏金额。期末借方余额为尚未处理的各种财产物资的净损失;期末贷方余额为尚未处理的各种财产物资的净溢余。

1. 存货盘盈的账务处理

由于盘盈的存货没有账面记录,产生了盘盈应该予以补记,按照存货的计划成本或估计价值,借记有关存货科目,贷记"待处理财产损溢"科目;存货盘盈一般是由于收发计量或核算上的差错所造成的,故应相应地冲减管理费用,借记"待处理财产损溢"科目,贷记"管理费用"科目。在计划成本进行存货日常核算的情况下,盘盈存货按计划成本入账。

【例 10-34】存货盘盈的账务处理

ABC 公司进行存货清查时,发现某产品盘盈 100 千克,计划单位成本为 9.5 元,共计 950 元。应进行如下账务处理:

借:库存商品   1 950

  贷:待处理财产损溢   1 950

经查该项盘盈属于收发计量错误造成。经批准作为冲减费用处理。做如下会计分录:

借:待处理财产损溢   1 950

  贷:管理费用   1 950

2. 存货盘亏和毁损的账务处理

存货的盘亏和毁损，先按其账面成本，借记"待处理财产损溢"科目，贷记有关存货科目。经审批后，按发生的原因和相应的处理决定，分别进行转销。

属于自然损耗造成的定额内损耗，应借记"管理费用"科目；属于过失人责任造成的损失，应扣除其残料价值，借记"原材料""其他应收款"等科目；属于应向保险公司收取的赔偿金，应借记"其他应收款——保险公司"科目；属于剩余净损失或未参加保险部分的损失，应借记"营业外支出——非常损失"科目；若损失中有一般经营损失部分，应借记"管理费用"科目。按盘亏和毁损数额，贷记"待处理财产损溢"科目。

【例 10-35】存货盘亏和毁损的账务处理

ABC 公司进行存货清查时，发现材料短缺 500 千克，其计划单位成本为 3.6 元，共计 18 000 元，材料成本差异率为 ±2%。应进行如下账务处理：

借：待处理财产损溢 18 360

　　贷：原材料 18 000

　　　　材料成本差异——原材料 360

经查，该项短缺分别由多种原因造成，经批准，分别进行转销。

（1）材料短缺中属于责任过失人造成 2 000 元损失，应由其予以赔偿。应进行如下账务处理：

借：其他应收款——过失责任人 2 000

　　贷：待处理财产损溢 2 000

（2）材料短缺中，属于定额内合理耗损部分，价值 325 元，应计入费用。应进行如下账务处理：

借：管理费用 325

　　贷：待处理财产损溢 325

（3）材料短缺中，属于非常损失部分，价值 16 000 元，其中，收回残料 100 元，保险公司给予赔款 15 900 元，剩余 35 元经批准转为营业外损失。应做如下分录：

借：原材料 100

　　其他应收款——保险公司 15 900

　　营业外支出——非常损失 35

　　贷：待处理财产损溢 16 035

盘盈或盘亏的存货，如在期末结账前尚未经批准的，应在对外提供财务报告时现按上述规定进行处理，并在会计报表附注中做出说明；如果其后批准处理的金额与已处理的金额不一致，应按其差额调整会计报表相关项目的年初数。

10.7　长期股权投资的账务处理

长期股权投资包括企业持有的对其子公司、合营企业及联营企业的权益性投资以及企业持有的对被投资单位不具有控制、共同控制或重大影响，且在活跃市场中没有报价、公允价值不能可靠计量的权益性投资。

10.7.1　长期股权投资的账务处理方法

长期股权投资的账务处理方法有两种：一是成本法；二是权益法。

1. 成本法核算的长期股权投资的范围

（1）企业能够对被投资单位实施控制的长期股权投资。即企业对子公司的长期股权投资。

企业对子公司的长期股权投资应当采用成本法核算，编制合并财务报表时按照权益法进行调整。

（2）企业对被投资单位不具有控制、共同控制或重大影响，且在活跃市场中没有报价。即公允价值不能可靠计量的长期股权投资。

2. 权益法核算的长期股权投资的范围

企业对被投资单位具有共同控制或者重大影响时，长期股权投资应当采用权益法核算。

（1）企业对被投资单位具有共同控制的长期股权投资。即企业对其合营企业的长期股权投资。

（2）企业对被投资单位具有重大影响的长期股权投资。即企业对其联营企业的长期股权投资。

为了核算企业的长期股权投资，企业应当设置"长期股权投资""投资收益"等科目。

"长期股权投资"科目核算企业持有的采用成本法和权益法核算的长期股权投资，借方登记长期股权投资取得时的成本以及采用权益法核算时按被投资企业实现的净利润计算的应分享的份额；贷方登记收回长期股权投资的价值或采用权益法核算时被投资单位宣告分派现金股利或利润时企业按持股比例计算应享有的份额，及按被投资单位发生的净亏损计算的应分担的份额，期末借方余额，反映企业持有的长期股权投资的价值。

10.7.2　采用成本法核算的长期股权投资

1. 长期股权投资初始投资成本的确定

除企业合并形成的长期股权投资以外，以支付现金取得的长期股权投资，应当按照实际支付的购买价款作为初始投资成本。企业所发生的与取得长期股权投资直接相关的费用、税金及其他必要支出应计入长期股权投资的初始投资成本。

此外，企业取得长期股权投资，实际支付的价款或对价中包含的已宣告但尚未发放的现金股利或利润，应作为应收项目处理，不构成长期股权投资的成本。

2. 取得长期股权投资

取得长期股权投资时，应按照初始投资成本计价。除企业合并形成的长期股权投资以外，以支付现金、非现金资产等其他方式取得的长期股权投资，应按照上述规定确定的长期股权投资初始投资成本，借记"长期股权投资"科目，贷记"银行存款"等科目。如果实际支付的价款中包含有已宣告但尚未发放的现金股利或利润，借记"应收股利"科目，贷记"长期股权投资"科目。

【例10-36】取得长期股权投资的账务处理

ABC公司2×17年1月10日购买A股份有限公司发行的股票50 000股准备长期持有，从而拥有A股份有限公司5%的股份。每股买入价为6元，另外，ABC公司购买该股票时发生有关税费5 000元，款项已由银行存款支付。ABC公司应做如下账务处理：

计算初始投资成本：

股票成交金额　　　　　　　　　　　　　　　300 000（50 000×6）

加：相关税费	5 000
初始投资成本	305 000

编制购入股票的会计分录：

借：长期股权投资		305 000
贷：银行存款		305 000

3. 长期股权投资持有期间被投资单位宣告发放现金股利或利润

长期股权投资持有期间被投资单位宣告发放现金股利或利润时，企业按应享有的部分确认为投资收益，借记"应收股利"科目，贷记"投资收益"科目。属于被投资单位在取得本企业投资前实现净利润的分配额，应作为投资成本的收回，借记"应收股利"科目，贷记"长期股权投资"科目。

【例 10-37】长期股权投资持有期间被投资单位宣告发放现金股利或利润的账务处理

ABC 公司 2×17 年 5 月 15 日以银行存款购买 A 股份有限公司的股票 100 000 股作为长期投资，每股买入价为 10 元，每股价格中包含有 0.2 元的已宣告分派的现金股利，另支付相关税费 7 000 元。ABC 公司应做如下账务处理：

计算初始投资成本：

股票成交金额	1 000 000（100 000×10）
加：相关税费	7 000
减：已宣告分派的现金股利	20 000（100 000×0.2）
初始投资成本	987 000

编制购入股票的会计分录：

借：长期股权投资		987 000
应收股利		20 000
贷：银行存款		1 007 000

假定 ABC 公司 2×17 年 6 月 20 日收到 A 股份有限公司分来的购买该股票时已宣告分派的股利 20 000 元。此时，ABC 公司应做如下账务处理：

借：银行存款		20 000
贷：应收股利		20 000

在这种情况下，取得长期股权投资时，如果实际支付的价款中包含有已宣告但

尚未发放的现金股利或利润，应借记"应收股利"科目，不记入"长期股权投资"科目。

【例10-38】长期股权投资持有期间被投资单位宣告发放现金股利或利润的账务处理

ABC公司2×17年5月15日以银行存款购买A股份有限公司的股票作为长期投资，如果ABC公司于2×17年6月20日收到A有限股份公司宣告发放2×08年度现金股利的通知，应分得现金股利5 000元。ABC公司应做如下账务处理：

借：应收股利　　　　　　　　　　　　　　　　　　5 000

　　贷：长期股权投资　　　　　　　　　　　　　　　　　5 000

在这种情况下，属于被投资单位在取得本企业投资前实现净利润的分配额，应作为投资成本的收回，借记"应收股利"科目，贷记"长期股权投资"科目，而不是确认为投资收益。

如果长期股权投资持有期间被投资单位宣告发放现金股利或利润，且该利润属于投资以后产生的，则应该确认为投资收益。

4. 长期股权投资的处置

处置长期股权投资时，按实际取得的价款与长期股权投资账面价值的差额确认为投资损益，并应同时结转已计提的长期股权投资减值准备。其账务处理是：企业处置长期股权投资时，应按实际收到的金额，借记"银行存款"等科目，按原已计提的减值准备，借记"长期股权投资减值准备"科目，按该项长期股权投资的账面余额，贷记"长期股权投资"科目，按尚未领取的现金股利或利润，贷记"应收股利"科目，按其差额，贷记或借记"投资收益"科目。

【例10-39】处置长期股权投资的账务处理

ABC公司将其作为长期投资持有的远海股份有限公司15 000股股票，以每股10元的价格卖出，支付相关税费1 000元，取得价款149 000元，款项已由银行收妥。该长期股权投资账面价值为140 000元，假定没有计提减值准备。ABC公司应做如下账务处理：

计算投资收益：

取得股票转让价款　　　　　　　　　　　　　　149 000

减：投资账面余额　　　　　　　　　　　　　　140 000

投资收益　　　　　　　　　　　　　　　　　　9 000

编制出售股票时的会计分录：

借：银行存款	149 000
贷：长期股权投资	140 000
投资收益	9 000

在这种情况下，企业处置长期股权投资，应按实际取得的价款与长期股权投资账面价值的差额确认为投资损益，并应同时结转已计提的长期股权投资减值准备。

10.7.3　采用权益法核算的长期股权投资

1. 取得长期股权投资

取得长期股权投资，长期股权投资的初始投资成本大于投资时应享有被投资单位可辨认净资产公允价值份额的，不调整已确认的初始投资成本，借记"长期股权投资——成本"科目，贷记"银行存款"等科目。长期股权投资的初始投资成本小于投资时应享有被投资单位可辨认净资产公允价值份额的，借记"长期股权投资——成本"科目，贷记"银行存款"等科目，按其差额，贷记"营业外收入"科目。

【例 10-40】采用权益法取得长期股权投资的账务处理

ABC 公司 2×18 年 1 月 20 日购买东方股份有限公司发行的股票 5 000 000 股准备长期持有，占东方股份有限公司股份的 30%。每股买入价为 6 元，另外，购买该股票时发生有关税费 500 000 元，款项已由银行存款支付。2×17 年 12 月 31 日，东方股份有限公司的所有者权益的账面价值（与其公允价值不存在差异）为 100 000 000 元。ABC 公司应做如下账务处理：

计算初始投资成本：

股票成交金额	30 000 000（5 000 000×6）
加：相关税费	500 000
	30 500 000

编制购入股票的会计分录：

借：长期股权投资——成本	30 500 000
贷：银行存款	30 500 000

在本例中，长期股权投资的初始投资成本 30 500 000 元大于投资时应享有被投资单位可辨认净资产公允价值份额 30 000 000（100 000 000×30%）元，其差额 500 000 元不调整已确认的初始投资成本。但是，如果长期股权投资的初始投资成本

小于投资时应享有被投资单位可辨认净资产公允价值份额，应借记"长期股权投资——成本"科目，贷记"银行存款"等科目，按其差额，贷记"营业外收入"科目。

2. 持有长期股权投资期间被投资单位实现净利润或发生净亏损

根据被投资单位实现的净利润计算应享有的份额，借记"长期股权投资——损益调整"科目，贷记"投资收益"科目。被投资单位发生净亏损做相反的会计分录，但以本科目的账面价值减记至零为限，借记"投资收益"科目，贷记"长期股权投资——损益调整"科目。

被投资单位以后宣告发放现金股利或利润时，企业计算应分得的部分，借记"应收股利"科目，贷记"长期股权投资——损益调整"科目，收到被投资单位宣告发放的股票股利，不进行账务处理，但应在备查簿中登记。

【例10-41】采用权益法持有长期股权投资期间被投资单位实现净利润或发生净亏损的账务处理

2×17年东方股份有限公司实现净利润10 000 000元。ABC公司按照持股比例确认投资收益3 000 000元。2×18年5月15日，东方股份有限公司已宣告发放现金股利，每10股派3元。ABC公司可分派到1 500 000元。2×19年6月15日，ABC公司收到东方股份有限公司分派的现金股利。ABC公司应做如下账务处理：

（1）确认东方股份有限公司实现的投资收益时：

借：长期股权投资——损益调整　　　　　　　　　3 000 000

　　贷：投资收益　　　　　　　　　　　　　　　　3 000 000

（2）东方股份有限公司宣告发放现金股利时：

借：应收股利　　　　　　　　　　　　　　　　　1 500 000

　　贷：长期股权投资——损益调整　　　　　　　　1 500 000

（3）收到东方股份有限公司宣告发放的现金股利时：

借：银行存款　　　　　　　　　　　　　　　　　1 500 000

　　贷：应收股利　　　　　　　　　　　　　　　　1 500 000

3. 持有长期股权投资期间被投资单位所有者权益的其他变动

在持股比例不变的情况下，被投资单位除净损益以外所有者权益的其他变动，企业按持股比例计算应享有的份额，借记或贷记"长期股权投资——其他权益变动"科目，贷记或借记"资本公积——其他资本公积"科目。

【例 10-42】采用权益法持有长期股权投资期间被投资单位所有者权益的其他变动的账务处理

2×17 年东方股份有限公司可供出售金融资产的公允价值增加了 4 000 000 元。ABC 公司按照持股比例确认相应的资本公积 1 200 000 元。ABC 公司应做如下账务处理：

借：长期股权投资——其他权益变动　　　　　　　　　1 200 000

　　贷：资本公积——其他资本公积　　　　　　　　　　　　　1 200 000

4. 长期股权投资的处置

处置长期股权投资时，按实际取得的价款与长期股权投资账面价值的差额确认为投资损益，并应同时结转已计提的长期股权投资减值准备。其账务处理是：企业处置长期股权投资时，应按实际收到的金额，借记"银行存款"等科目，按原已计提的减值准备，借记"长期股权投资减值准备"科目，按该长期股权投资的账面余额，贷记"长期股权投资"科目，按尚未领取的现金股利或利润，贷记"应收股利"科目，按其差额，贷记或借记"投资收益"科目。

同时，还应结转原记入资本公积的相关金额，借记或贷记"资本公积——其他资本公积"科目，贷记或借记"投资收益"科目。

【例 10-43】处置长期股权投资的账务处理

接【例 10-40】、【例 10-41】、【例 10-42】，2×19 年 1 月 20 日，ABC 公司出售所持东方股份有限公司的股票 5 000 000 股，每股出售价为 10 元，款项已收回。ABC 公司应做如下账务处理：

借：银行存款　　　　　　　　　　　　　　　　　　50 000 000

　　贷：长期股权投资——成本　　　　　　　　　　　　　30 500 000

　　　　　　　　　　——损益调整　　　　　　　　　　　1 500 000

　　　投资收益　　　　　　　　　　　　　　　　　　18 000 000

同时：

借：资本公积——其他资本公积　　　　　　　　　　　1 200 000

　　贷：投资收益　　　　　　　　　　　　　　　　　　　1 200 000

10.7.4　长期股权投资减值的账务处理

1.长期股权投资减值金额的确定

（1）企业对子公司、合营企业及联营企业的长期股权投资。

企业对子公司、合营企业及联营企业的长期股权投资在资产负债表日存在可能发生减值的迹象时，其可收回金额低于账面价值的，应当将该长期股权投资的账面价值减记至可收回金额，减记的金额确认为减值损失，计入当期损益，同时计提相应的资产减值准备。

（2）企业对被投资单位不具有控制、共同控制或重大影响且在活跃市场中没有报价、公允价值不能可靠计量的长期股权投资。

应当将该长期股权投资在资产负债表日的账面价值，与按照类似金融资产当时市场收益率对未来现金流量折现确定的现值之间的差额，确认为减值损失，计入当期损益。

2.长期股权投资减值的账务处理

企业计提长期股权投资减值准备，应当设置"长期股权投资减值准备"科目核算。企业按应减记的金额，借记"资产减值损失——计提的长期股权投资减值准备"科目，贷记"长期股权投资减值准备"科目。

长期股权投资减值损失一经确认，在以后会计期间不得转回。

10.8　固定资产的账务处理

固定资产，是指同时具有下列特征的有形资产：（1）为生产商品、提供劳务、出租或经营管理而持有的；（2）使用寿命超过一个会计年度。使用寿命，是指企业使用固定资产的预计期间，或者该固定资产所能生产产品或提供劳务的数量。

固定资产同时满足下列条件的，才能予以确认：（1）与该固定资产有关的经济利益很可能流入企业；（2）该固定资产的成本能够可靠地计量。

10.8.1　固定资产的分类

企业的固定资产根据不同的管理需要和核算要求，可以进行不同的分类。如果按经济用途和使用情况综合分类，企业的固定资产可分为以下七大类：

（1）生产经营用固定资产；

（2）非生产经营用固定资产；

（3）租出固定资产（在经营性租赁方式下出租的固定资产）；

（4）不需用固定资产；

（5）未使用固定资产；

（6）土地，指过去已经估价单独入账的土地。因征地而支付的补偿费，应计入与土地有关的房屋、建筑物的价值内，不单独作为土地价值入账。企业取得的土地使用权不能作为固定资产管理；

（7）融资租入固定资产（以融资租赁方式租入的固定资产，在租赁期内，应视同自有固定资产进行管理）。

10.8.2　固定资产的初始计量

固定资产应当按照成本进行初始计量。固定资产的初始计量指确定固定资产的取得成本。固定资产的成本是指企业购建某项固定资产达到可使用状态前所发生的一切合理、必要的支出，包括买价、进口关税等税金、包装运输和保险等相关费用，以及为使固定资产达到预定可使用状态前所必要的支出，如应承担的可资本化的借款利息、外币借款折算差额以及应分摊的其他间接费用。

企业新购建固定资产的计价、确定计提折旧的依据等均采用成本计价方法。其优点是具有客观性和可验证性，是固定资产的基本计价标准。在我国会计实务中，固定资产的计价均采用历史成本。

固定资产取得时的成本应当根据以下不同情况分别确定。

（1）外购固定资产的成本，包括购买价款、相关税费、使固定资产达到预定可使用状态前所发生的可归属于该项资产的运输费、装卸费、安装费和专业人员服务费等。不以一笔款项购入多项没有单独标价的固定资产，应当按照各项固定资产公允价值比例对总成本进行分配，分别确定各项固定资产的成本。

购买固定资产的价款超过正常信用条件延期支付,实质上具有融资性质的，固定资产的成本以购买价款的现值为基础确定。实际支付的价款与购买价款的现值之间的差额，除按照《企业会计准则第 17 号——借款费用》应予资本化的以外，应当在信用期间内计入当期损益。

（2）自行建造固定资产的成本，由建造该项资产达到预定可使用状态前所发生的必要支出构成。应计入固定资产成本的借款费用，按照《企业会计准则第 17 号——借款费用》的规定处理。

（3）投资者投入固定资产的成本，应当按照投资合同或协议约定的价值确定，但合同或协议约定价值不公允的除外。

确定固定资产成本时，应当考虑预计弃置费用因素。弃置费用通常是指根据国家法律和行政法规、国际公约等规定，企业承担的环境保护和生态恢复等义务所确定的支出，如核电站核设施等的弃置和恢复环境义务等。企业应当根据《企业会计准则第 13 号——或有事项》的规定，按照现值计算确定应计入固定资产成本的金额和相应的预计负债。不属于弃置义务的固定资产报废清理费，应当在发生时作为固定资产处置费用处理。

固定资产的入账成本中，还应当包括企业为取得固定资产而交纳的契税、耕地占用税、车辆购置税等相关税费。

10.8.3 取得固定资产的账务处理

1. 总分类核算的常用的科目

固定资产的总分类核算要设置"固定资产""累计折旧""工程物资""在建工程"和"固定资产清理"等科目。

（1）"固定资产"科目。

本科目核算企业全部固定资产的原价，借方登记增加的固定资产的原价，贷方登记减少的固定资产的原价，余额在借方，反映期末实有固定资产的原价。

（2）"累计折旧"科目。

本科目是"固定资产"的调整科目，核算企业提取的固定资产折旧，贷方登记计提的折旧额，借方登记因固定资产减少而转销的折旧额，余额在贷方，反映期末实有固定资产的累计折旧额。

（3）"工程物资"科目。

本科目核算企业固定资产工程所用物资的实际成本，借方登记购入工程物资的实际成本，贷方登记发出工程物资的实际成本，余额在借方，反映期末库存工程物资的实际成本。

（4）"在建工程"科目。

本科目核算企业固定资产新建工程、改扩建工程、大修理工程等所发生的实际支出和工程成本的结转，借方登记各项在建工程的实际支出，贷方登记结转的完工工程的实际成本，余额在借方，反映期末尚未完工工程的实际成本。

（5）"固定资产清理"科目。

本科目核算企业因出售、报废和毁损等原因转入清理的固定资产价值及清理过程中发生的清理费用和清理收入，借方登记转入清理的固定资产净值和发生的清理费用，贷方登记清理固定资产的变价收入、保险公司或过失人的赔偿款和结转的清理净损失。期末余额如果在借方，反映尚未结转的清理净损失，如果在贷方，反映尚未结转的清理净收入。

2. 购入固定资产的账务处理

（1）购入不需要安装的固定资产。

购入不需要安装的固定资产，按实际支付的价款、加上包装费、运杂费等支出，借记"固定资产"科目，贷记"银行存款"等科目。

【例 10-44】购入固定资产的账务处理

ABC 公司购入不需要安装的设备一台，价款为 10 000 元，支付的增值税为 1 300 元，另支付运输费 300 元，包装费 500 元。款项以银行存款支付。

该固定资产的原价 =10 000+300+500=10 800（元）

ABC 公司应编制如下会计分录：

借：固定资产   10 800

  应交税费——应交增值税（进项税额）   1 300

  贷：银行存款   12 100

（2）购入需要安装的固定资产。

购入需要安装的固定资产，企业购入的固定资产及发生的安装费等均应通过"在建工程"科目核算，待安装完毕交付使用时，再由"在建工程"转入"固定资产"科目。企业购入固定资产时，按实际支付的价款（包括买价、支付的税金、包装费、运输费等），借记"在建工程"科目，贷记"银行存款"等科目；发生的安装费用，借记"在建工程"科目，贷记"银行存款"等科目；安装完成交付使用时，按在建工程的累计成本，借记"固定资产"科目，贷记"在建工程"科目。

【**例 10-45**】购入需要安装的固定资产的账务处理

ABC 公司购入一台需要安装的设备，取得的增值税专用发票上注明的设备买价为 50 000 元，增值税额为 6 500 元，支付的运输费为 1 200 元。设备由供货商安排，支付安装费 4 200 元。进行账务处理如下：

（1）支付设备价款、税金、运输费：

金额合计 =50 000+6 500+1 200=57 700（元）

借：在建工程		51 200
应交税费——应交增值税（进项税额）		6 500
贷：银行存款		57 700

（2）支付安装费：

借：在建工程		4 200
贷：银行存款		4 200

（3）设备安装完毕交付使用：

确定的固定资产价值为 =51 200+4 200=55 400（元）

借：固定资产		55 400
贷：在建工程		55 400

3. 投资者投入固定资产的账务处理

企业对投资者投资转入的机器设备等固定资产，一方面反映本企业固定资产的增加；另一方面要反映投资者投资额的增加。投入的固定资产按投资合同或协议确认的价值，借记"固定资产"科目，贷记"实收资本"或"股本"科目。

【**例 10-46**】投资者投入固定资产的账务处理

ABC 公司收到 A 企业作为资本投入的不需要安装的机器设备 1 台。该设备按投资合同或协议确认的净值为 62 000 元。ABC 公司应编制如下会计分录：

借：固定资产		62 000
贷：实收资本——A 企业		62 000

10.8.4　固定资产折旧的账务处理

折旧，是指在固定资产使用寿命内，按照确定的方法对应计折旧额进行的系统分摊。《企业会计准则》规定，企业应当根据固定资产的性质和使用情况，合理确定固定资产的使用寿命和预计净残值。

企业确定固定资产使用寿命时，应当考虑下列因素：（1）预计生产能力或实物产量；（2）预计有形损耗和无形损耗；（3）法律或者类似规定对资产使用的限制。

学习固定资产折旧的账务处理，还应掌握以下的几个概念。应计折旧额，是指应当计提折旧的固定资产的原价扣除其预计净残值后的金额。已计提减值准备的固定资产，还应当扣除已计提的固定资产减值准备累计金额。预计净残值，是指假定固定资产预计使用寿命已满并处于使用寿命终了时的预期状态，企业目前从该项资产处置中获得的扣除预计处置费用后的金额。

1. 固定资产折旧范围

根据《企业会计准则》的规定，除以下情况外，企业应对所有固定资产计提折旧：

（1）已提足折旧仍继续使用的固定资产；

（2）按规定单独估价作为固定资产入账的土地。

需要注意的是，企业以融资租赁方式租入的固定资产和以经营租赁方式租出的固定资产，应当计提折旧；企业以融资租赁方式租出的固定资产和以经营租赁方式租入的固定资产，不应当计提折旧。

在实际工作中，企业一般应按月计提固定资产折旧。固定资产应当按月计提折旧，当月增加的固定资产，当月不计提折旧，从下月起计提折旧；当月减少的固定资产，当月仍计提折旧，从下月起不计提折旧。

固定资产提足折旧后，不论能否继续使用，均不再计提折旧；提前报废的固定资产，也不再补提折旧。提足折旧，是指已经提足该项固定资产的应计折旧额。

已达到预定可使用状态但尚未办理竣工决算的固定资产，应当按照估计价值确定其成本，并计提折旧；待办理竣工决算后，再按实际成本调整原来的暂估价值，但不需要调整原已计提的折旧额。

2. 固定资产折旧的计算方法

固定资产折旧可以采用年限平均法、工作量法、双倍余额递减法、年数总和法等计算。折旧方法一经确定，不得随意变动。如需变更，应当在会计报表附注中予以说明。

（1）平均年限法。

平均年限法是指将固定资产的可折旧价值平均分摊于其可折旧年限内的一种方法。这种方法适用于在各个会计期间使用程度比较均衡的固定资产。其计算公式为：

公式1：年折旧额=（固定资产原值－预计净残值）÷预计使用年限

公式2：月折旧额=年折旧额÷12

【例10-47】固定资产折旧的计算

ABC公司一台生产用设备原值为30 000元，预计清理费为1 200元，而预计残值为3 000元。使用年限为4年。那么用平均年限法计算折旧额如下：

年折旧额=[30 000-（3 000-1 200）]÷4=（30 000-1 800）÷4=7 050（元）

月折旧额=7 050÷12=587.50（元）

折旧额是在"累计折旧"科目中核算的，而累计折旧是作为固定资产的减项。也就是说，用固定资产的原值，减去累计折旧，便是固定资产还剩多少没提折旧（也就是说固定资产净值）。会计上的核算是这样的，每期提折旧时，在"累计折旧"科目的贷方记账。

像上面的例子，计提的折旧应记入"制造费用"科目，因为那是生产用的，所以每期的会计分录如下：

借：制造费用   587.50

    贷：累计折旧   587.50

（2）工作量法。

工作量法又称作业量法，是根据固定资产在使用期间完成的总的工作量平均计算折旧的一种方法。工作量法和平均年限法都是平均计算折旧的方法，都属直线法。其计算公式为：

公式1：单位工作量折旧额=（固定资产原值－预计净残值）÷预计总工作量=固定资产原值×（1－预计净残值率）÷预计总工作量

公式2：月折旧额=单位工作量折旧额×当月实际完成工作量

在会计实务中，工作量法广泛应用于以下三种方式：第一种，按照工作小时计算折旧；第二种，按行驶里程计算折旧；第三种，按台班计算折旧。

【例10-48】工作量法的运用之一

ABC公司购置一台专用机床，价值200 000元，预计总工作小时数为300 000小时，预计净残值为2 000元，购置的当年便工作了2 400小时，则有：

每小时折旧额：（200 000−2 000）÷300 000=0.66（元／小时）

当年的折旧额：2 400×0.66=1 584（元）

工作量法实际上也是直线法。它把产量与成本相联系，也即把收入与费用相配。于是年末计提折旧时的会计分录如下：

借：制造费用　　　　　　　　　　　　　　　　　　　　　　1 584

　　贷：累计折旧　　　　　　　　　　　　　　　　　　　　　　1 584

【例 10-49】工作量法的运用之二

ABC 公司有经理用的小汽车一辆，原值为 150 000 元，预计净残值率为 5%，预计总行驶里程为 600 000 公里，当月行驶里程为 3 000 公里，该项固定资产的月折旧额计算如下：

单位里程折旧额 =（150 000 − 150 000×5%）÷600 000=0.2 375（元／公里）

本月折旧额 =3 000×0.2 375=712.5（元）

因为这辆车是企业管理者作为管理用的，所以会计分录如下：

借：管理费用　　　　　　　　　　　　　　　　　　　　　　712.50

　　贷：累计折旧　　　　　　　　　　　　　　　　　　　　　　712.50

（3）双倍余额递减法。

双倍余额递减法是加速折旧法的一种，是按直线法折旧率的两倍，乘以固定资产在每个会计期间的期初账面净值计算折旧的方法。在计算折旧率时通常不考虑固定资产残值。其计算公式为：

在不考虑预计残值时，

公式 1：年折旧率（双倍直线折旧率）=（2÷预计使用年限）×100%

公式 2：年折旧额 = 期初固定资产账面净值 × 双倍直线折旧率

由于采用双倍余额递减法在确定折旧率时不考虑固定资产净残值因素，在采用这种方法时，应注意以下两点。

第一点，由于每年的折旧额是递减的，可能会出现某年按双倍余额递减法所提折旧额小于按直线法计提的折旧额的情况。当这一情况在某一折旧年度出现时，应换为按直线法计提折旧。

第二点，各年计提折旧后，固定资产账面净值不能小于预计净残值。避免出现这一现象的方法是，在可能出现此现象的那一年转换为按直线法计提折旧，即将当年年初的固定资产账面净值减去预计净残值，其差额在剩余的使用年限中平均摊销。但在实际工作中，企业一般采用简化的办法，在固定资产预计耐用年限到期前两年转换成直线法。

【例 10-50】双倍余额递减法的运用

ABC 公司购入一部自动化生产线，安装完毕后，固定资产原值为 200 000 元，预计使用年限为 5 年，预计净残值收入 8 000 元。该生产线按双倍余额递减法计算各年的折旧额如下：

双倍直线折旧率 =2÷5×100％ =40％

第一年应提折旧 =200 000×40％ =80 000（元）

第二年应提折旧 =（200 000 - 80 000）×40％ =48 000（元）

第三年应提折旧 =（120 000 - 48 000）×40％ =72 000×40％ =28 800（元）

第四年应提折旧 =（200 000 - 80 000 - 48 000 - 28 800 - 8 000）÷2=17 600（元）

第五年应提折旧 =（200 000 - 80 000 - 48 000 - 28 800 - 8 000）÷2=17 600（元）

可以看出折旧率 40% 是固定不变的。而每一期的期初账面余额是上一期的期末账面余额，每一期的折旧额都是递减的，但累计折旧总额却在增加。等到使用期的最后两年时，固定资产这时的账面余额即是净残值的额。

（4）年数总和法。

年数总和法是以固定资产的原值减去预计净残值后的净额为基数，以一个逐年递减的分数为折旧率，计算各年固定资产折旧额的一种折旧方法。

年数总和法的各年折旧率，是以固定资产尚可使用年限作分子，以固定资产使用年限的逐年数字之和作分母的。假定固定资产使用年限为 n 年，分母即为 $1+2+3+\cdots+n=n(n+1)÷2$。计算公式为：

公式 1：年折旧率 ＝尚可使用年限 ÷ 预计使用年限的逐年数字总和

公式 2：年折旧额 ＝（固定资产原值 – 预计净残值）× 年折旧率

公式 3：月折旧额 ＝（固定资产原值 – 预计净残值）× 月折旧率

【例 10-51】三种折旧方法的比较

ABC 公司的一台小型机床，原值为 50 000 元，预计使用年限为 5 年，预计净残值为 2 000 元。分别用平均年限法、双倍余额递减法和年数总和法三种方法提折旧，如表 10-1 所示。

表 10-1　折旧计算表

三种折旧计提方法的比较

单位：元

年限	比较项目	平均年限法	双倍余额递减法	年数总和法
第 1 年	当年折旧基数	48 000	50 000	48 000
	年折旧率	1/5 × 100%=20%	2/5 × 100%=40%	5/（1+2+3+4+5）=1/3
	折旧额	9 600	20 000	16 000
第 2 年	当年折旧基数	48 000	30 000	48 000
	年折旧率	1/5 × 100%=20%	2/5 × 100%=40%	4/（1+2+3+4+5）=4/15
	折旧额	9 600	12 000	12 800
第 3 年	当年折旧基数	48 000	18 000	48 000
	年折旧率	1/5 × 100%=20%	2/5 × 100%=40%	3/（1+2+3+4+5）=1/5
	折旧额	9 600	7 200	9 600
第 4 年	当年折旧基数	48 000	8 800	48 000
	年折旧率	1/5 × 100%=20%	0.5	2/（1+2+3+4+5）=2/15
	折旧额	9 600	4 400	6 400
第 5 年	当年折旧基数	48 000	8 800	48 000
	年折旧率	1/5 × 100%=20%	0.5	1/（1+2+3+4+5）=1/15
	折旧额	9 600	4 400	3 200

注：用双倍余额递减法计算折旧，初期不考虑净残值，在最后两年才涉及净残值，且平摊剩余的。

① 按平均年限法折旧，折旧额每年都相等。其余两种方法，双倍余额递减法是折旧率不变，余额递减，相乘后得出递减的折旧额；而年数总和法是用递减的折旧率乘以固定的基数，也得出递减的折旧额。

② 双倍余额递减法，在使用的最后两年，用原值减去累计折旧再减去净残值后的额，分别平摊在最后两年，最后两年不涉及折旧率的问题。

③ 5 年后，每种方法的账面都会剩余净残值 2 000 元。

10.8.5　固定资产的处置

　　企业在生产经营过程中对不需用或不适用的固定资产，可对外出售，对那些由于技术进步等原因，或由于遭受自然灾害等非常损失发生毁损的固定资产应及时进行清理。因此，固定资产减少的方式主要有：出售、调出、报废、毁损、盘亏、投资转出或捐赠转出等。

《企业会计准则》规定，固定资产满足下列条件之一的，应当予以终止确认：（1）该固定资产处于处置状态；（2）该固定资产预期通过使用或处置不能产生经济利益。企业持有待售的固定资产，应当对其预计净残值进行调整。企业出售、转让、报废固定资产或发生固定资产毁损，应当将处置收入扣除账面价值和相关税费后的金额计入当期损益。固定资产的账面价值是固定资产成本扣减累计折旧和累计减值准备后的金额。固定资产盘亏造成的损失，应当计入当期损益。企业根据准则的规定，将发生的固定资产后续支出计入固定资产成本的，应当终止确认被替换部分的账面价值。

1. 核算的基本程序

企业因出售、报废、毁损等原因减少的固定资产，应在"固定资产清理"科目核算。其核算的基本程序如下。

（1）将出售、报废和毁损的固定资产转入清理。按清理固定资产的净值，借记"固定资产清理"科目，按已提的折旧，借记"累计折旧"科目，按固定资产原价，贷记"固定资产"科目。

（2）核算发生的清理费用。固定资产清理过程中发生的清理费用以及应交的税金，按实际发生额借记"固定资产清理"科目，贷记"银行存款""应交税费"等科目。

（3）核算出售收入和残料。企业收回出售固定资产的价款、报废固定资产的残料价值和变价收入等，应冲减清理支出，按实际收到的出售价款及残料变价收入等，借记"银行存款""原材料"等科目，贷记"固定资产清理"科目。

（4）计算应收取的保险或其他赔偿。企业计算或收到的应由保险公司或过失人赔偿的报废、毁损固定资产的损失时，应冲减清理支出，借记"银行存款"或"其他应收款"科目，贷记"固定资产清理"科目。

（5）结转清理净损益。固定资产清理后的净收益，属于生产经营期间的，计入当期损益，借记"固定资产清理"科目，贷记"营业外收入"科目；固定资产清理后的净损失，若属于自然灾害等原因造成的损失，借记"营业外支出——非常损失"科目，贷记"固定资产清理"科目；若属于生产经营期间正常的处理损失，借记"营业外支出——处置非流动资产净损失"科目，贷记"固定资产清理"科目。

2. 固定资产报废的账务处理

固定资产的报废有的属于正常报废，有的属于非正常报废。正常报废包括：使用磨损报废和由于技术进步而发生的提前报废；非正常报废主要是指自然灾害和责任事故所致的报废。

固定资产正常报废与非正常报废的账务处理基本相同。举例如下：

【例 10-52】 固定资产报废的账务处理

ABC 公司有旧厂房一幢，原值 450 000 元，已提折旧 435 000 元，因使用期满经批准报废。在清理过程中，以银行存款支付清理费用 12 700 元，拆除的残料一部分作价 15 000 元，由仓库收作维修材料，另一部分变卖收入 6 800 元存入银行。进行账务处理如下：

（1）固定资产转入清理时：

借：固定资产清理	15 000
累计折旧	435 000
贷：固定资产	450 000

（2）支付清理费用：

借：固定资产清理	12 700
贷：银行存款	12 700

（3）材料入库并收到变价收入：

借：原材料	15 000
银行存款	6 800
贷：固定资产清理	21 800

（4）结转固定资产清理净损益：

借：营业外支出——处置非流动资产净损失	5 900
贷：固定资产清理	5 900

【例 10-53】 固定资产报废的账务处理

ABC 公司的运输卡车一辆，原价 150 000 元，已提折旧 50 000 元，在一次交通事故中报废，收回过失人赔偿款 80 000 元，卡车残料变卖收入 5 000 元。进行账务处理如下：

（1）将报废卡车转销：

借：固定资产清理	100 000
累计折旧	50 000
贷：固定资产	150 000

（2）收到过失人赔款及残料变卖收入：

借：银行存款	85 000
贷：固定资产清理	85 000

（3）结转固定资产净损益：

借：营业外支出——非常损失	15 000
贷：固定资产清理	15 000

3. 固定资产出售的账务处理

企业因调整经营方针或考虑技术进步等因素，决定将不需用的固定资产出售给其他企业。

【例10-54】固定资产出售的账务处理

ABC公司出售一座建筑物，原价2 000 000元，已使用6年，计提折旧300 000元，支付清理费用10 000元，增值税税额为900元；出售收入为1 900 000元，增值税税率为9%。进行账务处理如下：

（1）固定资产转入清理：

借：固定资产清理	1 700 000
累计折旧	300 000
贷：固定资产	2 000 000

（2）支付清理费用：

借：固定资产清理	10 000
应交税费——应交增值税（进项税额）	900
贷：银行存款	10 900

（3）收到价款：

借：银行存款	2 071 000
贷：固定资产清理	1 900 000
应交税费——应交增值税（销项税额）	171 000

（4）结转固定资产清理后的净收益：

净收益 =1 900 000-1 700 000-10 000=190 000（元）

借：固定资产清理　　　　　　　　　　　　　　　　　　190 000

　　贷：营业外收入——处置非流动资产净收益　　　　　　　190 000

10.8.6　固定资产的后续支出

固定资产的后续支出，是指企业的固定资产投入使用后，为了适应新技术发展的需要，或者为了维护或提高固定资产的使用效能，而对现有固定资产进行维护、改建、扩建或者改良等所发生的各项必要支出。

根据《企业会计准则》的规定，企业发生固定资产后续支出时，需要对支出的性质进行分析，确定这些支出应该资本化还是费用化，并分别采用不同的方法进行核算。固定资产的后续支出是指固定资产在使用过程中发生的更新改造支出、修理费用等。固定资产的更新改造等后续支出，满足准则规定确认条件（与该固定资产有关的经济利益很可能流入企业；该固定资产的成本能够可靠地计量）的，应当计入固定资产成本，如有被替换的部分，应扣除其账面价值；不满足《企业会计准则第 4 号——固定资产》第 4 条规定确认条件的固定资产修理费用等，应当在发生时计入当期损益。

1. 技术改造工程支出

企业通过对厂房进行改建、扩建而使其更加坚固耐用，延长了厂房等固定资产的使用寿命；企业通过对设备的改建，提高了其单位时间内产品的产出数量，提高了机器设备等固定资产的生产能力；企业通过对车床的改良，大大提高了其生产产品的精确度，实现了企业产品的更新换代；企业通过对生产线的改良，促使其大大降低了产品的成本，提高了企业产品的价格竞争力等，通常都表明后续支出提高了固定资产原定的创利能力。企业根据《企业会计准则第 4 号——固定资产》的规定，将发生的固定资产后续支出计入固定资产成本的，应当终止确认被替换部分的账面价值。

企业在发生应资本化的固定资产后续支出时，应先将该固定资产的账面原价、已计提的累计折旧和减值准备转销，将固定资产的账面价值转入"在建工程"科目；然后，将发生的各项后续支出通过"在建工程"科目核算；最后，当发生后续支出的固定资产完工并达到预定可使用状态时，应在后续支出资本化后的固定资产账面价值不超过其可收回金额的范围内，从"在建工程"科目转入"固定资产"科目。

【例10-55】固定资产技术改造或改良支出的账务处理

2×17年9月1日，ABC公司所拥有的一条生产线，其账面原价为860 000元，累计已提折旧为500 000元，账面价值为360 000元；由于生产的产品适销对路，现有生产线的生产能力已难以满足企业生产发展的需要。经过可行性研究，ABC公司决定对现有生产线进行扩建，以提高其生产能力；扩建工程从2×17年9月1日起至11月30日止，历时3个月，共发生支出400 000元，全部以银行存款支付；该生产线扩建工程达到预定可使用状态后，预计其使用寿命将延长5年（为简化计算过程，假设扩建过程中无其他相关税费），该生产线已交付使用。

本例中，由于对生产线的扩建支出，提高了生产线的生产能力并延长了其使用寿命，此项后续支出应予以资本化，即增加固定资产的账面价值。其账务处理方法如下：

（1）2×17年9月1日生产线转入扩建时：

借：在建工程	360 000	
累计折旧	500 000	
贷：固定资产		860 000

（2）2×17年9月1日至11月30日，发生各项后续支出时：

借：在建工程	400 000	
贷：银行存款		400 000

（3）2×17年11月30日，生产线扩建工程达到预定可使用状态并交付使用时：

借：固定资产	760 000	
贷：在建工程		760 000

2. 维护和修理支出的账务处理

固定资产的大修理、中小修理等维护性支出，通常在发生时直接计入当期损益。一般情况下，固定资产投入使用之后，由于固定资产磨损、各组成部分的耐用程度不同，可能导致固定资产的局部损坏，为了维护固定资产的正常运转和使用，充分发挥其使用效能，企业就需要对固定资产进行必要的维护。

企业发生的固定资产维护支出只是确保固定资产处于正常工作状态，它并不导致固定资产性能的改变和固定资产未来经济利益的增加。因此，企业应在发生固定资产维护支出时，根据固定资产的使用地点和用途，一次性直接计入当期的有关费用。即借记"制造费用""销售费用""管理费用""其他业务支出"等科目，贷记"银行存款"等科目。

【例 10-56】应费用化的固定资产后续支出的账务处理

ABC 公司委托外单位对行政管理部门办公用的计算机进行维修，以银行存款支付维修费 5 000 元。本例中，由于对计算机的维修，仅仅是为了维护固定资产的正常使用而发生的，ABC 公司应在该项固定资产后续支出发生时确认为当期费用。进行账务处理如下：

借：管理费用　　　　　　　　　　　　　　　　　　5 000

　　贷：银行存款　　　　　　　　　　　　　　　　　5 000

10.9　无形资产相关业务的账务处理

10.9.1　无形资产的概念和特征

无形资产是指企业拥有或者控制的没有实物形态的可辨认非货币性资产。无形资产具有以下三个主要特征。

1. 不具有实物形态

无形资产是不具有实物形态的非货币性资产，它不像固定资产、存货等有形资产具有实物形态。

2. 具有可辨认性

资产满足下列条件之一的，符合无形资产定义中的可辨认性标准：

（1）能够从企业中分离或者划分出来，并能单独或者与相关合同、资产或负债一起，用于出售、转移、授予许可、租赁或者交换；

（2）源自合同性权利或其他法定权利，无论这些权利是否可以从企业或其他权利和义务中转移或者分离。

商誉的存在无法与企业自身分离，不具有可辨认性，因此不在本节进行阐述。

3. 属于非货币性长期资产

无形资产属于非货币性资产且能够在多个会计期间为企业带来经济利益。无形资产的使用年限在一年以上，其价值将在各个受益期间逐渐摊销。

10.9.2　无形资产的确认

无形资产同时满足以下条件时才能予以确认：

（1）与该无形资产有关的经济利益很可能流入企业；

（2）该无形资产的成本能够可靠地计量。

10.9.3　无形资产的构成

无形资产主要包括专利权、商标权、土地使用权、非专利技术、著作权和特许权等。

1. 专利权

专利权是指国家专利主管机关依法授予发明创造专利申请人对其发明创造在法定期限内所享有的专有权利，包括发明专利权、实用新型专利权和外观设计专利权等。它给予持有者独家使用或控制某项发明的特殊权利。

一般而言，只有从外单位购入的专利或者自行开发并按法律程序申请取得的专利，才能作为无形资产管理和核算。这种专利可以降低成本，或者提高产品质量，或者将其转让出去获得转让收入。

企业从外单位购入的专利权，应按实际支付的价款作为专利权的成本。企业自行开发并按法律程序申请取得的专利权，应按照《企业会计准则第6号——无形资产》确定的金额作为成本。

2. 商标权

商标是用来辨认特定的商品或劳务的标记。商标权是指专门在某类指定的商品或产品上使用特定的名称或图案的权利。商标经过注册登记，就获得了法律上的保护。《中华人民共和国商标法》明确规定，经商标局核准注册的商标为注册商标，商标注册人享有商标专用权，受法律的保护。

企业自创商标并将其注册登记，所花费用一般不大，是否将其资本化并不重要。如果企业购买他人的商标，一次性支出费用较大的，可以将其资本化，作为无形资产管理。这时，应将购入商标的价款、支付的手续费及有关费用作为商标的成本。

3. 土地使用权

土地使用权是指国家准许某一企业或单位在一定期间内对国有土地享有开发、利用、经营的权利。企业取得土地使用权，应将取得时发生的支出资本化，作为土地使用权的成本，记入"无形资产"科目。

4. 非专利技术

非专利技术即专有技术，或技术秘密、技术诀窍，是指先进的、未公开的、未申请专利、可以带来经济效益的技术及诀窍。

企业的非专利技术，有些是自己开发研究的，有些是根据合同规定从外部购入的。如果是企业自己开发研究的，应将符合《企业会计准则第 6 号——无形资产》规定的开发支出资本化条件的，确认为无形资产。对于从外部购入的非专利技术，应将实际发生的支出予以资本化，作为无形资产入账。

5. 著作权

著作权又称版权，是制作者对其创作的文学、科学和艺术作品依法享有的某种特殊权利。著作权包括两方面的权利，即精神权利（人身权利）和经济权利（财产权利）。前者指作品署名、发表作品、确认作者身份、保护作品的完整性、修改已经发表的作品等各项权利，包括发表权、署名权、修改权和保护作品完整权；后者指以出版、表演、广播、展览、录制唱片、摄制影片等方式使用作品以及因授权他人使用作品而获得经济利益的权利。

6. 特许权

特许权，又称经营特许权、专营权，指企业在某一地区经营或销售某种特定商品的权利或是一家企业接受另一家企业使用其商标、商号、技术秘密等的权利。前者一般是指政府机关授权、准许企业使用或在一定地区享有经营某种业务的特权，如水、电、邮电通讯等专营权、烟草专卖权等；后者指企业间依照签订的合同，有限期或无限期使用另一家企业的某些权利，如连锁店分店使用总店的名称等。

10.9.4　无形资产的账务处理

1. 无形资产业务的常用科目

为了核算无形资产的取得、摊销和处置等情况，企业应当设置"无形资产""累计摊销"等科目。

"无形资产"科目核算企业持有的无形资产成本，借方登记取得无形资产的成本，贷方登记出售无形资产转出的无形资产账面余额，期末借方余额，反映企业无形资产的成本。本科目应按无形资产项目设置明细科目，进行明细核算。

"累计摊销"科目属于"无形资产"的调整科目，核算企业对使用寿命有限的无形资产计提的累计摊销，贷方登记企业计提的无形资产摊销，借方登记处置无形资产转出的累计摊销，期末贷方余额，反映企业无形资产的累计摊销额。

此外，企业无形资产发生减值的，还应当设置"无形资产减值准备"科目进行核算。

2. 取得无形资产的账务处理

无形资产应当按照成本进行初始计量。企业取得无形资产的主要方式有外购、自行研究开发等。根据取得的方式不同，其账务处理也有所差别。

（1）外购无形资产。

外购无形资产的成本包括购买价款、相关税费以及直接归属于使该项资产达到预定用途所发生的其他支出。

【**例 10-57**】取得外购无形资产的账务处理

ABC 公司购入一项非专利技术，支付的买价和有关费用合计 900 000 元，以银行存款支付。ABC 公司应做如下账务处理：

借：无形资产——非专利技术品　　　　　　　　　　　　900 000

　　贷：银行存款　　　　　　　　　　　　　　　　　　　　900 000

（2）自行研究开发无形资产。

企业内部研究开发项目所发生的支出应区分研究阶段支出和开发阶段支出。企业自行开发无形资产发生的研发支出，不满足资本化条件的，借记"研发支出——费用化支出"科目，满足资本化条件的，借记"研发支出——资本化支出"科目，贷记"原材料""银行存款""应付职工薪酬"等科目。研究开发项目达到预定用途形成无形资产的，应按"研发支出——资本化支出"科目的余额，借记"无形资产"科目，贷记"研发支出——资本化支出"科目。期（月）末，应将"研发支出——费用化支出"科目归集的金额转入"管理费用"科目，借记"管理费用"科目，贷记"研发支出——费用化支出"科目。

【例 10-58】自行研究开发无形资产的账务处理

ABC 公司自行研究、开发一项技术，截至 2×17 年 12 月 31 日，发生研发支出合计 2 000 000 元，经测试该项研发活动完成了研究阶段，从 2×18 年 1 月 1 日开始进入开发阶段。

2×18 年发生研发支出 300 000 元，假定符合《企业会计准则第 6 号——无形资产》规定的开发支出资本化的条件。2×18 年 6 月 30 日，该项研发活动结束，最终开发出一项非专利技术。ABC 公司应做如下账务处理：

（1）2×17 年发生的研发支出：

借：研发支出——费用化支出　　　　　　　　　　　2 000 000

　　贷：银行存款　　　　　　　　　　　　　　　　　　2 000 000

（2）2×17 年 12 月 31 日，发生的研发支出全部属于研究阶段的支出：

借：管理费用　　　　　　　　　　　　　　　　　　2 000 000

　　贷：研发支出——费用化支出　　　　　　　　　　　2 000 000

（3）2×18 年，发生开发支出并满足资本化确认条件：

借：研发支出——资本化支出　　　　　　　　　　　　300 000

　　贷：银行存款　　　　　　　　　　　　　　　　　　300 000

（4）2×18 年 6 月 30 日，该技术研发完成并形成无形资产：

借：无形资产　　　　　　　　　　　　　　　　　　　300 000

　　贷：研发支出——资本化支出　　　　　　　　　　　300 000

3. 无形资产的摊销

企业应当于取得无形资产时分析判断其使用寿命。使用寿命有限的无形资产应进行摊销。使用寿命不确定的无形资产不应摊销。使用寿命有限的无形资产，其残值应当视为零。对于使用寿命有限的无形资产应当自可供使用（即其达到预定用途）当月起开始摊销，处置当月不再摊销。

无形资产摊销方法包括直线法、生产总量法等。企业选择的无形资产的摊销方法，应当反映与该项无形资产有关的经济利益的预期实现方式。无法可靠确定预期实现方式的，应当采用直线法摊销。

企业应当按月对无形资产进行摊销。无形资产的摊销额一般应当计入当期损益，企业自用的无形资产，其摊销金额记入"管理费用"科目；出租的无形资产，其摊销金额记入"其他业务成本"科目。某项无形资产包含的经济利益通过所生产的产品被其他资产实现的，其摊销金额应当计入相关资产成本。

【例10-59】无形资产摊销的账务处理

ABC公司购买了一项特许权，成本为4 800 000元，合同规定受益年限为10年，ABC公司每月应摊销40 000（4 800 000÷10÷12）元。每月摊销时，ABC公司应做如下账务处理：

借：管理费用	40 000
贷：累计摊销	40 000

【例10-60】无形资产摊销的账务处理

2×17年1月1日，ABC公司将其自行开发完成的非专利技术出租给丁公司，该非专利技术成本为3 600 000元，双方约定的租赁期限为10年，ABC公司每月应摊销30 000（3 600 000÷10÷12）元。每月摊销时，ABC公司应做如下账务处理：

借：其他业务成本	30 000
贷：累计摊销	30 000

4. 无形资产的处置

企业处置无形资产时，应当将取得的价款扣除该无形资产账面价值以及出售相关税费后的差额记入"营业外收入"或"营业外支出"科目。

【例10-61】无形资产处置的账务处理

ABC公司将其购买的一专利权转让给C公司，该专利权的成本为600 000元，已摊销220 000元，应交税费25 000元，实际取得的转让价款为500 000元，款项已存入银行。ABC公司应做如下账务处理：

借：银行存款	500 000
累计摊销	220 000
贷：无形资产	600 000

应交税费	25 000
营业外收入——非流动资产处置利得	95 000

5. 无形资产的减值

无形资产在资产负债表日存在可能发生减值的迹象时，其可收回金额低于账面价值的，企业应当将该无形资产的账面价值减记至可收回金额，减记的金额确认为减值损失，计入当期损益，同时计提相应的资产减值准备，按应减记的金额，借记"资产减值损失——计提的无形资产减值准备"科目，贷记"无形资产减值准备"科目。无形资产减值损失一经确认，在以后会计期间不得转回。

【例 10-62】无形资产减值的账务处理

2×18 年 12 月 31 日，市场上某项技术生产的产品销售势头较好，已对 ABC 公司产品的销售产生重大不利影响。ABC 公司外购的类似专利技术的账面价值为 800 000 元，剩余摊销年限为 4 年，经减值测试，该专利技术的可收回金额为 750 000 元。

由于该专利权在资产负债表日的账面价值为 800 000 元，可收回金额为 750 000 元，可收回金额低于其账面价值，应按其差额 50 000（800 000-750 000）元计提减值准备。ABC 公司应做如下账务处理：

借：资产减值损失——计提的无形资产减值准备　　　　　50 000

　　贷：无形资产减值准备　　　　　　　　　　　　　　　　50 000

10.9.5　其他资产业务的账务处理

其他资产是指除货币资金、交易性金融资产、应收及预付款项、存货、长期股权投资、固定资产、无形资产等以外的资产，如长期待摊费用等。

长期待摊费用是指企业已经发生但应由本期和以后各期负担的分摊期限在一年以上的各项费用，如以经营租赁方式租入的固定资产发生的改良支出等。

【例 10-63】长期待摊费用的账务处理

2×19 年 4 月 1 日，ABC 公司对其以经营租赁方式新租入的办公楼进行装修，发生以下有关支出：须用生产材料 500 000 元，购进该批原材料时支付的增值税进项税额为 65 000 元；辅助生产车间为该装修工程提供的劳务支出为 200 000 元；有关人员工资等职工薪酬 435 000 元。2×19 年 12 月 1 日，该办公楼装修完工，达到预定可使用状态并交付使用，并按租赁期 10 年开始进行摊销。假定不考虑其他因素，ABC 公司应做如下账务处理：

（1）装修领用原材料时：

借：长期待摊费用 565 000

　　贷：原材料 500 000

　　　　应交税费——应交增值税（进项税额转出） 65 000

（2）辅助生产车间为装修工程提供劳务时：

借：长期待摊费用 200 000

　　贷：生产成本——辅助生产成本 200 000

（3）确认工程人员职工薪酬时：

借：长期待摊费用 435 000

　　贷：应付职工薪酬 435 000

（4）2×20 年按月摊销装修支出时：

借：管理费用 10 000

　　贷：长期待摊费用 10 000

第 11 章
学会使用财务杠杆——负债类业务的账务处理

本章概览

负债是指企业过去的交易或者事项形成的、预期会导致经济利益流出企业的现时义务。负债按照其流动性，可以划分为长期负债和流动负债。

长期负债是指偿还期在 1 年或者超过 1 年的一个营业周期以上的负债，包括：长期借款、应付债券、长期应付款项等。流动负债是指将在 1 年内（含 1 年）或超过 1 年的一个营业周期内偿还的债务，包括短期借款、应付票据、应付账款、预收账款、应付职工薪酬、应付福利费、应付股利、应交税费、其他暂收应付款项、预提费用和 1 年内到期的长期借款等。

通过本章的学习，主要解决以下问题：

（1）流动负债业务如何进行账务处理？

（2）长期负债业务如何进行账务处理？

（3）应付职工薪酬如何进行账务处理？

（4）应交税费业务如何进行账务处理？

11.1　应付账款的账务处理

11.1.1　应付账款的确认与计量

应付账款是指因购买材料、商品或接受劳务供应等而发生的债务。这种负债通常是由于交易双方在商品购销和提供劳务等活动中由于取得物资或接受劳务与支付价款在时间上不一致而产生的。

应付账款入账时间的确定，应以所购买物资的所有权转移或接受劳务已发生为标志。但在实际商品购销活动中，可以区别以下两种情况分别进行处理。

（1）在物资和发票账单同时到达的情况下，要区分两种情况处理：如果物资验收入库的同时支付货款，则不通过"应付账款"科目核算；如果物资验收入库后仍未付款，则按发票账单登记入账。按发票账单登记入账主要是为了确认所购入的物资是否在质量、数量和品种上都与合同上订明的条件相符。

（2）在物资和发票账单不是同时到达的情况下，也要区分两种情况处理：在发票账单已到，物资未到的情况下，应当直接根据发票账单支付物资价款和运杂费，计入有关物资的成本和"应付账款"（未能及时支付货款时），不需要按照应付债务估计入账；在物资已到，发票账单未到也无法确定实际成本的情况下，在月度终了，需要按照所购物资和应付债务估计入账，待下月初再用红字予以冲回。

应付账款一般按应付金额入账，而不按到期应付金额的现值入账。如果购入的资产在形成一笔应付账款时是带有现金折扣的，应付账款入账金额按发票上记载的应付金额的总值（即不扣除折扣）确定。在这种方法下，应按发票上记载的全部应付金额，借记有关科目，贷记"应付账款"科目；现金折扣实际获得时，冲减财务费用。应付账款一般在较短期限内支付，但有时应付账款由于债权单位撤销或其他原因而无法支付，无法支付的应付款项直接转入"营业外收入"科目。

11.1.2　应付账款的账务处理

为了总括反映和监督企业因购买材料、商品和接受劳务供应等产生的债务及其偿还情况，企业应设置"应付账款"科目。该科目贷方登记企业购买材料、商品、接受劳务供应的应付而未付的款项；借方登记偿还的应付账款以及用商业汇票抵付的应付账款；期末贷方余额反映尚未偿还或抵付的应付账款。该科目应按债权人设置明细科目。

企业购入材料、商品等时，若货款尚未支付，根据有关凭证（发票账单、随货同行发票上记载的实际价款或暂估价值），借记"材料采购""在途物资"等科目，按可抵扣的增值税额，借记"应交税费——应交增值税（进项税额）"等科目，按应付的价款，贷记"应付账款"科目。企业接受供应单位提供劳务而发生的应付未付款项，根据供应单位的发票账单，借记"生产成本""管理费用"等科目，贷记"应付账款"科目。

企业开出承兑商业汇票抵付应付账款，借记"应付账款"科目，贷记"应付票据"科目。企业偿付应付款时，借记"应付账款"科目，贷记"银行存款"科目。企业将应付账款划转出去或者确实无法支付的应付账款，应按其账面余额，借记"应付账款"科目，贷记"营业外收入——其他"科目。

【例 11-1】应付账款的账务处理

ABC 公司向 A 公司购入材料一批，价款为 50 000 元，增值税税率为 13%，付款条件为 2 / 10，n / 30。材料已验收入库，货款暂欠。ABC 公司应做如下账务处理：

（1）购入原材料时：

借：原材料   50 000

       应交税费——应交增值税（进项税额）   6 500

       贷：应付账款——A 公司   56 500

（2）若 10 天内付款：

借：应付账款——A 公司   56 500

     贷：银行存款   55 370

       财务费用   1 130

11.2 应付票据的账务处理

11.2.1 应付票据的概念

应付票据是由出票人出票，委托付款人在指定日期无条件支付确定的金额给收款人或者持票人的票据。应付票据也是委托付款人允诺在一定时期内支付一定款额的书面证明。应付票据与应付账款不同，虽然都是由于交易而引起的流动负债，但应付账款是尚未结清的债务，而应付票据是一种期票，是延期付款的证明，有承诺付款的票据作为凭据。应付票据分为带息和不带息两种。理论上，应付票据的记账可以以票据的面值或现值作为入账金额。在我国，由于应付票据不论是否带息，其期限较短，实务中通常按票据面值记账。

11.2.2　应付票据的账务处理

为了反映企业购买材料、商品和接受劳务供应等而开出承兑商业汇票的情况，企业应设置"应付票据"科目。该科目贷方登记开出的商业汇票面值和应计利息，借方登记支付票据的款项，期末贷方余额反映企业开出的尚未到期的应付票据本息。

（1）企业开出承兑商业汇票或以承兑商业汇票抵付货款、应付账款时，借记"材料采购""在途物资""库存商品""应付账款""应交税费——应交增值税（进项税额）"等科目，贷记"应付票据"科目。

（2）支付银行承兑汇票的手续费，借记"财务费用"科目，贷记"银行存款"科目。收到银行支付到期票据的付款通知，借记"应付票据"科目，贷记"银行存款"科目。

（3）企业开出的商业汇票，如为带息票据，应于期末计算应付利息，借记"财务费用"科目，贷记"应付票据"科目。票据到期支付本息时，按票据账面余额，借记"应付票据"科目，按未计的利息，借记"财务费用"科目，按实际支付的金额，贷记"银行存款"科目。

（4）应付票据到期，如企业无力支付票款，按应付票据的账面余额，借记"应付票据"科目，贷记"应付账款"科目（如为银行承兑汇票，则贷记"短期借款"科目）。到期不能支付的带息应付票据，先计提应付利息，再转入"应付账款"科目；转入"应付账款"科目核算后，期末不再计提利息。

企业应当设置"应付票据备查簿"，详细登记每一应付票据的种类、号数、签发日期、到期日、票面金额、票面利率、合同交易号、收款人姓名或单位名称，以及付款日期和金额等资料。应付票据到期结清时，应当在备查簿内逐笔注销。

【例11-2】应付票据的账务处理

ABC公司（系一般纳税企业）2×19年9月1日购入一批价格为300 000元的商品（尚未验收入库），收到增值税专用发票一张，注明增值税额39 000元；同时出具一张期限为3个月的带息商业汇票，年利率为4%。根据上述资料，ABC公司应做如下账务处理：

（1）2×19年9月1日购入商品时：

借：在途物资 　　　　　　　　　　　　　　　　　　　　　300 000

　　应交税费——应交增值税（进项税额） 　　　　　　　　 39 000

　　贷：应付票据 　　　　　　　　　　　　　　　　　　　　　　 339 000

（2）2×19年10月31日，计算2个月的应付利息2 260（339 000×4%×2÷12）元：

借：财务费用 2 260

　　贷：应付票据 2 260

（3）2×19年12月1日到期付款时：

借：应付票据 341 260

　　财务费用 1 130

　　贷：银行存款 342 390

（4）2×17年5月1日到期无力付款时：

借：财务费用 1 130

　　贷：应付票据 1 130

同时将该商业汇票的账面余额结转，如为商业承兑汇票时：

借：应付票据 342 390

　　贷：应付账款 342 390

如为银行承兑汇票时：

借：应付票据 342 390

　　贷：短期借款 342 390

应付票据结转后，不再计提应付利息。

11.3　其他应付款的账务处理

11.3.1　其他应付款的概念

其他应付款是指与企业购销业务没有直接关系的应付、暂付款项，包括应付租入包装物的租金、经营租入固定资产的应付租金、出租或出借包装物收取的押金、应付及暂收其他单位的款项、应付职工统筹退休金等。

为此应设置"其他应付款"科目进行核算。该科目的贷方登记发生的各种应付、暂收款项，借方登记偿还或转销的各种应付暂收款项，余额在贷方，表示应付未付款项。本科目应按应付、暂收款项的类别设置明细科目。

11.3.2 其他应付款的账务处理

企业发生各种应付、暂收款项时，借记"银行存款""管理费用"等科目，贷记"其他应付款"科目；支付或退回有关款项时，借记"其他应付款"科目，贷记"银行存款"等科目。

【例 11-3】其他应付款的账务处理

ABC 公司将一台设备出租给 B 企业，租期 3 个月，收取押金 1 500 元，存入银行。进行账务处理如下：

（1）收到押金时：

借：银行存款　　　　　　　　　　　　　　　　　　　　　1 500

　　贷：其他应付款——B 企业　　　　　　　　　　　　　　　1 500

（2）3 个月后，B 企业退还该设备后，退还其押金：

借：其他应付款——B 企业　　　　　　　　　　　　　　　1 500

　　贷：银行存款　　　　　　　　　　　　　　　　　　　　　1 500

（3）假设 3 个月后，B 企业对设备保管不善，按租约规定，扣押金的 50％作为罚款，其余押金退还 B 企业，则进行账务处理如下：

借：其他应付款——B 企业　　　　　　　　　　　　　　　1 500

　　贷：其他业务收入　　　　　　　　　　　　　　　　　　　750

　　　　银行存款　　　　　　　　　　　　　　　　　　　　　750

11.4　应付职工薪酬的账务处理

职工薪酬是指企业为获得职工提供的服务而给予各种形式的报酬以及其他相关支出。换言之，职工薪酬就是企业在职工在职期间和离职后提供的全部货币性薪酬和非货币性福利,包括提供给职工本人的薪酬,以及提供给职工配偶、子女或其他被赡养人的福利等。

11.4.1　企业职工薪酬的确认与计量原则

1. 劳动关系补偿的确认与计量

企业在职工为其提供服务的会计期间,除解除劳动关系补偿(也称辞退福利)全计入当期费用以外,其他职工薪酬均应根据职工提供服务的受益对象,将应确认的职工薪酬(包括货币性薪酬和非货币性福利)计入相关资产成本或当期费用,同时确认为应付工薪酬负债。其中:

(1)应由生产产品、提供劳务负担的职工薪酬,计入产品成本或劳务成本;

(2)应由在建工程、无形资产负担的职工薪酬,计入建造固定资产或无形资产成本;

(3)上述(1)和(2)之外的其他职工薪酬,计入当期损益。

2. 企业为职工缴纳的社会保险的确认与计量

企业为职工缴纳的医疗保险费、养老保险费、失业保险费、工伤保险费、生育保险费等社会保险费和住房公积金,应当在职工为其提供服务的会计期间,根据工资总额的一定比例计算,并按照上述(1)的办法处理。

在企业应付给职工的各种薪酬中,国家有规定计提基础和计提比例的,应当按照国家规定的标准计提。例如,应向社会保险经办机构等缴纳的医疗保险费、养老保险费(包括根据企业年金计划向企业年金基金相关管理人缴纳的补充养老保险费)、失业保险费、工伤保险费、生育保险费等社会保险费,应向住房公积金管理机构缴存的住房公积金,以及工会经费和职工教育经费等。

国家没有规定计提基础和计提比例的,如职工福利费等,企业应当根据历史经验数据和实际情况,合理预计当期的应付职工薪酬。当期实际发生金额大于预计金额的,应当补提应付职工薪酬;当期实际发生金额小于预计金额的,应当冲回多提的应付职工薪酬。在资产负债表日至财务报告批准报出日之间的期间,如有确凿证据表明需要调整资产负债表日原确认的应付职工薪酬的,应当按照《企业会计准则第 29 号——资产负债表日后事项》的规定处理。

对于在职工提供服务的会计期末以后 1 年以上到期的应付职工薪酬,企业应当选择合理的折现率，以应付职工薪酬折现后金额，计入相关资产成本或当期费用；应付职工薪酬金额与其折现后金额相差不大的，也可以以未折现金额计入相关资产成本或当期费用。

3. 非货币性福利的确认与计量

（1）企业以其自产产品或外购商品作为非货币性福利发放给职工的，应当根据受益对象，按照该产品或商品的公允价值，计入相关资产成本或当期损益，同时确认应付职工薪酬。

（2）将企业拥有的住房等资产无偿提供给职工使用的，应当根据受益对象，将该住房每期应计提的折旧计入相关资产成本或费用，同时确认应付职工薪酬。租赁住房等资产供职工无偿使用的，应当根据受益对象，将每期应付的租金计入相关资产成本或费用，并确认应付职工薪酬。难以认定受益对象的非货币性福利，直接计入管理费用和应付职工薪酬。

11.4.2 应付职工薪酬的账务处理

企业应设置"应付职工薪酬"科目核算企业根据有关规定应付给职工的各种薪酬，贷方登记本月实际发生的应付职工薪酬总额，即应付职工薪酬的分配数，借方登记本月实际支付的各种应付职工薪酬，期末贷方余额反映企业尚未支付的应付职工薪酬。该科目应当按照"工资""职工福利""社会保险费""住房公积金""工会经费""职工教育经费""非货币性福利""辞退福利""股份支付"等应付职工薪酬项目进行明细核算。

1. 企业支付应付职工薪酬时的处理

企业按照有关规定向职工支付工资、奖金、津贴等，借记"应付职工薪酬"科目，贷记"银行存款""库存现金"等科目。

企业从应付职工薪酬中扣还的各种款项（代垫的家属药费、个人所得税等），借记"应付职工薪酬"科目，贷记"其他应收款""应交税费——应交个人所得税"等科目。

企业向职工支付职工福利费，借记"应付职工薪酬"科目，贷记"银行存款""库存现金"等科目。

企业支付工会经费和职工教育经费用于工会运行和职工培训，借记"应付职工薪酬"科目，贷记"银行存款"等科目。

企业按照国家有关规定缴纳社会保险费和住房公积金，借记"应付职工薪酬"科目，贷记"银行存款"科目。

企业因解除与职工的劳动关系向职工给予的补偿，借记"应付职工薪酬"科目，贷记"银行存款""库存现金"等科目。

在行权日，企业以现金或银行存款与职工结算股份支付，借记"应付职工薪酬"科目，贷记"银行存款""库存现金"等科目。

2. 企业分配职工薪酬的账务处理

企业应当根据职工提供服务的受益对象，对发生的职工薪酬分配进行账务处理。其中，生产部门人员的职工薪酬，借记"生产成本""制造费用""劳务成本"科目，贷记"应付职工薪酬"科目。管理部门人员的职工薪酬，借记"管理费用"科目，贷记"应付职工薪酬"科目。销售人员的职工薪酬，借记"销售费用"科目，贷记"应付职工薪酬"科目。

应由在建工程、研发支出负担的职工薪酬，借记"在建工程""研发支出"科目，贷记"应付职工薪酬"科目。因解除与职工的劳动关系给予的补偿，借记"管理费用"科目，贷记"应付职工薪酬"科目。在等待期内每个资产负债表日，根据股份支付准则确定的金额，借记"管理费用"等科目，贷记"应付职工薪酬"科目。在可行权日之后，根据股份支付准则确定的金额，借记或贷记"公允价值变动损益"科目，贷记或借记"应付职工薪酬"科目。

外商投资企业按规定从净利润中提取的职工奖励及福利基金，也在"应付职工薪酬"科目核算。外商投资企业按规定从净利润中提取的职工奖励及福利基金，借记"利润分配——提取的职工奖励及福利基金"科目，贷记"应付职工薪酬"科目。

【例 11-4】企业分配职工薪酬的账务处理

ABC 公司本月应付职工薪酬总额为 205 000 元，其中，车间生产工人工资 150 000 元，车间管理人员工资 20 000 元，厂部行政管理人员工资 15 000 元，从事专项工程人员工资 10 000 元，离退休人员工资 5 000 元，生产工人其他福利 5 000 元。该公司月末应进行如下的账务处理：

借：生产成本　　　　　　　　　　　　　　　　　　155 000

　　　制造费用　　　　　　　　　　　　　　　　　　20 000

　　　管理费用　　　　　　　　　　　　　　　　　　20 000

在建工程	10 000
贷：应付职工薪酬	205 000

该公司以银行存款实际发放时，应编制如下会计分录：

借：应付职工薪酬	205 000
贷：银行存款	205 000

3. 非货币性福利的账务处理

企业以其自产产品发给职工作为职工薪酬的，借记"管理费用""生产成本""制造费用"等科目，贷记"应付职工薪酬"科目。企业以其自产产品发放给职工的，借记"应付职工薪酬"科目，贷记"主营业务收入"科目，同时，还应结转产成品的成本。涉及增值税销项税额的，还应进行相应的处理。

无偿向职工提供住房等资产使用的，按应计提的折旧额，借记"管理费用"等科目，贷记"应付职工薪酬"科目；同时，借记"应付职工薪酬"科目，贷记"累计折旧"科目。租赁住房等资产供职工无偿使用的，每期应支付的租金，借记"管理费用"等科目，贷记"应付职工薪酬"科目。

企业支付租赁住房等资产供职工无偿使用所发生的租金，借记"应付职工薪酬"科目，贷记"银行存款"等科目。

【例11-5】非货币性福利的账务处理

ABC公司共有职工200名，2×19年9月，公司以其生产的每台成本为1 000元的电视机作为福利发放给公司每名职工。该型号电视机的售价为每台1 400元，适用增值税税率为13%。假定公司职工中170名为直接参加生产的人员，30名为总部管理人员。该公司此项职工福利应做如下账务处理：

电视机的增值税销项税额=170×1 400×13%+30×1 400×13%=30 940+5 460=36 400（元）

借：生产成本	268 940
管理费用	47 460
贷：应付职工薪酬	316 400
借：应付职工薪酬	316 400
贷：主营业务收入	280 000
应交税费——应交增值税（销项税额）	36 400

| 借：主营业务成本 | 200 000 | |
| 贷：库存商品 | | 200 000 |

11.5 短期借款的账务处理

企业的借款通常按其流动性或偿还时间的长短，划分为短期借款和长期借款。短期借款是指企业向银行或其他金融机构借入的期限在 1 年以内（含 1 年）的各种借款。

短期借款一般是补充企业生产经营的流动资金，是企业的一项流动负债。借款到期时，除偿还本金外，企业还需按期支付利息。利息作为财务费用计入损益核算，如果利息分期（季、半年）支付或到期一次支付且数额较大，可采用预提的方法分期计入损益；如果利息按月支付，或者虽然分期（季、半年）支付或到期一次支付、但数额较小，可不用预提的方法，而在实际支付利息时直接计入当期损益。

11.5.1 科目设置

短期借款的账务处理设置"短期借款"科目，贷方登记借入的短期借款，借方登记归还的短期借款，期末余额在贷方，反映尚未归还的短期借款。该科目按债权人设置明细科目，并按借款的种类进行明细分类核算。

企业借入各种短期借款时，应借记"银行存款"科目，贷记"短期借款"科目；归还借款时，借记"短期借款"科目，贷记"银行存款"科目。

11.5.2 利息处理

短期借款的利息，通过"财务费用""应付利息"等科目核算。短期借款利息一律计入财务费用，预提利息时，借记"财务费用"科目，贷记"应付利息"科目；支付已预提的利息时，借记"预提费用"科目，贷记"银行存款"科目；利息直接支付、不预提的，于付款时借记"财务费用"科目，贷记"银行存款"

科目。

【例11-6】短期借款利息的账务处理

高强股份有限公司于2×17年1月1日取得银行借款20 000元，期限半年，年利率5%。利息直接支付，不预提。账务处理如下：

借：银行存款   20 000

    贷：短期借款   20 000

高强股份有限公司于2×17年7月1日将借款还本付息。账务处理如下：

借：短期借款   20 000

    财务费用   500（20 000×5% ×6÷12）

    贷：银行存款   20 500

【例11-7】短期借款利息的账务处理

ABC公司于2×17年1月1日取得银行借款100 000元，期限9个月，年利率6%，该借款到期后按期如数偿还，利息分月预提，按季支付。

（1）1月1日取得借款时，进行账务处理如下：

借：银行存款   100 000

    贷：短期借款   100 000

（2）1月末计提当月借款利息时，进行账务处理如下：

借：财务费用   500

    贷：应付利息   500（100 000×6% ÷12）

（2月末预提当月利息的处理相同）

（3）3月末支付本季度借款利息时，进行账务处理如下：

借：应付利息   1 500

    贷：银行存款   1 500

（第二、三季度的账务处理同上）

（4）10月1日到期偿还本金时，进行账务处理如下：

借：短期借款   100 000

    贷：银行存款   100 000

11.6　应交税费的账务处理

企业根据税法规定应交纳的各种税费包括：增值税、消费税、城市维护建设税、资源税、所得税、土地增值税、房产税、车船使用税、土地使用税、教育费附加、矿产资源补偿费、印花税、耕地占用税等。

企业应通过"应交税费"科目，总括反映各种税费的交纳情况，并按照应交税费项目进行明细核算。该科目贷方登记应交纳的各种税费等，借方登记实际交纳的税费；期末余额一般在贷方，反映企业尚未交纳的税费，期末余额如在借方，反映企业多交或尚未抵扣的税费。企业交纳的印花税、耕地占用税等不需要预计应交数的税金，不通过"应交税费"科目核算。

11.6.1　应交增值税

1. 增值税概述

增值税是指对我国境内销售货物、进口货物，或提供加工、修理修配劳务的增值额征收的一种流转税。增值税的纳税人是在我国境内销售货物、进口货物，或提供加工、修理修配劳务的单位和个人。按照纳税人的经营规模及会计核算的健全程度，增值税纳税人分为一般纳税人和小规模纳税人。一般纳税人应纳增值税额，根据当期销项税额减去当期进项税额计算确定；小规模纳税人应纳增值税额，按照销售额和规定的征收率计算确定。

按照《中华人民共和国增值税暂行条例》规定，企业购入货物或接受应税劳务支付的增值税（即进项税额），可从销售货物或提供劳务按规定收取的增值税（即销项税额）中抵扣。准予从销项税额中抵扣的进项税额通常包括：（1）从销售方取得的增值税专用发票上注明的增值税额；（2）从海关取得的完税凭证上注明的增值税额。

2. 一般纳税企业的核算

为了核算企业应交增值税的发生、抵扣、交纳、退税及转出等情况，应在"应交税费"科目下设置"应交增值税"明细科目，并在"应交增值税"明细账内设置"进项税额""已交税金""销项税额""出口退税""进项税额转出"等专栏。

（1）采购物资和接受应税劳务。

企业从国内采购物资或接受应税劳务等，根据增值税专用发票上记载的应计入采购成本或应计入加工、修理修配等物资成本的金额，借记"材料采购""在途物资""原材料""库存商品"或"生产成本""制造费用""委托加工物资""管理费用"等科目，根据增值税专用发票上注明的可抵扣的增值税税额，借记"应交税费——应交增值税（进项税额）"科目，按照应付或实际支付的总额，贷记"应付账款""应付票据""银行存款"等科目。购入货物发生的退货时，做相反的会计分录。

【例11-8】 采购物资和接受应税劳务时，应交增值税的账务处理

ABC公司购入原材料一批，增值税专用发票上注明货款60 000元，增值税额7 800元，货物尚未到达，货款和进项税款已用银行存款支付。ABC公司采用计划成本对原材料进行核算。ABC公司的有关的账务处理如下：

借：材料采购   60 000

应交税费——应交增值税（进项税额）   7 800

贷：银行存款   67 800

按照《中华人民共和国增值税暂行条例》的规定，企业购入免征增值税货物，一般不能够抵扣增值税销项税额。但是对于购入的免税农产品，可以按照买价和规定的扣除率计算进项税额，并准予从企业的销项税额中抵扣。企业购入免税农产品，按照买价和规定的扣除率计算进项税额，借记"应交税费——应交增值税（进项税额）"科目，按买价扣除按规定计算的进项税额后的差额，借记"材料采购""原材料""库存商品"等科目，按照应付或实际支付的价款，贷记"应付账款""银行存款"等科目。

【例11-9】 采购物资和接受应税劳务时，应交增值税的账务处理

ABC公司购入免税农产品一批，价款100 000元，规定的扣除率为9%，货物尚未到达，货款已用银行存款支付。ABC公司的有关的账务处理如下：

借：材料采购   91 000

应交税费——应交增值税（进项税额）   9 000

贷：银行存款   100 000

进项税额=购买价款×扣除率=100 000×9%=9 000（元）

企业购进固定资产所支付的不可抵扣的增值税额，应计入固定资产的成本；企业购进的货物用于非应税项目，其所支付的增值税额应计入购入货物的成本。

【例11-10】 采购物资和接受应税劳务时，应交增值税的账务处理

ABC公司购入不需要安装设备一台，价款及运输保险等费用合计300 000元，增

值税专用发票上注明的增值税额为 39 000 元，款项尚未支付。ABC 公司的有关的账务处理如下：

借：固定资产 339 000

　　贷：应付账款 339 000

本例中，企业购进固定资产所支付的增值税额 39 000 元，应计入固定资产的成本。

【例 11-11】采购物资和接受应税劳务时，应交增值税的账务处理

ABC 公司购入基建工程所用物资一批，价款及运输保险等费用合计 5 000 元，增值税专用发票上注明的增值税税额为 650 元，物资已验收入库，款项尚未支付。ABC 公司的有关的账务处理如下：

借：工程物资 5 650

　　贷：应付账款 5 650

本例中，企业购进的货物用于非应税项目所支付的增值税额 650 元，应计入购入货物的成本。

【例 11-12】采购物资和接受应税劳务时，应交增值税的账务处理

ABC 公司生产车间委托外单位修理机器设备，对方开来的专用发票上注明修理费用 10 000 元，增值税税额 1 300 元，款项已用银行存款支付。ABC 公司的有关的账务处理如下：

借：制造费用 10 000

　　应交税费——应交增值税（进项税额） 1 300

　　贷：银行存款 11 300

（2）进项税额转出。

企业购进的货物发生非常损失，以及将购进货物改变用途（如用于非应税项目、集体福利或个人消费等）时，其进项税额应通过"应交税费——应交增值税（进项税额转出）"科目转入有关科目，借记"待处理财产损溢""在建工程""应付职工薪酬"等科目，贷记"应交税费——应交增值税（进项税额转出）"科目；属于转作待处理财产损失的进项税额，应与遭受非常损失的购进货物、在产品或库存商品的成本一并处理。

购进货物改变用途通常是指购进的货物在没有经过任何加工的情况下，对内改变用途的行为，如在建工程领用原材料、企业下属医务室等福利部门领用原材料等。

【例 11-13】增值税进项税额转出的账务处理之一

ABC 公司库存材料因意外火灾毁损一批，有关增值税专用发票确认的成本为 10 000 元，增值税额为 1 300 元。ABC 公司的有关的账务处理如下：

借：待处理财产损溢——待处理流动资产损溢　　　　11 300

　　贷：原材料　　　　　　　　　　　　　　　　　　10 000

　　　　应交税费——应交增值税（进项税额转出）　　1 300

【例 11-14】增值税进项税额转出的账务处理之二

ABC 公司因火灾毁损库存商品一批，其实际成本 80 000 元，经确认损失外购材料的增值税为 10 400 元。ABC 公司的有关的账务处理如下：

借：待处理财产损溢——待处理流动资产损溢　　　　90 400

　　贷：库存商品　　　　　　　　　　　　　　　　　80 000

　　　　应交税费——应交增值税（进项税额转出）　　10 400

【例 11-15】增值税进项税额转出的账务处理之三

ABC 公司建造厂房领用生产用原材料 50 000 元，原材料购入时支付的增值税为 6 500 元。ABC 公司的有关的账务处理如下：

借：在建工程　　　　　　　　　　　　　　　　　　56 500

　　贷：原材料　　　　　　　　　　　　　　　　　　50 000

　　　　应交税费——应交增值税（进项税额转出）　　6 500

【例 11-16】增值税进项税额转出的账务处理之四

ABC 公司所属的职工医院维修领用原材料 5 000 元，其购入时支付的增值税为 650 元。ABC 公司的有关的账务处理如下：

借：应付职工薪酬——职工福利　　　　　　　　　　5 650

　　贷：原材料　　　　　　　　　　　　　　　　　　5 000

　　　　应交税费——应交增值税（进项税额转出）　　650

（3）销售物资或者提供应税劳务。

企业销售货物或者提供应税劳务，按照营业收入和应收取的增值税税额，借记"应收账款""应收票据""银行存款"等科目，按专用发票上注明的增值税税额，贷记"应交税费——应交增值税（销项税额）"科目，按照实现的营业收入，贷记"主营业务收入""其他业务收入"等科目。发生的销售退回，做相反的会计分录。

【例 11-17】销售物资或者提供应税劳务的账务处理之一

ABC 公司销售产品一批，价款 500 000 元，按规定应收取增值税额 65 000 元，提货单和增值税专用发票已交给买方，款项尚未收到。ABC 公司的有关的账务处理如下：

借：应收账款　　　　　　　　　　　　　　　　565 000

　　贷：主营业务收入　　　　　　　　　　　　　　500 000

　　　　应交税费——应交增值税（销项税额）　　　　65 000

【例 11-18】销售物资或者提供应税劳务的账务处理之二

ABC 公司为外单位代加工电脑桌 400 个，每个收取加工费 100 元，适用的增值税税率为 13%，加工完成，款项已收到并存入银行。ABC 公司的有关的账务处理如下：

借：银行存款　　　　　　　　　　　　　　　　45 200

　　贷：主营业务收入　　　　　　　　　　　　　　40 000

　　　　应交税费——应交增值税（销项税额）　　　　5 200

此外，企业将自产、委托加工或购买的货物分配给股东，应当参照企业销售物资或者提供应税劳务进行账务处理。

（4）视同销售行为。

企业的有些交易和事项从会计角度看不属于销售行为，不能确认销售收入，但是按照税法规定，应视同对外销售处理，计算应交增值税。视同销售需要交纳增值税的事项如企业将自产或委托加工的货物用于非应税项目、集体福利或个人消费，将自产、委托加工或购买的货物作为投资、分配给股东或投资者、无偿赠送他人等。在这些情况下，企业应当借记"在建工程""长期股权投资""营业外支出"等科目，贷记"应交税费——应交增值税（销项税额）"等科目。

【例 11-19】销售物资或者提供应税劳务的账务处理之三

ABC 公司将自己生产的产品用于自行建造职工俱乐部。该批产品的成本为 200 000 元，计税价格为 300 000 元，增值税税率为 13%。ABC 公司的有关的账务处理如下：

借：在建工程　　　　　　　　　　　　　　　　239 000

　　贷：库存商品　　　　　　　　　　　　　　　　200 000

　　　　应交税费——应交增值税（销项税额）　　　　39 000

企业在建工程领用自己生产的产品的销项税额 =300 000×13%=39 000（元）

（5）出口退税。

企业出口产品按规定退税的，按应收的出口退税额，借记"其他应收款"科目，贷记"应交税费——应交增值税（出口退税）"科目。

（6）交纳增值税。

企业交纳的增值税，借记"应交税费——应交增值税（已交税金）"科目，贷记"银行存款"科目。"应交税费——应交增值税"科目的贷方余额，表示企业应交纳的增值税。

【例 11-20】交纳增值税的账务处理之一

ABC 公司以银行存款交纳本月增值税 100 000 元。有关的账务处理如下：

借：应交税费——应交增值税（已交税金）   100 000

　　贷：银行存款   100 000

【例 11-21】交纳增值税的账务处理之二

ABC 公司本月发生销项税额合计 84 770 元，进项税额转出 24 578 元，进项税额 20 440 元，已交增值税 60 000 元。

ABC 公司本月"应交税费——应交增值税"科目的余额为：

84 770+24 578-20 440-60 000=28 908（元）

该金额在贷方，表示 ABC 公司尚未交纳增值税 28 908 元。

3. 小规模纳税企业的核算

小规模纳税企业应当按照不含税销售额和规定的增值税征收率计算交纳增值税，销售货物或提供应税劳务时只能开具普通发票，不能开具增值税专用发票。小规模纳税企业不享有进项税额的抵扣权，其购进货物或接受应税劳务支付的增值税直接计入有关货物或劳务的成本。因此，小规模纳税企业只需在"应交税费"科目下设置"应交增值税"明细科目，不需要在"应交增值税"明细科目中设置专栏，"应交税费——应交增值税"科目贷方登记应交纳的增值税，借方登记已交纳的增值税；期末贷方余额为尚未交纳的增值税，借方余额为多交纳的增值税。

小规模纳税企业购进货物和接受应税劳务时支付的增值税，直接计入有关货物和劳务的成本，借记"材料采购""在途物资"等科目，贷记"应交税费——应交增值税"科目。

【例 11-22】小规模纳税企业增值税的账务处理之一

某小规模纳税企业购入材料一批，取得的专用发票中注明货款 10 000 元，增值税 1 300 元，款项以银行存款支付，材料已验收入库（该企业按实际成本计价核算）。该企业的有关的账务处理如下：

借：原材料　　　　　　　　　　　　　　　　　11 300

　　贷：银行存款　　　　　　　　　　　　　　　　　11 300

本例中，小规模纳税企业购进货物时支付的增值税 11 300 元，直接计入有关货物和劳务的成本。

【例 11-23】小规模纳税企业增值税的账务处理之二

某小规模纳税企业销售产品一批，所开出的普通发票中注明的货款（含税）为 20 600 元，增值税征收率为 3%，款项已存入银行。该企业的有关的账务处理如下：

借：银行存款　　　　　　　　　　　　　　　　　20 600

　　贷：主营业务收入　　　　　　　　　　　　　　　20 000

　　　　应交税费——应交增值税　　　　　　　　　　　600

不含税销售额 = 含税销售额 ÷（1 + 征收率）= 20 600 ÷（1+3%）= 20 000（元）

应纳增值税 = 不含税销售额 × 征收率 = 20 000×3%=600（元）

该小规模纳税企业月末以银行存款上交增值税 600 元。有关账务处理如下：

借：应交税费——应交增值税　　　　　　　　　　600

　　贷：银行存款　　　　　　　　　　　　　　　　　600

此外，企业购入材料不能取得增值税专用发票的，比照小规模纳税企业进行处理，发生的增值税计入材料采购成本，借记"材料采购""在途物资"等科目，贷记"应交税费——应交增值税"科目。

11.6.2　应交消费税

消费税是指在我国境内生产、委托加工和进口应税消费品的单位和个人，按其流转额交纳的一种税。消费税有从价定率和从量定额两种征收方法。采取从价定率方法征收的消费税，以不含增值税的销售额为税基，按照税法规定的税率计算。企业的销售收入包含增值税的，应将其换算为不含增值税的销售额。采取从量定额计征的消费税，根据按税法确定的企业应税消费品的数量和单位应税消费品应缴纳的消费税计算确定。企业应在"应交税费"科目下设置"应交消费税"明细科目，核算应交消费税的发生、交纳情况。该科目贷方登记应交纳的消费税，借方登记已交纳的消费税；期末贷方余额为尚未交纳的消费税，借方余额为多交纳的消费税。

1. 销售应税消费品

企业销售应税消费品应交的消费税，应借记"税金及附加"科目，贷记"应交税费——应交消费税"科目。

【例 11-24】销售应税消费品时消费税的账务处理

ABC 公司销售所生产的化妆品，价款 2 000 000 元（不含增值税），适用的消费税税率为 30%。ABC 公司的有关的账务处理如下：

借：税金及附加 600 000

    贷：应交税费——应交消费税 600 000

       应交消费税额 =2 000 000×30%=600 000（元）

2. 自产自用应税消费品

企业将生产的应税消费品用于在建工程等非生产机构时，按规定应交纳的消费税，借记"在建工程"等科目，贷记"应交税费——应交消费税"科目。

【例 11-25】自产自用应税消费品的账务处理

ABC 公司在建工程领用自产柴油 50 000 元，应纳增值税 10 200 元，应纳消费税 6 000 元。ABC 公司的有关的账务处理如下：

借：在建工程 66 200

    贷：库存商品 50 000

       应交税费——应交增值税（销项税额） 10 200

           ——应交消费税 6 000

本例中，企业将生产的应税消费品用于在建工程等非生产机构时，按规定应交纳的消费税 6 000 元应记入"在建工程"科目。

【例 11-26】自产自用应税消费品的账务处理

ABC 公司下设的职工食堂享受企业提供的补贴，本月领用自产产品一批，该产品的账面价值为 40 000 元，市场价格为 60 000 元（不含增值税），适用的消费税税率为 10%，增值税税率为 13%。ABC 公司的有关的账务处理如下：

借：应付职工薪酬——职工福利 53 800

贷：库存商品		40 000
应交税费——应交增值税（销项税额）		7 800
——应交消费税		6 000

应记入"应付职工薪酬——职工福利"科目的金额 =40 000+60 000×13%+ 60 000×10%=53 800（元）。

3. 委托加工应税消费品

企业如有应交消费税的委托加工物资，一般应由受托方代收代交税款，受托方按照应交税款金额，借记"应收账款""银行存款"等科目，贷记"应交税费——应交消费税"科目。受托加工或翻新改制金银首饰按照规定由受托方交纳消费税。

委托加工物资收回后，直接用于销售的，应将受托方代收代交的消费税计入委托加工物资的成本，借记"委托加工物资"等科目，贷记"应付账款""银行存款"等科目；委托加工物资收回后用于连续生产的，按规定准予抵扣的，应按已由受托方代收代交的消费税，借记"应交税费——应交消费税"科目，贷记"应付账款""银行存款"等科目。

【例 11-27】委托加工应税消费品的账务处理

ABC 公司委托 A 企业代为加工一批应交消费税的材料（非金银首饰）。ABC 公司的材料成本为 1 000 000 元，加工费为 200 000 元，由 A 企业代收代交的消费税为 80 000 元（不考虑增值税）。材料已经加工完成，并由 ABC 公司收回验收入库，加工费尚未支付。ABC 公司采用实际成本法进行原材料的核算。

（1）如果 ABC 公司收回的委托加工物资用于继续生产应税消费品，ABC 公司的有关的账务处理如下：

借：委托加工物资		1 000 000
贷：原材料		1 000 000
借：委托加工物资		200 000
应交税费——应交消费税		80 000
贷：应付账款		280 000
借：原材料		1 200 000
贷：委托加工物资		1 200 000

（2）如果ABC公司收回的委托加工物资直接用于对外销售，ABC公司的有关账务处理如下：

借：委托加工物资		1 000 000
贷：原材料		1 000 000
借：委托加工物资		280 000
贷：应付账款		280 000
借：原材料		1 280 000
贷：委托加工物资		1 280 000

（3）A企业对应收取的受托加工代收代交消费税的账务处理如下：

借：应收账款		80 000
贷：应交税费——应交消费税		80 000

4. 进口应税消费品

企业进口应税物资在进口环节应交的消费税，计入该项物资的成本，借记"材料采购""固定资产"等科目，贷记"银行存款"科目。

【例11-28】进口应税消费品时，消费税的账务处理

ABC公司从国外进口一批需要交纳消费税的商品，商品价值为2 000 000元，进口环节需要交纳的消费税为400 000元（不考虑增值税），采购的商品已经验收入库，货款尚未支付，税款已经用银行存款支付。ABC公司的有关的账务处理如下：

借：库存商品		2 400 000
贷：应付账款		2 000 000
银行存款		400 000

本例中，企业进口应税物资在进口环节应交的消费税400 000元，应计入该项物资的成本。

11.6.3 其他应交税费

其他应交税费是指除上述应交税费以外的应交税费，包括应交资源税、应交城市维护建设税、应交土地增值税、应交所得税、应交房产税、应交土地使用税、应交车船使用税、应交教育费附加、应交矿产资源补偿费、应交个人所

得税等。企业应当在"应交税费"科目下设置相应的明细科目进行核算，贷方登记应交纳的有关税费，借方登记已交纳的有关税费，期末贷方余额表示尚未交纳的有关税费。

1. 应交资源税

资源税是对在我国境内开采矿产品或者生产盐的单位和个人征收的税。资源税按照应税产品的课税数量和规定的单位税额计算。开采或生产应税产品对外销售的，以销售数量为课税数量；开采或生产应税产品自用的，以自用数量为课税数量。

对外销售应税产品应交纳的资源税应记入"税金及附加"科目，借记"税金及附加"科目，贷记"应交税费——应交资源税"科目；自产自用应税产品应交纳的资源税应记入"生产成本""制造费用"等科目，借记"生产成本""制造费用"等科目，贷记"应交税费——应交资源税"科目。

【例 11-29】应交资源税的账务处理之一

ABC 公司对外销售某种资源税应税矿产品 2 000 吨，每吨应交资源税 5 元。ABC 公司的有关的账务处理如下：

借：税金及附加 10 000

　　贷：应交税费——应交资源税 10 000

企业对外销售应税产品而应交的资源税 =2 000×5=10 000（元）

【例 11-30】应交资源税的账务处理之二

ABC 公司将自产的资源税应税矿产品 500 吨用于本企业的产品生产，每吨应交资源税 5 元。ABC 公司的有关的账务处理如下：

借：生产成本 2 500

　　贷：应交税费——应交资源税 2 500

企业自产自用应税矿产品而应交纳的资源税 =500×5=2 500（元）

2. 应交城市维护建设税

城市维护建设税是以增值税、消费税为计税依据征收的一种税。其纳税人为交纳增值税、消费税的单位和个人，税率因纳税人所在地不同从 1% 至 7% 不等。公式为：

应纳税额 =（应交增值税 + 应交消费税）× 适用税率

企业应交的城市维护建设税，借记"税金及附加"等科目，贷记"应交税费——应交城市维护建设税"科目。

【例 11-31】应交城市维护建设税的账务处理

ABC 公司本期实际应上交增值税 400 000 元，消费税 400 000 元。ABC 公司适用的城市维护建设税税率为 7%。ABC 公司的有关账务处理如下：

（1）计算应交的城市维护建设税：

借：税金及附加   56 000

  贷：应交税费——应交城市维护建设税   56 000

应交的城市维护建设税 =（400 000+400 000）×7%=56 000（元）

（2）用银行存款上交城市维护建设税时：

借：应交税费——应交城市维护建设税   56 000

  贷：银行存款   56 000

3. 应交教育费附加

教育费附加是为了发展教育事业而向企业征收的附加费用，企业按应交流转税的一定比例计算交纳。企业应交的教育费附加，借记"税金及附加"等科目，贷记"应交税费——应交教育费附加"科目。

【例 11-32】应交教育费附加的账务处理

ABC 公司按税法规定计算，2×19 年度第 1 季度应交纳教育费附加 300 000 元。款项已经用银行存款支付。ABC 公司的有关账务处理如下：

借：税金及附加   300 000

  贷：应交税费——应交教育费附加   300 000

借：应交税费——应交教育费附加   300 000

  贷：银行存款   300 000

4. 应交土地增值税

土地增值税是指在我国境内有偿转让土地使用权及地上建筑物和其他附着物产权的单位和个人就其土地增值额被征收的一种税。土地增值额是指转让收入减去规定扣除项目金额后的余额。转让收入包括货币收入、实物收入和其他收入。扣除项目主要包括取得土地使用权所支付的金额、开发土地的费用、新建及配套设施的成本、旧房及建筑物的评估价格等。

企业应交的土地增值税视情况记入不同科目：企业转让的土地使用权连同

地上建筑物及其附着物一并在"固定资产"等科目核算的，转让时应交的土地增值税，借记"固定资产清理"科目，贷记"应交税费——应交土地增值税"科目；土地使用权在"无形资产"科目核算的，按实际收到的金额，借记"银行存款"科目，按应交的土地增值税，贷记"应交税费——应交土地增值税"科目，同时冲销土地使用权的账面价值，贷记"无形资产"科目，按其差额，借记"营业外支出"科目或贷记"营业外收入"科目。

【例 11-33】应交土地增值税的账务处理

ABC 公司对外转让一炼厂房，根据税法规定计算的应交土地增值税为 27 000 元。有关账务处理如下：

（1）计算应纳的土地增值税：

借：固定资产清理　　　　　　　　　　　　　　　　　27 000

　　贷：应交税费——应交土地增值税　　　　　　　　　　　27 000

（2）ABC 公司用银行存款交纳应交土地增值税税款：

借：应交税费——应交土地增值税　　　　　　　　　　27 000

　　贷：银行存款　　　　　　　　　　　　　　　　　　　27 000

5. 应交房产税、土地使用税、车船使用税和矿产资源补偿费

房产税是国家对在城市、县城、建制具和工矿区征收的由产权所有人交纳的一种税。房产税依照房产原值一次减除 10% 至 30% 后的余额计算交纳。没有房产原值作为依据的，由房产所在地税务机关参考同类房产核定；房产出租的，以房产租金收入为房产税的计税依据。

土地使用税是国家为了合理利用城镇土地，调节土地级差收入，提高土地使用效益，加强土地管理而开征的一种税，以纳税人实际占用的土地面积为计税依据，依照规定税额计算征收。

车船使用税由拥有并且使用车船的单位和个人交纳。车船使用税按照适用税额计算交纳。

矿产资源补偿费是对在我国领域和管辖海域开采矿产资源而征收的费用。矿产资源补偿费按照矿产品销售收入的一定比例计征，由采矿人交纳。

企业应交的房产税、土地使用税、车船使用税、矿产资源补偿费，记入"管理费用"科目，借记"管理费用"科目，贷记"应交税费——应交房产税（或应交土地使用税、应交车船使用税、应交矿产资源补偿费）"科目。

6.应交个人所得税

企业按规定计算的代扣代交的职工个人所得税，借记"应付职工薪酬"科目，贷记"应交税费——应交个人所得税"科目；企业交纳个人所得税时，借记"应交税费——应交个人所得税"科目；贷记"银行存款"等科目。

【例11-34】应交个人所得税的账务处理

ABC公司结算本月应付职工工资总额200 000元,代扣职工个人所得税共计2 000元,实发工资198 000元。ABC公司与应交个人所得税有关的会计分录如下：

借：应付职工薪酬——工资　　　　　　　　　　　　　　　　2 000

　　贷：应交税费——应交个人所得税　　　　　　　　　　　　　　2 000

本例中，企业按规定计算的代扣代交的职工个人所得税2 000元，应记入"应付职工薪酬"科目。

11.7　长期借款的账务处理

长期借款是企业向银行或其他金融机构借入的偿还期在1年以上（不含1年）的各种借款。长期借款一般用于固定资产的购建、改扩建工程、大修理工程以及流动资产的正常需要等方面，是企业的一项长期负债。长期借款关系到企业未来的生产经营规模和经济效益，使用合理可以使企业扩大经营规模和范围，增强生产能力，增强获利能力；但如果决策失误，借款项目未能达到预期的目标，会使企业陷入困境，到期无力偿还本息，因此，必须强化管理。企业贷款时须办理如下手续：首先，向银行或金融机构提出借款申请，说明借款的种类、用途、金额、还款计划等；然后，银行或金融机构对借款人的资格进行审查，对投资项目的前景进行分析调查，决定贷款与否和贷款数额。如果银行或金融机构同意贷款，要与企业签订借款合同并发放贷款，企业必须按规定的用途使用借款，按期还本付息。

11.7.1　长期借款的科目设置

长期借款的账务处理应设置"长期借款"科目，长期借款的借入、应计利息、汇兑损益和偿还本息等业务的账务处理都通过该科目进行。该科目贷方登记借入长期借款的本金、利息和汇兑损失；借方登记长期借款的汇兑收益和归还的本息；贷方余额反映尚未偿还的长期借款的本息。该科目按借款单位和种类设置明细科目，进行明细分类核算。

11.7.2　借款费用的处理

对于长期借款产生的借款费用，我国的《企业会计准则》规定了以下不同的处理方法。

（1）为购建或者生产符合资本化条件的资产而借入专门借款的，应当以专门借款当期实际发生的利息费用，减去将尚未动用的借款资金存入银行取得的利息收入或者进行暂时性投资取得的投资收益后的金额，确定为专门借款利息费用的资本化金额，并应当在资本化期间内，将其计入符合资本化条件的资产成本。企业借款购建或者生产的存货中，符合借款费用资本化条件的，应当将符合资本化条件的借款费用予以资本化。

（2）为购建或者生产符合资本化条件的资产而占用了一般借款的，企业应当根据累计资产支出超过专门借款部分的资产支出加权平均数乘以所占用一般借款的资本化率，计算确定一般借款应予资本化的利息金额。资本化率应当根据一般借款加权平均利率计算确定。

（3）安排专门借款发生的辅助费用（手续费等）：专门借款发生的辅助费用，在所购建或者生产的符合资本化条件的资产达到预定可使用或者可销售状态之前，应当在发生时根据其发生额予以资本化，计入符合资本化条件的资产的成本；在所购建或者生产的符合资本化条件的资产达到预定可使用或者可销售状态之后，应当在发生时根据其发生额确认为费用，计入当期损益。上述资本化或计入当期损益的辅助费用的发生额，是指根据《企业会计准则第22号——金融工具确认和计量》的规定，按照实际利率法所确定的金融负债交易费用对每期利息费用的调整额。借款实际利率与合同利率差异较小的，也可以采用合同利率计算确定利息费用。一般借款发生的辅助费用，也应当按照上述原则确定其发生额并进行处理。

（4）其他借款费用，应当在发生时根据其发生额确认为费用，计入当期损益。

11.7.3　账务处理

1. 取得长期借款

企业取得长期借款并存入银行时，借记"银行存款"科目，贷记"长期借款"科目；如果用借款直接购置了固定资产或用于在建工程项目，则应借记"固定资产"或"在建工程"科目，贷记"长期借款"科目。

2. 计算长期借款利息

长期借款所发生的利息支出，应按权责发生制原则按期预提，计入在建工程的成本或计入当期损益，通过"在建工程"或"财务费用"科目进行核算。如果长期借款用于购建、改扩建固定资产的，利息的处理方法应以固定资产达到预定可使用状态为界限，在此之前发生的利息支出，应计入所购建、改扩建固定资产的价值中；在此之后发生的利息支出，应计入当期损益，即记入"财务费用"科目。如果长期借款是用于正常经营所需流动资金的，应将其发生的利息支出计入当期损益。

3. 归还长期借款

归还长期借款的本金和利息时，借记"长期借款"科目，贷记"银行存款"科目。

第 **12** 章
管好企业的家底——所有者权益类业务的账务处理

本章概览

所有者权益是企业生产经营的"家底"，来源于所有者投入的资本、直接计入所有者权益的利得和损失、留存收益等。直接计入所有者权益的利得和损失，是指不应计入当期损益、会导致所有者权益发生增减变动的、与所有者投入资本或者向所有者分配利润无关的利得或者损失。

所有者权益可分为实收资本（或股本）、资本公积、盈余公积和未分配利润等部分。其中，盈余公积和未分配利润统称为留存收益。本章主要介绍实收资本、资本公积、留存收益的概念和核算方法。

通过本章的学习，我们主要解决以下问题：

（1）什么是实收资本，如何进行账务处理？

（2）什么是资本公积，如何进行账务处理？

（3）什么是盈余公积，如何进行账务处理？

（4）利润是怎样形成的？利润计算、分配中如何进行账务处理？

12.1　所有者权益概述

所有者权益是指企业投资者对企业净资产的所有权，包括企业投资者对企业的投入资本以及形成的资本公积、盈余公积和未分配利润等。在资产负债表上，作为所有者权益列示的金额，是指全部资产扣除全部负债后的余额。正因为如此，有人说所有者权益是个平衡数。股份有限公司的所有者权益又称为股东权益。

12.1.1 所有者权益的含义

《企业会计准则——基本准则》第26条规定："所有者权益是指企业资产扣除负债后由所有者享有的剩余权益。公司的所有者权益又称为股东权益"。《企业会计准则——基本准则》第27条规定："所有者权益的来源包括所有者投入的资本、直接计入所有者权益的利得和损失、留存收益等"。

12.1.2 所有者权益和负债的联系和区别

所有者权益和负债同属"权益"。"权益"是指对企业资产的求偿权。它包括投资人的求偿权和债权人的求偿权两种。但二者又有区别，主要表现在以下几个方面。

1. 性质不同

表现为负债是债权人对企业资产的求偿权，是债权人的权益，债权人与企业只有债权债务关系，到期可以收回本息；而所有者权益则是企业所有者对企业净资产的求偿权，包括所有者对企业投入的资本以及其对投入资本的运作所产生的盈余的要求权，没有明确的偿还期限。

2. 偿还责任不同

表现为企业的负债要求企业按规定的时间和利率支付利息，到期偿还本金；而所有者权益则与企业共存亡，在企业经营期内无需偿还。国有企业按照国家规定分配收益，股份制企业按照董事会的决定支付股利，其他企业按照企业最高层管理机构的决定分配利润。

3. 享受的权利不同

债权人通常只有享受收回本金和按事先约定的利息率收回利息的权利，既没有参与企业经营管理的权利，也没有参与企业收益分配的权利；而企业的所有者通常既具有参与企业管理的权利，也具有参与收益分配的权利。企业的所有者不仅享有法定的自己管理企业的权利，而且还享有委托他人管理企业的权利。

4. 计量特性不同

负债通常可以单独直接地进行计量，而所有者权益除了投资者投资时以外，一般不能直接计量，而是通过资产和负债的计量来进行间接的计量。

5. 风险和收益的大小不同

负债由于具有明确的偿还期限和约定的收益率，而且一旦到期就可以收回本金与相应的利息，其风险较小。因为债权人承担的风险小，债权人所获得的收益一般也要小些。而所有者的投入资本，一旦投入被投资企业，一般情况下，无论企业未来经营的状况如何，所有者都不能收回投资，因而承担的风险较大，相应地也就有可能获得较高的收益，当然，也有可能要承担更大的损失。

12.2　实收资本的账务处理

我国有关法律规定，投资者设立企业首先必须投入资本。《中华人民共和国企业法人登记管理条例》规定，企业申请开业，必须具备国家规定的与其生产经营和服务规模相适应的资金。为了反映和监督投资者投入资本的增减变动情况，企业必须按照国家统一的会计制度的规定进行实收资本的核算，真实地反映所有者投入企业资本的状况，维护所有者各方在企业的权益。除股份有限公司以外，其他各类企业应通过"实收资本"科目核算，股份有限公司应通过"股本"科目核算。

企业收到所有者投入企业的资本后，应根据有关原始凭证（如投资清单、银行通知单等），分别以如下不同的出资方式进行账务处理。

12.2.1　接受现金资产投资

1. 股份有限公司以外的企业接受现金资产投资

实收资本的构成比例即投资者的出资比例或股东的股份比例，是确定所有者在企业所有者权益中所占的份额和参与企业财务经营决策的基础，也是企业进行利润分配或股利分配的依据，同时还是企业清算时确定所有者对净资产的要求权的依据。

【例 12-1】接受现金资产投资的账务处理

甲、乙、丙共同投资设立 A 有限责任公司，注册资本为 2 000 000 元，甲、乙、丙持股比例分别为 60%、25% 和 15%。按照章程规定，甲、乙、丙投入资本分别为 1 200 000 元、500 000 元和 300 000 元。A 有限责任公司已如期收到各投资者一次缴足的款项。A 有限责任公司应进行如下账务处理：

借：银行存款   2 000 000

  贷：实收资本——甲   1 200 000

      ——乙   500 000

      ——丙   300 000

2. 股份有限公司接受现金资产投资

股份有限公司发行股票时，既可以按面值发行股票，也可以溢价发行（我国目前不准许折价发行）。股份有限公司在核定的股本总额及核定的股份总额的范围内发行股票时，应在实际收到现金资产时进行账务处理。

【例 12-2】股份有限公司接受现金资产投资的账务处理

利兴股份有限公司发行普通股 10 000 000 股，每股面值 1 元，每股发行价格 5 元。假定股票发行成功，股款 50 000 000 元已全部收到，不考虑发行过程中的税费等因素。根据上述资料，利兴股份有限公司应做如下账务处理：

应记入"资本公积"科目的金额 =50 000 000-10 000 000=40 000 000（元）

进行如下账务处理：

借：银行存款   50 000 000

  贷：股本   10 000 000

    资本公积——股本溢价   40 000 000

本例中，利兴股份有限公司发行股票实际收到的款项为 50 000 000 元，应借记"银行存款"科目；实际发行的股票面值为 10 000 000 元，应贷记"股本"科目，按其差额，贷记"资本公积——股本溢价"科目。

12.2.2 接受非现金资产投资

《中华人民共和国公司法》（以下简称"《公司法》"）规定，股东可以用货币出资，也可以用实物、知识产权、土地使用权等可以用货币估价并可以依法转让的非货币财产作价出资；但是，法律、行政法规规定不得作为出资的财产除外。对作为出资的非货币财产应当评估作价，核实财产，不得高估或者低估作价。法律、行政法规对评估作价有规定的，从其规定。全体股东的货币出资金额不得低于有限责任公司注册资本的 30%。不论以何种方式出资，投资者如在投资过程中违反投资合约，不按规定如期缴足出资额，企业可以依法追究投资者的违约责任。

企业接受非现金资产投资时，应按投资合同或协议约定价值确定非现金资产价值（但投资合同或协议约定价值不公允的除外）和在注册资本中应享有的份额。

1. 接受投入固定资产

企业接受投资者作价投入的房屋、建筑物、机器设备等固定资产，应按投资合同或协议约定价值确定固定资产价值（但投资合同或协议约定价值不公允的除外）和在注册资本中应享有的份额。

【例 12-3】接受投入固定资产的账务处理

雷顿有限责任公司于设立时收到 A 公司作为资本投入的不需要安装的机器设备一台，合同约定该机器设备的价值为 2 000 000 元，增值税进项税额为 260 000 元（假设不允许抵扣）。合同约定的固定资产价值与公允价值相符，不考虑其他因素，雷顿有限责任公司应进行如下账务处理：

借：固定资产 　　　　　　　　　　　　　　　　　2 260 000
　　贷：实收资本——A 公司 　　　　　　　　　　　　　　2 260 000

本例中，该项固定资产合同约定的价值与公允价值相符，并且雷顿有限责任公司接受的固定资产投资产生的相关增值税进项税额不允许抵扣，因此，固定资产应按合同约定价值与增值税进项税额的合计金额 2 260 000 元入账。雷顿有限责任公司接受 A 公司投入的固定资产按合同约定全额作为实收资本，因此，可按 2 260 000 元的金额贷记"实收资本"科目。

2. 接受投入材料物资

企业接受投资者作价投入的材料物资，应按投资合同或协议约定价值确定材料物资价值（但投资合同或协议约定价值不公允的除外）和在注册资本中应享有的份额。

【例 12-4】接受投入材料物资的账务处理

雷顿有限责任公司于设立时收到 B 公司作为资本投入的原材料一批，该批原材料投资合同或协议约定价值（不含可抵扣的增值税进项税额部分）为 100 000 元，增值税进项税额为 13 000 元。B 公司已开具了增值税专用发票。

假设合同约定的价值与公允价值相符，该进项税额允许抵扣，不考虑其他因素，雷顿有限责任公司应进行如下账务处理：

借：原材料   100 000

      应交税费——应交增值税（进项税额）   13 000

    贷：实收资本——B 公司   113 000

本例中，原材料的合同约定价值与公允价值相符，因此，可按照 100 000 元的金额借记"原材料"科目；同时，该进项税额允许抵扣，因此，增值税专用发票上注明的增值税税额 13 000 元，应借记"应交税费——应交增值税（进项税额）"科目。雷顿有限责任公司接受的 B 公司投入的原材料按合同约定全额作为实收资本，因此可按 113 000 元的金额贷记"实收资本"科目。

3. 接受投入无形资产

企业收到以无形资产方式投入的资本，应按投资合同或协议约定价值确定无形资产价值（但投资合同或协议约定价值不公允的除外）和在注册资本中应享有的份额。

【例 12-5】接受投入无形资产的账务处理

雷顿有限责任公司于设立时收到 A 公司作为资本投入的非专利技术一项，该非专利技术投资合同约定价值为 60 000 元，同时收到 B 公司作为资本投入的土地使用权一项，投资合同约定价值为 80 000 元。假设雷顿有限责任公司接受该非专利技术和土地使用权符合国家注册资本管理的有关规定，可按合同约定作实收资本入账，合同约定的价值与公允价值相符，不考虑其他因素。雷顿有限责任公司应进行账务处理如下：

借：无形资产——非专利技术   60 000

           ——土地使用权   80 000

    贷：实收资本——A 公司   60 000

           ——B 公司   80 000

本例中，非专利技术与土地使用权的合同约定价值与公允价值相符，因此，可分别按照 60 000 元和 80 000 元的金额借记"无形资产"科目。A 公司、B 公司分别投入的非专利技术和土地使用权按合同约定全额作为实收资本，因此可分别按 60 000 元和 80 000 元的金额贷记"实收资本"科目。

12.2.3　实收资本（或股本）的增减变动

一般情况下，企业的实收资本应相对固定不变，但在某些特定情况下，实收资本也可能发生增减变化。《中华人民共和国企业法人登记管理条例》中规定，除国家另有规定外，企业的注册资金应当与实收资本相一致，当实收资本比原注册资金增加或减少的幅度超过 20% 时，应持资金信用证明或者验资证明，向原登记主管机关申请变更登记。如擅自改变注册资本或抽逃资金，要受到工商行政管理部门的处罚。

1. 实收资本（或股本）的增加

一般企业增加资本主要有三个途径：接受投资者追加投资、资本公积转增资本和盈余公积转增资本。

需要注意的是，由于资本公积和盈余公积均属于所有者权益，用其转增资本时，如果是独资企业比较简单，直接结转即可。如果是股份公司或有限责任公司，应该按照原投资者出资比例相应增加各投资者的出资额。

【例 12-6】实收资本变动的账务处理

甲、乙、丙三人共同投资设立 A 有限责任公司，原注册资本为 4 000 000 元，甲、乙、丙分别出资 500 000 元、2 000 000 元和 1 500 000 元。

（1）为扩大经营规模，经批准，A 有限责任公司注册资本扩大为 5 000 000 元，甲、乙、丙按照原出资比例分别追加投资 125 000 元、500 000 元和 375 000 元。A 有限责任公司如期收到甲、乙、丙追加的现金投资。A 有限责任公司应编制的会计分录如下：

借：银行存款　　　　　　　　　　　　　　　1 000 000
　　贷：实收资本——甲　　　　　　　　　　　　125 000
　　　　　　——乙　　　　　　　　　　　　500 000
　　　　　　——丙　　　　　　　　　　　　375 000

本例中，甲、乙、丙按原出资比例追加实收资本，因此，A 有限责任公司应分别按照 125 000 元、500 000 元和 375 000 元的金额贷记"实收资本"科目中甲、乙、丙明细分类账。

（2）因扩大经营规模需要，经批准，A 有限责任公司按原出资比例将资本公积 1 000 000 元转增资本。A 有限责任公司应编制的会计分录如下：

借：资本公积　　　　　　　　　　　　　　　1 000 000
　　贷：实收资本——甲　　　　　　　　　　　　125 000

——乙		500 000
——丙		375 000

本例中，资本公积 1 000 000 元按原出资比例转增实收资本，因此，A 有限责任公司应分别按照 125 000 元、500 000 元和 375 000 元的金额贷记"实收资本"科目中甲、乙、丙明细分类账。

（3）因扩大经营规模需要，经批准，A 有限责任公司按原出资比例将盈余公积 1 000 000 元转增资本。A 有限责任公司会计分录如下：

借：盈余公积   1 000 000

 贷：实收资本——甲   125 000

     ——乙   500 000

     ——丙   375 000

本例中，盈余公积 1 000 000 元按原出资比例转增实收资本，因此，A 有限责任公司应分别按照 125 000 元、500 000 元和 375 000 元的金额贷记"实收资本"科目中甲、乙、丙明细分类账。

2. 实收资本（或股本）的减少

企业减少实收资本应按法定程序报经批准，股份有限公司采用收购本公司股票方式减资的，按股票面值和注销股数计算的股票面值总额冲减股本，投注销库存股的账面余额与所冲减股本的差额冲减股本溢价，股本溢价不足冲减的，再冲减盈余公积直至未分配利润。如果购回股票支付的价款低于面值总额，所注销库存股的账面余额与所冲减股本的差额作为增加股本溢价处理。

【例 12-7】接受投入无形资产的账务处理

A 公司 2×17 年 12 月 31 日的股本为 100 000 000 股，面值为 1 元，资本公积（股本溢价）30 000 000 元，盈余公积 40 000 000 元。经股东大会批准，A 公司以现金回购本公司股票 20 000 000 股并注销。

（1）假定 A 公司按每股 2 元回购股票，不考虑其他因素，A 公司的账务处理如下：

①回购本公司股票时：

借：库存股   40 000 000

 贷：银行存款   40 000 000

库存股成本 = 20 000 000 × 2 = 40 000 000（元）

②注销本公司股票时：

借：股本　　　　　　　　　　　　　　　　　　　20 000 000

　　资本公积——股本溢价　　　　　　　　　　　20 000 000

　　贷：库存股　　　　　　　　　　　　　　　　　40 000 000

应冲减的资本公积 =20 000 000×2-20 000 000×1=20 000 000（元）

（2）假定 A 公司按每股 3 元回购股票，其他条件不变，A 公司的账务处理如下：

①回购本公司股票时：

借：库存股　　　　　　　　　　　　　　　　　　60 000 000

　　贷：银行存款　　　　　　　　　　　　　　　　60 000 000

库存股成本 =20 000 000×3=60 000 000（元）

②注销本公司股票时：

借：股本　　　　　　　　　　　　　　　　　　　20 000 000

　　资本公积——股本溢价　　　　　　　　　　　30 000 000

　　盈余公积　　　　　　　　　　　　　　　　　10 000 000

　　贷：库存股　　　　　　　　　　　　　　　　　60 000 000

应冲减的资本公积 =20 000 000×3-20 000 000×1=40 000 000（元）

由于应冲减的资本公积大于公司现有的资本公积，所以只能冲减资本公积 30 000 000 元，剩余的 10 000 000 元应冲减盈余公积。

（3）假定 A 公司按每股 0.9 元回购股票，其他条件不变，A 公司的账务处理如下：

①回购本公司股票时：

借：库存股　　　　　　　　　　　　　　　　　　18 000 000

　　贷：银行存款　　　　　　　　　　　　　　　　18 000 000

库存股成本 =20 000 000×0.9=18 000 000（元）

②注销本公司股票时：

借：股本　　　　　　　　　　　　　　　　　　　20 000 000

　　贷：库存股　　　　　　　　　　　　　　　　　18 000 000

　　　　资本公积——股本溢价　　　　　　　　　　2 000 000

应增加的资本公积 =20 000 000×1-20 000 000×0.9=2 000 000（元）

由于折价回购，股本与库存股成本的差额 2 000 000 元应作为增加资本公积处理。

12.3 资本公积

资本公积是企业收到投资者的超出其在企业注册资本（或股本）中所占份额的投资，以及直接计入所有者权益的利得和损失等。资本公积包括资本溢价（或股本溢价）和直接计入所有者权益的利得和损失等。

资本溢价（或股本溢价），是企业收到投资者的超出其在企业注册资本（或股本）中所占份额的投资。形成资本溢价（或股本溢价）的原因有溢价发行股票、投资者超额缴入资本等。

直接计入所有者权益的利得和损失是指不应计入当期损益、会导致所有者权益发生增减变动的、与所有者投入资本或者向所有者分配利润无关的利得或者损失。

资本公积的核算包括资本溢价（或股本溢价）的核算、其他资本公积的核算和资本公积转增资本的核算等内容。

12.3.1 资本溢价（或股本溢价）的核算

1. 资本溢价

除股份有限公司外的其他类型的企业，在企业创立时，投资者认缴的出资额与注册资本一致，一般不会产生资本溢价。但在企业重组或有新的投资者加入时，常常会出现资本溢价。因为在企业进行正常生产经营后，其资本利润率通常要高于企业初创阶段。另外，企业有内部积累，新投资者加入企业后，对这些积累也要分享，所以新加入的投资者往往要付出大于原投资者的出资额，才能取得与原投资者相同的出资比例。投资者多缴的部分就形成了资本溢价。

【例 12-8】产生资本溢价时的账务处理

A 有限责任公司由两位投资者投资 200 000 元设立，每人各出资 100 000 元。一年后，为扩大经营规模，经批准，A 有限责任公司注册资本增加到 300 000 元，并引入第三位投资者加入。按照投资协议，新投资者需缴入现金 110 000 元，同时享有该公司三分之一的股份。A 有限责任公司已收到该现金投资。假定不考虑其他因素，A 有限责任公司的会计分录如下：

借：银行存款　　　　　　　　　　　　　　　　　　　　110 000

　　贷：实收资本　　　　　　　　　　　　　　　　　　100 000

　　　　资本公积——资本溢价　　　　　　　　　　　　　10 000

本例中，A 有限责任公司收到第三位投资者的现金投资 110 000 元中，100 000 元属于第三位投资者在注册资本中所享有的份额，应记入"实收资本"科目，10 000 元属于资本溢价，应记入"资本公积——资本溢价"科目。

2. 股本溢价

股份有限公司是以发行股票的方式筹集股本的，股票可按面值发行，也可按溢价发行，我国目前不准折价发行。与其他类型的企业不同，股份有限公司在成立时可能会溢价发行股票，因而在成立之初，就可能会产生股本溢价。股本溢价的数额等于股份有限公司发行股票时实际收到的款额超过股票面值总额的部分。

在按面值发行股票的情况下，企业发行股票取得的收入，应全部作为股本处理；在溢价发行股票的情况下，企业发行股票取得的收入，等于股票面值部分作为股本处理，超出股票面值的溢价收入应作为股本溢价处理。

发行股票相关的手续费、佣金等交易费用，如果是溢价发行股票的，应从溢价中抵扣，冲减资本公积（股本溢价）；无溢价发行股票或溢价金额不足以抵扣的，应将不足抵扣的部分冲减盈余公积和未分配利润。

【例 12-9】产生股本溢价时的账务处理

B 股份有限公司首次公开发行了普遍股 50 000 000 股，每股面值 1 元，每股发行价格为 4 元。B 股份有限公司以银行存款支付发行手续费、咨询费等费用共计 6 000 000 元。假定发行收入已全部收到，发行费用已全部支付，不考虑其他因素，B 股份有限公司的账务处理如下：

（1）收到发行收入时：

借：银行存款　　　　　　　　　　　　　　　　200 000 000

　　贷：股本　　　　　　　　　　　　　　　　　50 000 000

　　　　资本公积——股本溢价　　　　　　　　　150 000 000

应增加的资本公积 =50 000 000×（4-1）=150 000 000（元）

本例中，B 股份有限公司溢价发行普通股，发行收入中等于股票面值的部分 50 000 000 元应记入"股本"科目，发行收入超出股票面值的部分 150 000 000 元应记入"资本公积——股本溢价"科目。

（2）支付发行费用时：

借：资本公积——股本溢价　　　　　　　　　　6 000 000

　　　　　　贷：银行存款　　　　　　　　　　　　　　　　　　　6 000 000

　　本例中，B股份有限公司的股本溢价150 000 000元高于发行中发生的交易费用6 000 000元，因此，交易费用可从股本溢价中扣除，作为冲减资本公积处理。

12.3.2　其他资本公积的核算

　　其他资本公积是指除资本溢价（或股本溢价）项目以外所形成的资本公积、其中主要是直接计入所有者权益的利得和损失。本书以因被投资单位所有者权益的其他变动产生的利得或损失为例，介绍相关的其他资本公积的核算。

　　企业对某被投资单位的长期股权投资采用权益法核算的，在持股比例不变的情况下，对因被投资单位除净损益以外的所有者权益的其他变动，如果是利得，则应按持股比例计算其应享有被投资企业所有者权益的增加数额；如果是损失，则做相反的分录。在处置长期股权投资时，应转销与该笔投资相关的其他资本公积。

　　【例12-10】其他资本公积的账务处理

　　C有限责任公司于2×18年1月1日向F公司投资8 000 000元。拥有该公司20%的股份，并对该公司有重大影响，因而对F公司长期股权投资采用权益法核算。2×18年12月31日，F公司净损益之外的所有者权益增加了1 000 000元。假定除此以外，F公司的所有者权益没有变化，C有限责任公司的持股比例没有变化，F公司资产的账面价值与公允价值一致，不考虑其他因素。C有限责任公司的会计分录如下：

　　　　借：长期股权投资——F公司　　　　　　　　　　　　　　200 000

　　　　　　贷：资本公积——其他资本公积　　　　　　　　　　　200 000

　　C有限责任公司增加的资本公积=1 000 000×20%=200 000（元）。

　　本例中，C有限责任公司对F公司的长期股权投资采用权益法核算，持股比例未发生变化，F公司发生了除净损益之外的所有者权益的其他变动，C有限责任公司应按其持股比例计算应享有的F公司权益的数额200 000元，作为增加其他资本公积处理。

12.3.3　资本公积转增资本的核算

　　经股东大会或类似机构决议，用资本公积转增资本时，应冲减资本公积，同时按照转增前的实收资本（或股本）的结构或比例，将转增的金额记入"实收资本"（或"股本"）科目下各所有者的明细科目。

12.4　留存收益

留存收益包括盈余公积和未分配利润两个部分。

12.4.1　利润分配

利润分配是指企业根据国家有关规定和企业章程、投资者协议等，对企业当年可供分配的利润所进行的分配。

可供分配的利润 = 当年实现的净利润 + 年初未分配利润（或 – 年初未弥补亏损）+ 其他转入利润

分配的顺序依次是：

（1）提取法定盈余公积；

（2）提取任意盈余公积；

（3）向投资者分配利润。

未分配利润是经过弥补亏损、提取法定盈余公积、提取任意盈余公积和向投资者分配利润等利润分配之后剩余的利润，它是企业留待以后年度进行分配的历年结存的利润。相对于所有者权益的其他部分来说，企业对于未分配利润的使用有较大的自主权。

企业应通过"利润分配"科目，核算企业利润的分配（或亏损的弥补）和历年分配（或弥补）后的未分配利润（或未弥补亏损）。该科目应分别"提取法定盈余公积""提取任意盈余公积""应付现金股利或利润""盈余公积补亏""本分配利润"等进行明细核算。企业未分配利润通过"利润分配——未分配利润"明细科目进行核算。

年度终了，企业应将全年实现的净利润或发生的净亏损，自"本年利润"科目转入"利润分配——未分配利润"科目，并将"利润分配"科目所属其他明细科目的余额，转入"未分配利润"明细科目。结转后，"利润分配——未分配利润"科目如为贷方余额，表示累积未分配的利润数额；如为借方余额，则表示累积未弥补的亏损数额。

【例 12-11】资本公积转增资本的账务处理

D 股份有限公司年初未分配利润为 0，本年实现净利润 2 000 000 元，本年提取法定盈余公积 200 000 元，宣告发放现金股利 800 000 元。假定不考虑其他因素，D 股份有限公司的账务处理如下：

（1）结转本年利润时：

借：本年利润   2 000 000

  贷：利润分配——未分配利润   2 000 000

如企业当年发生亏损，则应借记"利润分配——未分配利润"科目，贷记"本年利润"科目。

（2）提取法定盈余公积、宣告发放现金股利时：

借：利润分配——提取法定盈余公积   200 000

     ——应付现金股利   800 000

  贷：盈余公积   200 000

    应付股利   800 000

同时，

借：利润分配——未分配利润   1 000 000

  贷：利润分配——提取法定盈余公积   200 000

     ——应付现金股利   800 000

结转后，如果"未分配利润"明细科目的余额在贷方，表示累计未分配的利润；如果余额在借方，则表示累积未弥补的亏损。本例中，"利润分配——未分配利润"明细科目的余额在贷方，此贷方余额100 000（本年利润200 000-提取法定盈余公积200 000-支付现金股利800 000）元即为D股份有限公司本年年末的累计未分配利润。

12.4.2　盈余公积

盈余公积是指企业按规定从净利润中提取的企业积累资金。公司制企业的盈余公积包括法定盈余公积和任意盈余公积。

按照《公司法》有关规定，公司制企业应当按照净利润（减弥补以前年度亏损，下同）的10%提取法定盈余公积。非公司制企业法定盈余公积的提取比例可超过净利润的10%。法定盈余公积累计额已达注册资本的50%时可以不再提取。值得注意的是，在计算提取法定盈余公积的基数时，不应包括企业年初未分配利润。

公司制企业可根据股东大会的决议提取任意盈余公积。非公司制企业经类似权力机构批准，也可提取任意盈余公积。法定盈余公积和任意盈余公积的区别在于其各自计提的依据不同，前者以国家的法律法规为依据；后者由企业的权力机构自行决定。

企业提取的盈余公积经批准可用于弥补亏损、转增资本、发放现金股利或利润等。

【例 12-12】 提取盈余公积的账务处理

E 股份有限公司本年实现净利润为 5 000 000 元，年初未分配利润为 0。经股东大会批准，E 股份有限公司按当年净利润的 10% 提取法定盈余公积。假定不考虑其他因素，E 股份有限公司的会计分录如下：

借：利润分配——提取法定盈余公积　　　　　　　　　500 000

　　贷：盈余公积——法定盈余公积　　　　　　　　　　　　500 000

本年提取盈余公积金额 = 5 000 000×10% = 500 000（元）

【例 12-13】 盈余公积补亏的账务处理

经股东大会批准，F 股份有限公司用以前年度提取的盈余公积弥补当年亏损，当年弥补亏损的数额为 600 000 元。假定不考虑其他因素，F 股份有限公司的会计分录如下：

借：盈余公积　　　　　　　　　　　　　　　　　　600 000

　　贷：利润分配——盈余公积补亏　　　　　　　　　　　600 000

【例 12-14】 盈余公积转增资本的账务处理

因扩大经营规模需要，经股东大会批准，G 股份有限公司将盈余公积 400 000 元转增股本。假定不考虑其他因素，G 股份有限公司的会计分录如下：

借：盈余公积　　　　　　　　　　　　　　　　　　400 000

　　贷：股本　　　　　　　　　　　　　　　　　　　　400 000

【例 12-15】 用盈余公积发放现金股利或利润的账务处理

H 股份有限公司 2×17 年 12 月 31 日普通股股本为 50 000 000 股，每股面值 1 元，可供投资者分配的利润为 5 000 000 元，盈余公积 20 000 000 元。2×18 年 3 月 20 日，股东大会批准了 2×17 年度利润分配方案，以 2×17 年 12 月 31 日为登记日，按每股 0.2 元发放现金股利。H 股份有限公司共需要分派 10 000 000 元现金股利，其中动用可供投资者分配的利润 5 000 000 元、盈余公积 5 000 000 元。假定不考虑其他因素，H 股份有限公司的账务处理如下：

（1）宣告分派股利时：

借：利润分配——应付现金股利　　　　　　　　　　　5 000 000

　　盈余公积　　　　　　　　　　　　　　　　　　5 000 000

　　贷：应付股利　　　　　　　　　　　　　　　　　　　10 000 000

（2）支付股利时：

借：应付股利　　　　　　　　　　　　　　　　　10 000 000

　　贷：银行存款　　　　　　　　　　　　　　　　　　　10 000 000

本例中，H股份有限公司经股东大会批准，以未分配利润和盈余公积发放现金股利，属于以未分配利润发放现金股利的部分5 000 000元应记入"利润分配——应付现金股利"科目，属于以盈余公积发放现金股利的部分5 000 000元应记入"盈余公积"科目。

第 **13** 章
合理划分，正确匹配——
收入、费用和利润业务的账务处理

本章概览

　　企业运转的过程，可以被精炼地概括为：支出费用，获得收入，产生利润。在日常的账务处理中，由于企业经营运作的项目较多，正确地核算每一项目真实的收入、成本以及利润，实际上并不容易。

　　在本章的学习中我们将解决以下的问题：

　　（1）如何确认营业收入？

　　（2）如何对营业收入进行账务处理？

　　（3）成本、费用是什么？两者有什么区别？

　　（4）如何对产品的成本进行账务处理？

　　（5）如何对费用进行账务处理？

　　（6）利润是什么？利润由哪些部分构成？

　　（7）如何对利润进行账务处理？

　　（8）如何对企业所得税进行账务处理？

13.1　收入的账务处理

13.1.1　收入的特点与分类

　　根据《企业会计准则第 14 号——收入》的规定，收入，是指企业在日常活动中形成的、会导致所有者权益增加的、与所有者投入资本无关的经济利益

的总流入，包括销售商品收入、提供劳务收入和让渡资产使用权收入。企业代第三方收取的款项，应当作为负债处理，不应当确认为收入。

1. 收入的特点

（1）收入从企业的日常经营活动中产生，而不是从偶发的交易或事项中产生的。

其中"日常经营活动"，是指企业为完成其经营目标所从事的经常性活动以及与之相关的活动。例如，工业企业制造并销售产品、商品流通企业销售商品、保险公司签发保单、咨询公司提供咨询服务、软件企业为客户开发软件、安装公司提供安装服务、商业银行对外贷款、租赁公司出租资产等，均属于企业为完成其经营目标所从事的经常性活动，由此产生的经济利益的总流入构成收入。有些交易或事项也能为企业带来经济利益，但不属于企业的日常经营活动，其流入的经济利益是利得而不是收入，例如，出售固定资产所取得的收益。

（2）会导致所有者权益增加的、与所有者投入资本无关的经济利益的总流入。

收入取得后可能表现为：资产增加，例如，银行存款或应收账款等增加；负债减少，例如，以商品或劳务抵偿债务；所有者权益增加。

如前所述，收入能增加资产或减少负债或两者兼而有之，因此，根据"资产＝负债＋所有者权益"的等式，企业所取得的收入一定能增加所有者权益（这里所说的收入能增加所有者权益，仅指收入本身的影响，而收入扣除相关成本与费用后，则可能增加所有者权益也可能减少所有者权益）。

（3）本企业的收入只包括本企业经济利益的流入，而不包括为第三方或客户代收的款项，如增值税、代收利息等。

2. 收入的分类

企业的收入分为销售商品的收入、提供劳务的收入和让渡资产使用权收入。

（1）销售商品的收入。

销售商品的收入主要指取得货币资产方式的商品销售，以及正常情况下的以商品抵偿债务的交易等。这里的商品则主要包括企业为销售而生产或购进的商品，如工业企业生产的产品、商品流通企业购进的商品等。企业销售的其他存货如原材料、包装物等也视同商品。但企业以商品进行投资、捐赠及自用等，在会计上均不作为商品销售处理。

（2）提供劳务的收入。

提供劳务的收入主要包括提供旅游、运输、饮食、广告、理发、照相、洗染、咨询、代理、培训、产品安装等所获取的收入。

（3）让渡资产使用权收入。

让渡资产使用权收入是指企业让渡资产使用权所获取的收入，包括出借库存现金取得的利息收入、出租固定资产取得的租金收入等。

13.1.2　收入的确认与计量

1. 商品销售收入的确认与计量

销售商品收入同时满足下列条件的，才能予以确认：

（1）企业已将商品所有权上的主要风险和报酬转移给购货方；

（2）企业既没有保留通常与所有权相联系的继续管理权，也没有对已售出的商品实施有效控制；

（3）收入的金额能够可靠地计量；

（4）相关的经济利益很可能流入企业；

（5）相关的已发生或将发生的成本能够可靠地计量。

2. 劳务收入的确认与计量

企业对外提供劳务的内容很多，完成劳务的时间不等，有的劳务，如饮食、理发、照相等一次就能完成，且一般均为库存现金交易；有的劳务，如安装、旅游、培训、远洋运输等需要花费一段较长的时间才能完成。企业应根据劳务完成时间的不同，分别下列情况确认和计量劳务收入。

（1）一次就能完成的劳务，或在同一会计年度内开始并完成的劳务，应在劳务完成时确认收入，确认的金额为合同或协议总金额，确认方法可参照商品销售收入的确认原则。

（2）劳务的开始和完成分别属于不同的会计年度，且企业在资产负债表日提供劳务交易的结果能够可靠估计的，应当采用完工百分比法确认提供劳务收入。完工百分比法，是指按照提供劳务交易的完工进度确认收入与费用的方法。

提供劳务交易的结果能够可靠估计，是指同时满足下列条件：

①收入的金额能够可靠地计量；

②相关的经济利益很可能流入企业；

③交易的完工进度能够可靠地确定；

④交易中已发生和将发生的成本能够可靠地计量。

企业确定提供劳务交易的完工进度，可以选用下列方法：

①已完工作的测量；

②已经提供的劳务占应提供劳务总量的比例；

③已经发生的成本占估计总成本的比例。

（3）资产负债表日不能对交易的结果做出可靠估计时，应按已经发生并预计能够补偿的劳务成本确认收入，并按相同金额结转成本；如预计已经发生的劳务成本不能得到补偿，则不应确认收入，但应将已经发生的成本确认为当期费用。

企业应当按照从接受劳务方已收或应收的合同或协议价款确定提供劳务收入总额，但已收或应收的合同或协议价款不公允的除外。

企业应当在资产负债表日按照提供劳务收入总额乘以完工进度扣除以前会计期间累计已确认提供劳务收入后的金额，确认当期提供劳务收入；同时，按照提供劳务估计总成本乘以完工进度扣除以前会计期间累计已确认劳务成本后的金额，结转当期劳务成本。

企业与其他企业签订的合同或协议包括销售商品和提供劳务时，销售商品部分和提供劳务部分能够区分且能够单独计量的，应当将销售商品的部分作为销售商品处理，将提供劳务的部分作为提供劳务处理。销售商品部分和提供劳务部分不能够区分，或虽能区分但不能够单独计量的，应当将销售商品部分和提供劳务部分全部作为销售商品处理。

3. 让渡资产使用权收入的确认与计量

让渡资产使用权收入包括利息收入、使用费收入等。让渡资产使用权收入同时满足下列条件的，才能予以确认：

（1）相关的经济利益很可能流入企业；

（2）收入的金额能够可靠地计量。

其中：

① 与交易相关的经济利益能够流入企业。企业应根据对方的信誉、当年的效益、双方就结算方式和付款期限的协议等因素进行判断。如果收入收回的可能性不大，就不应确认收入。

② 收入的金额能够可靠地计量。出借库存现金的利息收入可根据合同或协议规定的利率确定；资产使用费收入按合同或协议的金额确定。当收入的金额能够可靠地计量时，企业才能进行确认。

企业应当分别下列情况确定让渡资产使用权收入金额：

（1）利息收入金额，按照他人使用本企业货币资金的时间和实际利率计算确定；

（2）使用费收入金额，按照有关合同或协议约定的收费时间和方法计算确定。

13.1.3　科目设置

为核算和监督企业销售业务情况，应设置如下科目。

（1）"主营业务收入"科目。核算企业经营主要业务所取得的收入，贷方登记已确认实现的销售收入，借方登记销货退回和期末结转"本年利润"的本期销售收入，结转"本年利润"后，本科目应无余额。本科目应按主营业务的种类设置明细科目。

（2）"主营业务成本"科目。核算企业经营主要业务而发生的实际成本，借方登记本期发生的销售成本，贷方登记期末结转"本年利润"的本期销售成本和销货退回，结转"本年利润"后，本科目应无余额。本科目应按主营业务的种类设置明细科目。

（3）"其他业务收入"科目。核算企业其他业务所取得的收入，贷方登记已确认实现的其他业务收入，借方登记期末结转"本年利润"的本期其他业务收入，结转"本年利润"后，本科目应无余额。本科目应按其他业务的种类设置明细科目。

（4）"其他业务支出"科目。核算企业其他业务所发生的支出，借方登记本期发生的其他业务支出，贷方登记期末结转"本年利润"的本期其他业务支出，结转"本年利润"后，本科目应无余额。本科目应按其他业务的种类设置明细科目。

会计主管建制、建账、记账、核算、管理从入门到精通（第2版）

13.1.4　销售商品收入的账务处理

1. 销售收入的账务处理

商品销售收入在确认时，应按确定的收入金额与应收取的增值税，借记"应收账款""应收票据""银行存款"等科目，按应收取的增值税，贷记"应交税费——应交增值税（销项税额）"科目，按确定的收入金额，贷记"主营业务收入"科目。

【例13-1】销售收入的账务处理

ABC公司2×19年9月16日销售一批商品，增值税专用发票上注明商品售价100 000元，增值税13 000元，款项尚未收到，但已符合收入的确认条件，确认为收入。该批商品的成本为70 000元。进行账务处理如下：

（1）确认收入时：

借：应收账款　　　　　　　　　　　　　　　　113 000

　　贷：主营业务收入　　　　　　　　　　　　　100 000

　　　　应交税费——应交增值税（销项税额）　　13 000

（2）结转销售成本时：

借：主营业务成本　　　　　　　　　　　　　　70 000

　　贷：库存商品　　　　　　　　　　　　　　　70 000

2. 现金折扣的账务处理

现金折扣是企业采用赊销方式销售商品时，为鼓励购货方在一定的借用期限内尽快付款而给予的优惠条件，即购货方可从应付货款总额中扣除一定比例的金额。

【例13-2】现金折扣的账务处理

ABC公司在2×19年9月1日销售一批商品，增值税发票上注明商品售价20 000元，增值税税额2 600元。ABC公司在合同中规定的现金折扣条件为：2 / 10, 1 / 20, n / 30（假定计算折扣时不考虑增值税）。

（1）9月1日销售实现时，应按总售价确认收入：

借：应收账款　　　　　　　　　　　　　　　　22 600

　　贷：主营业务收入　　　　　　　　　　　　　20 000

　　　　应交税费——应交增值税（销项税额）　　2 600

（2）不同付款时间下，取得货款时的账务处理：

① 买方10天以内付款。9月8日买方付清货款，按售价20 000元的2%享受400元的现金折扣，实际付款22 200（22 600-400）元：

借：银行存款   22 200

    财务费用   400

    贷：应收账款   22 600

② 买方10天以后，20天以内付款。9月19日买方付清货款，应享受的现金折扣为200元，实际付款22 400元：

借：银行存款   22 400

    财务费用   200

    贷：应收账款   22 600

③ 买方在20天以后，30天以内付款。买方在9月30日付款，则应按全额收款：

借：银行存款   22 600

    贷：应收账款   22 600

3. 销售折让的账务处理

销售折让是指企业因售出产品质量不合格等原因而在售价上给予的减让。对于企业在销售收入确认之后发生的销售折让应在实际发生时，冲减发生当期的收入。发生销售折让时，如按规定允许扣减当期销项税额的，应同时用红字冲减"应交税费——应交增值税（销项税额）"科目。

【例13-3】销售折让的账务处理

ABC公司销售一批商品，增值税发票上的商品售价为300 000元，增值税税额为39 000元，货到后买方发现商品质量不合格，要求在价格上给予3%的折让。其账务处理如下：

（1）销售实现时：

借：应收账款   339 000

    贷：主营业务收入   300 000

        应交税费——应交增值税（销项税额）   39 000

（2）发生销售折让时：

借：主营业务收入   9 000

应交税费——应交增值税（销项税额）	1 170
贷：应收账款	10 170

（3）实际收到款项时：

借：银行存款	328 830
贷：应收账款	328 830

4. 销售退回的账务处理

销售退回是指企业售出的商品，由于质量、品种不符合要求等原因而发生的退货。销售退回如果发生在企业确认收入之前，处理就比较简单，只需将已记入发出商品账户的商品成本转回"库存商品"科目即可；如果企业已经确认收入，又发生销售退回的，不论是当年销售的，还是以前年度销售的（除属于资产负债表日后事项外），均应冲减退回当月的销售收入，同时冲减退回当月的销售成本。企业发生销售退回时，如按规定允许扣减当期销项税额的，应同时用红字冲减"应交税费——应交增值税（销项税额）"科目。

【例13-4】销售退回的账务处理

ABC公司2×19年12月26日销售商品一批，售价500 000元，增值税额65 000元，成本330 000元。2×20年2月8日，该批商品因质量严重不合格被退回，货款已退回购货方。进行账务处理如下：

借：主营业务收入	500 000
应交税费——应交增值税（销项税额）	65 000
贷：银行存款	565 000

同时：

借：库存商品	330 000
贷：主营业务成本	330 000

企业采用递延方式分期收款、实质上具有融资性质的销售商品或提供劳务满足收入确认条件的，按应收合同或协议价款，借记"长期应收款"科目，按应收合同或协议价款的公允价值，贷记"主营业务收入"科目，按专用发票上注明的增值税额，贷记"应交税费——应交增值税（销项税额）"科目，按其差额，贷记"未实现融资收益"科目。

13.1.5　其他业务收入的账务处理

其他业务收入是企业除主营业务以外的其他销售或经营其他业务所取得的收入，如材料销售、技术转让、代购代销等收入。其他业务收入的确认原则，与主营业务收入确认原则相同。

企业取得的其他业务收入在"其他业务收入"科目核算，并按其他业务的种类设置明细科目进行明细核算。其他业务收入是根据《企业会计准则第 14 号——收入》确认的除主营业务以外的其他经营活动实现的收入，包括出租固定资产、出租无形资产、出租包装物和商品、销售材料等实现的收入。企业（租赁）出租固定资产取得的租赁收入，在"租赁收入"科目核算，不在"其他业务收入"科目核算。

对于提供劳务实现的收入在确认时，应按确定的收入金额，借记"应收账款""银行存款"等科目，贷记"主营业务收入"等科目。

企业发生的其他业务各项支出在"其他业务支出"科目核算，并按其他业务的种类设置明细科目进行明细核算；该科目核算销售材料、提供非工业性劳务等而发生的相关的成本、费用，以及相关税金及附加等。企业除主营业务活动以外的其他经营活动所发生的支出，包括销售材料的成本、出租固定资产的累计折旧、出租无形资产的累计摊销、出租包装物的成本或摊销额、采用成本模式计量的投资房地产的累计折旧或累计摊销等。

【例 13-5】其他业务收入的账务处理

ABC 公司收到转让无形资产使用权所取得的收入 80 000 元，存入银行；当期该无形资产的摊销费 2 000 元。其账务处理如下：

（1）收到款项时：

借：银行存款　　　　　　　　　　　　　　　　80 000

　　贷：其他业务收入　　　　　　　　　　　　　　80 000

（2）月末摊销无形资产时：

借：其他业务支出　　　　　　　　　　　　　　2 000

　　贷：累计摊销　　　　　　　　　　　　　　　2 000

13.2 费用的账务处理

13.2.1 费用的特征和分类

费用是指企业为销售商品、提供劳务等日常活动所发生的经济利益的流出。企业在生产经营过程中发生的各项耗费，包括产品生产费用和期间费用。费用是会计核算中十分重要的会计要素。它主要有以下特征：

第一，费用会减少企业的所有者权益，会减少企业的资源；是企业在日常活动中所产生的经济利益的流出；

第二，是企业为销售商品、提供劳务而发生的经济利益的流出。不属于销售商品或提供劳务等发生的经济利益流出，不视为费用。如企业分派库存现金股利，虽然也发生了经济利益的流出，但不是费用；

第三，费用和产品成本并不是同一个概念。费用中的产品生产费用是构成产品成本的基础，费用是按时间归集的，而产品成本是按产品对象归集的。

为了正确地进行成本和费用的账务处理，必须对各种费用进行合理分类。费用按经济用途进行分类，可分为产品生产费用和期间费用。

（1）产品生产费用，构成产品的制造成本，产品成本项目是指对计入产品成本的费用，按经济用途进行分类的具体项目。一般情况下，产品成本项目由直接材料、直接人工、制造费用、燃料和动力等项目组成。

① 直接材料。是指直接用于产品生产，构成产品实体的原料、主要材料、外购半成品、有助于产品形成的辅助材料以及其他直接材料。

② 直接人工。是指生产工人的工资，以及按生产工人工资总额和规定比例计算提取的职工福利费。

③ 制造费用。是指各生产单位为组织和管理生产而发生的各项间接费用，包括车间管理人员的工资和福利费、折旧费、修理费、办公费、水电费、机物料消耗、劳动保护费等。

此外，在企业燃料和动力消耗较多，燃料和动力费用在产品成本中比重较大时，可增设"燃料和动力"成本项目。

（2）期间费用。指不能直接归属于某个特定产品成本的费用。期间费用在发生的当期就全部计入当期损益，而不计入产品成本，这样有助于简化成本核算工作，提高成本计算的准确性。

期间费用项目主要包括管理费用、财务费用和销售费用。

① 管理费用。是指企业为组织和管理企业生产经营所发生的管理费用，包括企业的董事会和行政管理部门在企业的经营管理中发生的或者应由企业统一负担的公司经费（包括行政管理部门职工薪酬、修理费、物料消耗、低值易耗品摊销、办公费和差旅费等）、工会经费、董事会费（包括董事会成员津贴、会议费和差旅费等）、聘请中介机构费、咨询费（含顾问费）、诉讼费、业务招待费、房产税、车船使用税、土地使用税、印花税、技术转让费、矿产资源补偿费、研究费用、排污费等。

② 财务费用。财务费用是指核算企业为筹集生产经营所需资金等而发生的筹资费用，包括利息支出（减利息收入）、汇兑差额以及相关的手续费、企业发生的现金折扣或收到的现金折扣等。

③ 销售费用。是指企业销售商品和材料、提供劳务的过程中发生的各种费用，包括保险费、包装费、展览费和广告费、商品维修费、预计产品质量保证损失、运输费、装卸费等以及为销售本企业商品而专设的销售机构（含销售网点、售后服务网点等）的职工薪酬、业务费、折旧费等经营费用。销售费用属于期间费用，在发生的当期就计入当期的损益。

13.2.2　费用的确认

企业应当按照权责发生制原则和配比原则确认当期费用。对于应属本期的各项费用，不论其是否实际支付款项，均应确认为本期的费用；对于不属本期的费用，即使款项已经在本期付出也不应确认为本期费用。

在实际工作中，确认费用的方法主要有以下几种。

（1）按其与营业收入的直接联系确认。即判断其与收入是否存在直接联系，凡是与本期收入有直接联系的耗费，都应确认为本期的费用，销售成本的确认采用的就是这种方法。

（2）按一定的分配方式确认。如果一项资产能够在若干会计期间为企业带来经济利益的流入（即创造收入），企业就应采用一定的分配方法将该项资产的成本分摊计入各个会计期间。例如，固定资产的价值，就是采用一定的折旧方法，分配确定各期的折旧费用。

（3）在支出发生时直接确认。有些支出在发生时直接确认为当期费用，例如，管理人员的工资，其支出的效益仅涉及本会计期间，因而，当支出发生时即确认为当期费用。

13.2.3 期间费用的账务处理

1. 科目设置

为核算和监督企业的期间费用的发生，应设置如下科目。

（1）"管理费用"科目。核算企业为组织和管理生产经营活动而发生的各项开支，应按费用项目设置明细科目。企业发生的管理费用在"管理费用"科目中核算。企业发生的各项管理费用借记本科目，贷记"库存现金""银行存款""应付职工薪酬""原材料""累计摊销""累计折旧""应交税费"等科目。期末，将本科目借方归集的管理费用全部由本科目的贷方转入"本年利润"科目的借方，计入当期损益，本科目期末应无余额。商品流通企业管理业务不多的，可不设置本科目，本科目的账务处理内容可并入"销售费用"科目核算。

（2）"财务费用"科目。核算企业为筹集生产经营所需资金而发生的费用，借方登记本期发生的各项筹资费用，贷方登记期末结转"本年利润"的本期各项筹资费用，以及应冲减财务费用的利息收入等，结转"本年利润"后，本科目应无余额。本科目应按费用的种类设置明细科目。

（3）"销售费用"科目。核算企业在销售商品过程中发生的各项开支，借方登记本期发生的各项开支，贷方登记期末结转"本年利润"的本期各项开支，结转"本年利润"后，本科目应无余额。本科目应按费用的项目设置明细科目。

2. 期间费用的账务处理

期间费用大部分容易确定其发生的期间，而难以判别其所归属的产品，因而在发生的当期从损益中扣除。

（1）管理费用的账务处理。管理费用发生时，借记"管理费用"科目，贷记"库存现金""银行存款""原材料""应付职工薪酬""累计摊销""累计折旧""应交税费""坏账准备"等科目。

【例13-6】管理费用的账务处理之一

ABC公司用库存现金支付业务招待费600元。进行账务处理如下：

借：管理费用 600

　　贷：库存现金 600

【例 13-7】管理费用的账务处理之二

ABC 公司计提本月办公用房的折旧费 2 600 元。进行账务处理如下：

借：管理费用   2 600

      贷：累计折旧   2 600

（2）财务费用的账务处理。财务费用发生时，借记"财务费用"科目，贷记"银行存款""应付利息"等科目，企业发生利息收入、汇兑收益时，借记"银行存款"等科目，贷记"财务费用"科目。

【例 13-8】财务费用的账务处理

ABC 公司支付金融机构手续费 500 元。进行账务处理如下：

借：财务费用   500

      贷：银行存款   500

（3）销售费用的账务处理。销售费用发生时，借记"销售费用"科目，贷记"库存现金""银行存款""应付职工薪酬"等科目。

【例 13-9】销售费用的账务处理

ABC 公司用库存现金支付商品检验费 400 元。进行账务处理如下：

借：销售费用   400

      贷：库存现金   400

13.3 政府补助

13.3.1 政府补助的概念和特征

政府补助是指企业从政府无偿取得货币性资产或非货币性资产，但不包括政府作为企业所有者投入的资本。其中，"政府"包括各级人民政府以及政府组成部门（如财政、卫生部门）、政府直属机构（如税务、环保部门）等。联合国、世界银行等国际类似组织，也视同为政府。

政府补助具有以下特征。

（1）政府补助是无偿的；

（2）政府补助通常附有一定的条件，主要包括政策条件和使用条件；

（3）政府补助不包括政府的资本性投入。

此外，政府代第三方支付给企业的款项，对于收款企业而言不属于政府补助，因为这项收入不是企业无偿取得的。例如，政府代农民交付供货企业的农机具购买资金，属于供货企业的产品销售收入，不属于政府补助。

13.3.2　政府补助的主要形式

政府补助通常为货币性资产形式，最常见的就是通过银行转账的方式；但由于历史原因也存在无偿划拨非货币性资产的情况。随着市场经济的逐步完善，这种情况已经趋于消失。

1. 财政拨款

财政拨款是政府为了支持企业而无偿拨付的款项。

2. 财政贴息

财政贴息是指政府为支持特定领域或区域发展、根据国家宏观经济形势和政策目标，对承贷企业的银行贷款利息给予的补贴。

3. 税收返还

税收返还是政府向企业返还的税款，属于以税收优惠形式给予的一种政府补助。

除了税收返还之外，税收优惠还包括直接减征、免征、增加计税抵扣额、抵免部分税额等形式。这类税收优惠体现了政策导向，但政府并未直接向企业无偿提供资产，因此不作为企业会计准则规范的政府补助处理。

13.3.3　与资产相关的政府补助

与资产相关的政府补助，是指企业取得的、用于购建或以其他方式形成长期资产的政府补助。

这类补助一般以银行转账的方式拨付，如政府拨付的用于企业购买无形资产的财政拨款、政府对企业用于建造固定资产的相关贷款给予的财政贴息等，应当在实际收到款项时按照到账的实际金额确认和计量。在很少的情况下，这类补助也可能表现为政府向企业无偿划拨长期非货币性资产，应当在实际取得资产并办妥相关受让手续时按照其公允价值确认和计量，公允价值不能可靠取得的，按照名义金额（即1元人民币）计量。

根据配比原则，企业取得与资产相关的政府补助，不能全额确认为当期收益的，应当随着相关资产的使用逐渐计入以后各期的收益。也就是说，与资产相关的政府补助应当确认为递延收益，然后自相关资产可供使用时起，在该项资产使用寿命内平均分配，计入当期营业外收入。这里需要说明以下两点：

（1）递延收益分配的起点是"相关资产可供使用时"，对于应计提折旧或摊销的长期资产，即为资产开始折旧或摊销的时点；

（2）递延收益分配的终点是"资产使用寿命结束或资产被处置时（孰早）"。相关资产在使用寿命结束前被处置（出售、转让、报废等），尚未分配的递延收益余额应当一次性转入资产处置当期的收益，不再予以递延。

【例13-10】递延收益的账务处理之一

2×11年1月1日，政府拨付ABC公司5 000 000元财政拨款（同日到账），要求用于购买大型科研设备1台；并规定若有结余，留归企业自行支配。2×11年2月1日，ABC公司购入大型设备（假设不需安装），实际成本为4 800 000元，使用寿命为10年。2×19年2月1日，ABC公司出售了这台设备。ABC公司的账务处理如下：

（1）2×11年1月1日实际收到财政拨款，确认政府补助时：

借：银行存款　　　　　　　　　　　　　　　　　　5 000 000

　　贷：递延收益　　　　　　　　　　　　　　　　　　　5 000 000

（2）2×11年2月1日购入设备时：

①结余的处理。结余需要上交或部分上交的，按需上交的金额冲减"递延收益"科目；不需上交的结余，计入当期营业外收入：

借：递延收益　　　　　　　　　　　　　　　　　　200 000

　　贷：营业外收入　　　　　　　　　　　　　　　　　　200 000

②分配递延收益。自2×12年2月起，每个资产负债表日：

借：递延收益　　　　　　　　　　　　　　　　　　40 000

　　贷：营业外收入　　　　　　　　　　　　　　　　　　40 000

（3）2×19年2月1日出售设备，转销递延收益余额时：

借：递延收益   120 000

　　贷：营业外收入   120 000

【例 13-11】递延收益的账务处理之二

2×16 年 1 月 1 日，ABC 公司为建造一项环保工程向银行贷款 5 000 000 元，期限 2 年，年利率为 6%。当年 12 月 31 日，ABC 公司向当地政府提出财政贴息申请。经审核，当地政府批准按照实际贷款额 5 000 000 元给予 ABC 公司年利率 3% 的财政贴息，共计 300 000 元，分两次支付。2×17 年 1 月 15 日，第一笔财政贴息资金 120 000 元到账。2×17 年 7 月 1 日，工程完工，第二笔财政贴息资金 180 000 元到账，该工程预计使用寿命 10 年。ABC 公司的账务处理如下：

（1）2×17 年 1 月 15 日实际收到财政贴息，确认政府补助时：

借：银行存款   120 000

　　贷：递延收益   120 000

（2）2×17 年 7 月 1 日实际收到财政贴息，确认政府补助时：

借：银行存款   180 000

　　贷：递延收益   180 000

（3）2×17 年 7 月 1 日工程完工，开始分配递延收益，自 2×17 年 7 月 1 日起，每个资产负债表日：

借：递延收益   2 500

　　贷：营业外收入   2 500

13.3.4　与收益相关的政府补助

与收益相关的政府补助，是指除与资产相关的政府补助之外的政府补助。

这类补助通常以银行转账的方式拨付，应当在实际收到款项时按照到账的实际金额确认和计量。例如，按照有关规定对企业先征后返的增值税，企业应当在实际收到返还的增值税税款时将其确认为收益，而不应当在确认应付增值税时确认应收税收返还款。只有存在确凿证据表明该项补助是按照固定的定额标准拨付的，才可以在这项补助成为应收款时予以确认并按照应收的金额计量。例如，按储备量和补助定额计算和拨付给企业的储备粮存储费用补贴，可以按照实际储备量和补贴定额计算应收政府补助款。

与收益相关的政府补助应当在其补偿的相关费用或损失发生的期间计入当期损益，即用于补偿企业以后期间费用或损失的，在取得时先确认为递延收益，然后在确认相关费用的期间计入当期营业外收入；用于补偿企业已发生费用或损失的，取得时直接计入当期营业外收入。

有些情况下，企业可能不容易分清与收益相关的政府补助是用于补偿已发生的费用，还是用于补偿以后将发生的费用。根据重要性原则，企业通常可以将与收益相关的政府补助直接计入当期营业外收入，对于金额较大的补助，可以分期计入营业外收入。

【例 13-12】与收益相关的政府补助的账务处理之一

ABC 公司生产一种先进的模具产品，按照国家相关规定，ABC 公司的这种产品适用增值税先征后返政策，即先按规定征收增值税，然后按实际缴纳增值税税额返还70％。2×17 年 1 月，ABC 公司实际缴纳增值税税额 1 200 000 元。2×17 年 2 月，ABC 公司实际收到返还的增值税税额 840 000 元。ABC 公司实际收到返还的增值税税额的会计分录如下：

借：银行存款　　　　　　　　　　　　　　　　　　　　840 000

　　贷：营业外收入　　　　　　　　　　　　　　　　　　840 000

【例 13-13】与收益相关的政府补助的账务处理之二

A 企业为一家储备粮企业，2×17 年实际粮食储备量 1 亿斤。根据国家有关规定，财政部门按照企业的实际储备量给予其每斤 0.039 元的粮食保管费补贴，每个季度初支付。A 企业的账务处理如下：

（1）2×17 年 1 月，A 企业收到财政拨付的补贴款时：

借：银行存款　　　　　　　　　　　　　　　　　　　　3 900 000

　　贷：递延收益　　　　　　　　　　　　　　　　　　　3 900 000

（2）2×17 年 1 月，将补偿 1 月保管费的补贴计入当期收益：

借：递延收益　　　　　　　　　　　　　　　　　　　　1 300 000

　　贷：营业外收入　　　　　　　　　　　　　　　　　　1 300 000

（2×17 年 2 月和 3 月的会计分录同上）

【例 13-14】与收益相关的政府补助的账务处理之三

按照相关规定，粮食储备企业需要根据有关主管部门每季度下达的轮换计划出售陈粮，同时购入新粮。为弥补粮食储备企业发生的轮换费用，财政部门按照轮换计划中规定的轮换量支付给企业 0.02 元 / 千克的轮换费补贴。假设按照轮换计划，B 企业需要在 2×17 年第一季度轮换储备粮 1.2 亿斤，款项尚未收到。B 企业的账务处理如下：

（1）2×17 年 1 月按照轮换量 1.2 亿斤和国家规定的补贴定额 0.02 元 / 千克，计算和确认其他应收款 2 400 000 元：

借：其他应收款   2 400 000

  贷：递延收益   2 400 000

（2）2×17 年 1 月，将补偿 1 月保管费的补贴计入当期收益：

借：递延收益   800 000

  贷：营业外收入   800 000

（2×17 年 2 月和 3 月的会计分录同上）

【例 13-15】与收益相关的政府补助的账务处理之四

2×17 年 3 月，D 粮食企业为购买储备粮从国家农业发展银行贷款 20 000 000 元，同期银行贷款利率为 6%。自 2×17 年 4 月开始，财政部门于每季度初，按照 D 粮食企业的实际贷款额和贷款利率拨付 D 粮食企业贷款利息，D 粮食企业收到财政部门拨付的利息后再支付给银行。D 粮食粮食企业的账务处理如下：

（1）2×17 年 4 月，实际收到财政贴息 300 000 元时：

借：银行存款   300 000

  贷：递延收益   300 000

（2）将补偿 2×17 年 4 月利息费用的补贴计入当期收益：

借：递延收益   100 000

  贷：营业外收入   100 000

（2×17 年 5 月和 6 月的会计分录同上）

13.3.5　与资产和收益均相关的政府补助

政府补助的对象常常是综合性项目，可能既包括设备等长期资产的购置，也包括人工费、购买服务费、管理费等费用化支出的补偿，这种政府补助与资产和收益均相关。

以研发补贴为例，大部分研发补贴的对象是符合政策规定的特定研发项目，企业取得补贴后可以用于购置该研发项目所需的设备，或者购买试剂、支付劳务费等。

例如，集成电路产业研究与开发专项资金的补贴内容包括：（1）人工费，含集成电路人才培养、引进和奖励费；（2）专用仪器及设备费；（3）专门用于研发活动的咨询和等效服务费用；（4）因研发活动而直接发生的如材料、供应品等日常费用；（5）因研发活动而直接发生的间接支出；（6）为管理研发资金而发生的必要费用。

企业取得这类政府补助时，需要将其分解为与资产相关的部分和与收益相关的部分，分别进行账务处理。在实务中，政府常常只补贴整个项目开支的一部分，企业可能确实难以区分某项政府补助中哪些与资产相关、哪些与收益相关，或者对其进行划分不符合重要性原则或成本效益原则。这种情况下，企业可以将整项政府补助归类为与收益相关的政府补助，视情况不同计入当期损益，或者在项目期内分期确认为当期收益。

【例13-16】与资产和收益均相关的政府补助的账务处理之一

A公司2×16年12月申请某国家级研发补贴。申报书中的有关内容如下：本公司于2×16年1月启动数字印刷技术开发项目，预计总投资3 600 000元、为期3年，已投入资金1 200 000元。项目还需新增投资2 400 000元（其中，购置固定资产800 000元、场地租赁费400 000元、人员费1 000 000元、市场营销费200 000元），计划自筹资金1 200 000元、申请财政拨款1 200 000元。

2×17年1月1日，主管部门批准了A公司的申报，签订的补贴协议规定：批准A公司补贴申请，共补贴款项1 200 000元，分两次拨付。合同签订日拨付600 000元，结项验收时支付600 000元（如果不能通过验收，则不支付第二笔款项）。A公司的账务处理如下：

（1）2×17年1月1日，实际收到拨款600 000元：

借：银行存款   600 000

　　贷：递延收益   600 000

（2）自2×17年1月1日至2×19年1月1日，每个资产负债表日，分配递延收益（假设按年分配）：

借：递延收益   300 000

　　贷：营业外收入   300 000

（3）2×19年项目完工，假设通过验收，于5月1日实际收到拨付600 000元：

借：银行存款　　　　　　　　　　　　　　　　　600 000

　　贷：营业外收入　　　　　　　　　　　　　　　　　600 000

【例13-17】与资产和收益均相关的政府补助的账务处理之三

按照有关规定，2×16年9月ABC公司为其自主创新的某高新技术项目申报政府财政贴息，申报材料中表明该项目已于2×16年3月启动，预计共需投入资金20 000 000元，项目期2.5年，已投入资金6 000 000元。项目尚需新增投资14 000 000元，其中计划贷款8 000 000元，已与银行签订贷款协议，协议规定贷款年利率6%，贷款期2年。

经审核，2×16年11月政府批准拨付ABC公司贴息资金700 000元，分别在2×17年10月和2×18年10月支付300 000元和400 000元。ABC公司的账务处理如下：

（1）2×17年10月实际收到贴息资金300 000元：

借：银行存款　　　　　　　　　　　　　　　　　300 000

　　贷：递延收益　　　　　　　　　　　　　　　　　300 000

（2）2×17年10月起，在项目期内分配递延收益（假设按月分配）：

借：递延收益　　　　　　　　　　　　　　　　　25 000

　　贷：营业外收入　　　　　　　　　　　　　　　　　25 000

（3）2×18年10月实际收到贴息资金400 000元：

借：银行存款　　　　　　　　　　　　　　　　　400 000

　　贷：营业外收入　　　　　　　　　　　　　　　　　400 000

13.4　利润的账务处理

13.4.1　利润的构成

利润是企业在一定会计期间的经营成果，是企业的收入减去有关的成本与费用后的差额。企业只有最大限度地获取利润，才能保证生产经营的发展。获利能力的高低，是衡量企业优劣的一个重要标志。利润是收入与成本费用相抵后的差额，如果收入大于成本费用为利润；反之则为亏损。它是衡量企业经济效益高低的一项重要指标。利润是指企业在一定会计期间的经营成果，包括营业利润、利润总额和净利润。

根据我国《企业会计准则》规定，企业的利润一般分为营业利润、利润总额和净利润三个部分，其相关计算公式如下：

（1）利润总额 = 营业利润 + 营业外收支净额

（2）营业利润 = 营业收入 – 营业成本 – 税金及附加 – 销售费用 – 管理费用 – 财务费用 + 投资净收益 + 公允价值变动损益 – 资产减值损失

（3）净利润 = 利润总额 – 所得税费用

净利润是企业当期利润总额减去所得税费用以后的余额，即企业的税后利润。

13.4.2　科目设置

为核算和监督企业经营成果的情况，应设置如下科目。

1. "营业外收入" 科目

本科目核算企业发生的与生产经营无直接关系的各项收入，贷方登记已确认发生的营业外收入，借方登记期末结转"本年利润"的本期营业外收入，结转"本年利润"后，本科目应无余额。本科目应按收入项目设置明细科目。

2. "营业外支出" 科目

本科目核算企业发生的与本企业生产经营无直接关系的各项支出，借方登记本期发生的营业外支出，贷方登记期末结转"本年利润"的本期营业外支出，结转"本年利润"后，本科目应无余额。本科目应按支出项目设置明细科目。

3. "所得税费用" 科目

本科目核算企业按规定从当期损益中扣除的所得税费用，借方登记本期计算确认的所得税费用，贷方登记期末结转"本年利润"的本期所得税费用，结转"本年利润"后，本科目应无余额。

4. "投资收益"科目

本科目核算企业确认的投资收益或投资损失。

5. "资产减值损失"科目

企业根据资产减值等准则确定资产发生的减值的，按应减记的金额，借记"资产减值损失"科目，贷记"坏账准备"等科目。企业计提坏账准备、存货跌价准备、持有至到期投资减值准备、贷款损失准备等后，相关资产的价值又得以恢复，应在原已计提的减值准备金额内，按恢复增加的金额，借记"坏账准备"等科目，贷记"资产减值损失"科目。期末，应将本科目余额转入"本年利润"科目，结转后本科目应无余额。

6. "本年利润"科目

本科目核算企业本年度实现的净利润，贷方登记期末各收益类科目的转入数额，借记登记期末成本费用或支出类科目的转入数额，结转后，本科目如为贷方余额，表示利润；如为借方余额，表示亏损。年度终了，企业还应将"本年利润"科目的累计余额转入"利润分配——未分配利润"科目，结转后"本年利润"科目应无余额。

7. "利润分配"科目

本科目核算企业利润分配的各个项目的具体数额以及利润分配后的余额。年度终了，企业应将全年实现的净利润，自"本年利润"科目转入本科目，即借记"本年利润"科目，贷记本科目（未分配利润），如为净亏损，做相反的会计分录。同时，将"利润分配"科目下的其他明细科目的余额转入本科目的"未分配利润"明细科目。结转后，除"未分配利润"明细科目外，本科目的其他明细科目应无余额。本科目年末余额，反映企业历年积存的未分配利润（或未弥补亏损）。

13.4.3 营业外收入和营业外支出的账务处理

营业外收入和营业外支出是指与企业正常生产经营活动没有直接联系的各项收支。

1. 营业外收入的账务处理

营业外收入是指企业发生的与其经营活动无直接关系的各项净收入，主要包括处置非流动资产利得、非货币性资产交换利得、债务重组利得、罚没利得、政府补助利得、确实无法支付而按规定程序经批准后转作营业外收入的应付款项等。

营业外收入发生时，应借记"待处理财产损溢""银行存款""库存现金""固定资产清理""无形资产"等科目，贷记"营业外收入"科目。期末应将"营业外收入"科目的余额转入"本年利润"科目，借记"营业外收入"科目，贷记"本年利润"科目。

【例 13-18】营业外收入的账务处理

ABC 公司取得罚款收入 60 000 元，存入银行。进行账务处理如下：

借：银行存款　　　　　　　　　　　　　　　　　　60 000

　　贷：营业外收入——罚没利得　　　　　　　　　　　　60 000

2. 营业外支出的账务处理

营业外支出是指核算企业发生的与其经营活动无直接关系的各项净支出，包括处置非流动资产损失、非货币性资产交换损失、债务重组损失、罚款支出、捐赠支出、非常损失等。

营业外支出发生时，借记"营业外支出"科目，贷记"待处理财产损溢""固定资产清理""库存现金""银行存款"等科目。期末应将本科目余额转入"本年利润"科目，借记"本年利润"科目，贷记"营业外支出"科目。

【例 13-19】营业外支出的账务处理

ABC 公司未按合同约定时间交货，支付违约金 8 000 元。进行账务处理如下：

借：营业外支出　　　　　　　　　　　　　　　　　8 000

　　贷：银行存款　　　　　　　　　　　　　　　　　　8 000

13.4.4　所得税费用的账务处理

根据《企业会计准则第 18 号——所得税》的规定，企业的所得税费用应采用资产负债表债务法进行核算。但小企业仍可采用应付税款法，即按照应纳税所得额直接计算应交所得税。企业应交纳的所得税是根据企业应纳税所得额的一定比例计算的。应纳税所得额是在企业会计利润基础上调整确定的。计算公式为：

应纳税所得额 = 会计利润 + 纳税调整增加额 – 纳税调整减少额

纳税调整增加额主要包括税法规定允许扣除项目中企业已计入当期费用，

但超过税法规定扣除标准的金额（如超过税法规定标准的薪酬支出、业务招待费支出），以及税法规定不允许扣除项目的金额（如税收滞纳金、罚款、罚金等）。纳税调整减少额主要包括按税法规定允许弥补的亏损和准予免税的项目，如可在税前扣除的前 5 年内的未弥补亏损和国债利息收入等。

如不存在暂时性差异的影响，企业计算出应交纳的所得税时，分录为：

借：所得税费用

　　贷：应交税费——应交所得税

企业实际上交税金时，借记"应交税费——应交所得税"科目，贷记"银行存款"科目。期末，应将"所得税费用"科目的借方，转入"本年利润"科目，借记"所得税费用"科目，贷记"本年利润"科目。

13.4.5　本年利润的账务处理

本年利润是企业本年度实现的最终经营成果。会计期末，企业应将各收益类科目的余额转入"本年利润"科目的贷方，借记有关收入类科目，贷记"本年利润"科目；并应将计入当期损益的成本费用或支出类科目的余额转入"本年利润"科目的借方，借记"本年利润"科目，贷记各有关费用或支出类科目。

【例 13-20】本年利润的账务处理

某企业 2×17 年损益类科目的年末余额如表 13-1 所示（该企业年末一次结转损益类科目）：根据上述资料，进行账务处理如下：

表 13-1　2×17 年损益类科目年末余额

单位：元

科目名称	借方发生额	贷方发生额
主营业务收入		5 500 000
主营业务成本	3 500 000	
税金及附加	70 000	
销售费用	460 000	
管理费用	830 000	
财务费用	180 000	
投资收益		800 000
其他业务支出	390 000	

科目名称	借方发生额	贷方发生额
其他业务收入		600 000
营业外收入		40 000
营业外支出	470 000	
所得税费用	330 000	

（1）结转各项收入与收益：

借：主营业务收入   5 500 000

    其他业务收入   600 000

    投资收益   800 000

    营业外收入   40 000

    贷：本年利润   6 940 000

（2）结转各项成本、费用或支出：

借：本年利润   6 230 000

    贷：主营业务成本   3 500 000

    税金及附加   70 000

    其他业务支出   390 000

    销售费用   460 000

    管理费用   830 000

    财务费用   180 000

    营业外支出   470 000

    所得税费用   330 000

（3）将"本年利润"科目余额转入"利润分配——未分配利润"科目：

借：本年利润   710 000

    贷：利润分配——未分配利润   710 000

13.5 利润分配的账务处理

13.5.1 利润分配的内容

企业实现的净利润，应按国家规定的顺序分配，以保证所有者的合法权益和企业长期、稳定地发展。企业本年实现的净利润加上年初未分配利润为可供分配的利润。企业每年实现的净利润，首先弥补以前年度尚未弥补的亏损，然后应按下列顺序进行分配。

（1）提取法定盈余公积金。是指企业按照本年实现净利润的一定比例提取的盈余公积金。根据《公司法》的规定，公司制企业（包括国有独资公司、有限责任公司和股份有限公司）按净利润的 10% 提取；其他企业可以根据需要确定提取比例，但至少应按 10% 提取。企业提取的法定盈余公积金累计额已达到注册资本的 50% 时，可以不再提取。

（2）提取任意盈余公积金。公司制企业提取法定盈余公积金后，经过股东大会决议，可以提取任意盈余公积金；其他企业也可以根据需要提取任意盈余公积金。任意盈余公积金的提取比例由企业视情况而定。

（3）向投资者分配利润。企业提取法定盈余公积金后，可以按规定向投资者分配利润。

应注意的是，企业如果发生亏损，可以用以后年度实现的利润弥补，也可以用以前年度提取的盈余公积金弥补。企业以前年度亏损未弥补完，不能提取法定盈余公积金。在提取法定盈余公积金前，不得向投资者分配利润。

13.5.2 利润分配的账务处理方法

为了核算和监督利润的分配（或亏损的弥补）和历年分配（或亏损）后的积存余额，企业应设置"利润分配"科目。它属于所有者权益类科目，贷方登记全年实现的净利润或弥补的亏损额；借方登记利润分配金额或全年发生的亏损额；期末贷方余额反映历年滚存的未分配利润；如为借方余额，则反映未弥补的亏损额。本科目应按企业会计准则规定的利润分配顺序和内容设置下列明细科目，进行明细核算：

（1）"其他转入"，核算企业用盈余公积弥补的亏损；

（2）"提取法定盈余公积"，核算企业按规定提取的法定盈余公积；

（3）"应付优先股股利"，核算企业分配给优先股股东的股利；

（4）"提取任意盈余公积"，核算企业提取的任意盈余公积；

（5）"应付利润"，核算企业分配给投资者的利润；

（6）"未分配利润"，核算企业全年实现的净利润（或净亏损）、利润分配和尚未分配的利润（或尚未弥补的亏损）。

年度终了，企业将全年实现的净利润（或净亏损）自"本年利润"科目转入"未分配利润"明细科目；同时，将"利润分配"科目下的其他明细科目的余额转入"未分配利润"明细科目。年度终了后，除"利润分配"科目中的"未分配利润"明细科目外，其他明细科目应无余额。年度终了，"利润分配"科目中的"未分配利润"明细科目如为贷方余额，反映企业历年积存的尚未分配的利润；如为借方余额，则反映企业累积尚未弥补的亏损。

【例 13-21】利润分配的账务处理

接【例 13-20】的资料，该企业董事会决议，经股东大会批准，按税后利润的 10% 提取法定盈余公积，按可供投资者分配的利润的 80% 向投资者分配利润（假定该企业以前年度没有未分配利润）。进行账务处理如下：

（1）提取法定盈余公积：

借：利润分配——提取法定盈余公积   71 000

    贷：盈余公积   71 000

（2）向投资者分配利润 511 200[（710 000-71 000）×80%]元：

借：利润分配——应付利润   511 200

    贷：应付利润   511 200

（3）将"利润分配"科目下的其他明细科目的余额转入本科目的"未分配利润"明细科目：

借：利润分配——未分配利润   582 200

    贷：利润分配——提取法定盈余公积   71 000

          ——应付利润   511 200

第四部分　筹划与管理

第 14 章
为财务安全建立防火墙——企业内控制度的建立

本章概览

　　企业内部的控制制度为企业自身的财务安全建立了有效的防火墙，加强内部会计控制，对于保护本单位财产的安全完整，确保会计及其他数据的正确、可靠都具有极其重要的意义。本章将解决以下问题：

　　（1）什么是内部控制制度？

　　（2）如何建立货币资金内部控制、采购业务内部会计控制等具体业务的内部控制制度？

14.1　认识内部控制制度

　　内部控制制度是单位通过实行内部的组织、分工及其所产生的相互制约、相互联系的关系，形成一系列具有控制职能的方法、措施、程序，并以标准、守则和规程等形式予以规范化、系统化，使之组成一个由一系列具体的控制环节和控制措施组成的严密控制机制，其基本目的在于保证会计信息的真实可靠，保护企业财产的安全完整性。制定内部控制制度时，一般要考虑以下要求：

　　（1）各项经济业务均需按管理部门的授权进行；

　　（2）所有发生的经济业务都应及时做出相应的会计记录；

　　（3）未经管理部门授权，任何人都不得擅自动用企业的资产；

　　（4）应该定期或不定期地进行财务检查，发现问题，及时处理。

14.2　具体业务的内部控制制度

14.2.1　如何建立货币资金内部控制

货币资金内部控制是企业内部控制系统中最为重要的环节，通常包括支付程序、现金管理、银行存款与支票管理、监督检查等的内部控制。总体而言，建立货币资金的内部控制制度，首先要做到聘用可靠、合格和有职业道德的职员，要做到合理分工、合理授权，职责相互分离，并建立相应的审计制度等。具体而言，应在以下几个环节分别按照有关规定进行控制。

1. 支付程序

应该要求单位内部各部门必须按照下列程序办理货币资金支付业务。

（1）支付申请。单位有关部门或个人用款时，应当提前向审批人提交货币资金支付申请，注明使用人、款项的用途、金额、用款日期、支付方式等内容，并附有效相关文件（如经济合同副本、可行性研究报告、董事会决议、会议通知等）。

（2）支付审批。审批人应根据其职责、权限对支付申请进行审批。对不符合规定的货币资金支付申请，审批人应当拒绝批准。

（3）支付复核。财务部门应当对批准后的货币资金支付申请进行复核，复核货币资金支付申请的批准范围、权限是否正确，手续及相关文件是否齐备，支付方式、支付单位是否妥当等。复核无误后，交由出纳人员办理支付手续。

（4）办理支付。出纳人员应当根据复核无误的支付申请，按规定办理货币资金支付手续，及时登记相关账簿。

2. 现金管理

应该要求：

（1）库存现金实行限额管理，按银行有关规定执行，出纳应严格控制。超限额的现金，应及时送存银行，以保证现金安全、完整；

（2）实行权、账、钱分管，审批人、出纳、记账人员应实行岗位分离；

（3）严格按现金开支范围支付现金，不属于现金开支范围的业务必须通过银行办理转账结算；

（4）出纳人员必须做到日清月结，随时清点库存现金，不得挪用现金或以白条抵库；

（5）现金收入不得用于直接支付单位自身的支出，因特殊情况需坐支现金的，应事先报经开户银行审查批准；

（6）财务部门必须定期或不定期对库存现金进行抽查，以保证现金账实相符，发现不符，及时查明原因，做出处理。

3. 银行存款与支票管理

应该要求：

（1）必须严格按照《支付结算办法》等国家有关规定，加强银行账户的管理，严格按照规定开立账户，办理存款、取款和结算。所有银行存款户的开设与终止需有单位负责人的正式批准手续；

（2）银行账户只供本公司经营业务收支结算使用，严禁出借账户供外单位或个人使用，严禁为外单位或个人代收代支、转账套现；

（3）领用支票要填写"支票申请单"，注明用途和预计使用金额，按规定审批权限审批；

（4）支票领取人不得擅自将支票转借、改变用途，由此造成单位经济损失的，由经办人负责赔偿全部损失；

（5）必须严格遵守银行结算纪律，不准签发没有资金保证的票据或远期支票，套取银行信用；不准签发、取得和转让没有真实交易和债权债务的票据，套取银行和他人资金；不准无理拒绝付款，任意占用他人资金；不准违反规定开立和使用银行账户；

（6）已签发的支票如果不慎丢失，丢失人应立即报告财务部门向开户行申请挂失止付；

（7）定期核对银行账户，编制银行存款余额调节表，使银行存款账面余额与银行对账单调节相符。如调节不符，应查明原因，及时处理。

4. 监督检查

主要内容包括：

（1）监督检查货币资金业务相关岗位及人员的设置情况，重点检查是否存在货币资金业务不相容职务混岗的现象；

（2）监督检查货币资金授权批准制度的执行情况，重点检查货币资金支出的授权批准手续是否健全，是否存在越权审批行为；

（3）监督检查支付款项印章的保管情况，重点检查是否存在办理付款业务所需的全部印章交由一人保管的现象；

（4）监督检查票据的保管情况，重点检查票据的购买、领用、保管手续是否健全，票据保管是否存在漏洞。

对监督检查过程中发现的货币资金内部会计控制中的薄弱环节，财务部门应当及时采取措施，加以纠正和完善。

14.2.2　如何建立采购业务内部会计控制

采购业务是企业进行生产的第一个重要环节。因此，一个良好的内部控制系统也会对这一业务进行比较严密的监控。采购业务主要由商品、原材料和固定资产三个部分的采购供应组成，一般包括签订供货合同、验收原材料或商品入库、结算支付货款三个环节。

1. 采购业务内部控制的基本要求

（1）采购业务必须经过请购、批准、订货（或采购）、验收、货款结算等环节，并且采购业务的全过程不得由一个部门完全办理，各个环节必须分工负责，相关部门之间应该相互牵制。此外，采购中除了对一般物资购买做一般授权之外，对资本支出和租赁合同等重大采购事项要进行特别授权；

（2）采购人员除经过特别授权外不得擅自改变采购内容，只能按批准的品种、规格、数量进行采购；

（3）除另行采购外，采购业务均需签订采购合同；

（4）采购货款必须在认真审核、核对合同之后，方可付款结算，除小额采购外，采购货款必须通过银行转账结算；

（5）采购的物资必须经过验收方可入库，对采购过程中的损耗必须查明原因，经审核批准后方可将其处理；

（6）应付账款明细账与总账应定期核对并保持金额一致。财务部门应及时取得供货商对账单，并定期与应付账款明细账相核对。如有差异，应查明原因，及时处理。

2. 采购内部控制的具体程序

（1）计划部门应该根据生产经营的需要，依据公司的一般授权（制度授权）与特别授权，向采购部门发出采购通知单，采购通知单同时应报送财务部门作为将来付款的依据；或者由需要采购物资的部门填写物资采购申请单，申购单一式两份，由负责这类支出预算的主管人员签字后送交供应部门负责人审批，并授权采购人员办理购货手续。供应部门据此办理订货手续后，将其中一张退回申购部门以示答复；

（2）采购部门根据采购通知单或经批准的申购单，填制订购单，订购单应正确填写所需物品的名称、规格、数量、价格、时间、厂商名称和地址等，预先予以编号，并经被授权的采购员签字。订购单应一式多份，一份送交销货单位请求发货，一份应送交仓储部门作为将来验收的依据，一份留作存根，以便对所有订货与到货情况进行查对、分析；

（3）物资的采购，要尽可能与供应公司签订合同。重大合同应提请财务部门会签。合同一经签订，必须及时将合同副本送财务部门备案。批量物资采购，应采取竞价方式确定供应商，以保证供货的质量、及时性和经济性；

（4）采购物资到达之后，采购部门要及时通知仓储部门验收入库。仓储部门要严格按订购单上要求的名称、规格、数量、质量、到货时间等进行验收。物资验收后，仓储部门应由仓库验收人员填制验收单或入库单，取得采购人员的签字后，一张留存，登记仓库台账，一张退给采购部门进行业务核算，一张及时送交财务部门进行记账；

（5）规范审查制度，严格审核采购业务的各种凭证。财务部门在正式记录采购业务、支付货款之前，应认真审核采购通知单或申购单、采购合同、验收单或入库单等有效的付款文件，不仅要审查每一张凭证的购货数量、金额计算是否正确，还要检查各种凭证之间是否内容一致、时间统一、责任明确、手续完备等。

具体应进行以下检查：①与采购有关的原始凭证（如采购通知单、采购合同、订购单、验收单、发票、货运文件等）是否齐全、是否合法；②相关凭证（如合同、验收单、订购单、发票、货运文件等）的内容是否一致；如不一致，应了解原因；③是否有公司负责人批准签字的付款通知单；④其他有关人员在单证上的签字是否齐全；⑤发票的折扣是否与合同要求相符，采购数量、价格、加总合计、税金的计算等是否正确。

（6）按照规定付款。除了不足转账起点金额的采购可以支付现金外，购货款必须通过银行办理转账。任何部门和个人不得以任何借口，以现金或现金支票支付货款。

14.2.3　如何建立销售与收款内部控制

采购业务是企业各项物资的"入口"，销售业务则是企业各项物资的"出口"，此二者一个也不能放松。销售与收款内部控制的要点如下。

（1）销售业务通常应包括接受订单、批准赊销、开具发货票、仓库发货、发运、确认销售与记录应收账款、催收货款等环节。销售业务的全过程不得由一个部门完全办理，各个环节必须分工负责，相关部门之间应该相互牵制。

（2）销售部门收到客户的订货要求后，应该依据公司的一般授权（制度授权）与特别授权，及时决定是否接受订单。一般授权是指公司董事会或经理办公会议授权销售部门对销售金额一定范围内（如 10 000 元以下）的常规业务自行决定是否同意客户赊销或折扣与折让的权力。特别授权是指针对非常规业务和超过一般授权限制的常规业务，销售部门不能自行决定而需特别报请经理办公会议或董事会决定是否同意客户赊销或折扣与折让的权力。

（3）对于没有受理的订单，销售部门应该向客户说明原因。对于接受的订单，销售部门应该填制"销售通知单"，并要求顾客在收款部门办理款项结算手续。

（4）销售业务必须尽可能签订合同。对于重要的销售合同，应要求财务部门参加会签，对非合同销售及门市销售要建立经常的检查制度。

（5）收款部门在收到货款或收到批准部门的赊销批准后，应填制内部发货单，内部发货单中的品名、数量、单价、金额以及付款方式，应与销售合同的内容一致，并经专人复核。仓储部门只有在收到经批准的发货单，并将发货单与客户的提货单核对无误后，才能进行发货。

（6）对于销售退回，销售部门必须及时查明原因；收到退回的货物必须办理入库手续；所有单证必须经有关负责人批准签字后才可办理销账和退款手续。

（7）财务部门在确认收入、应收款项或货币资金等之前，应进行以下必要的检查：①销售收入的确认必须符合《企业会计制度》的要求；②与销售有关的原始凭证（如合同、销售单、发货单、货运文件等）是否齐全、合法；③相关凭证（如合同、销售单、发货单、货运文件等）的内容是否一致，如不一致，应查明原因；④是否有批准部门批准赊销或折扣与折让的书面文件或收款部门的收款凭据；⑤其他有关人员在单证上的签字是否齐全；⑥发票的折扣是否与合同、销售单的要求一致，销售数量、价格、加总合计、税金的计算等是否正确。

（8）财务部门应该定期编制应收账款、应收票据明细表和账龄分析表，并报送本单位销售部门核对与确认。

（9）加强对赊销业务的内部控制。赊销业务是指企业先办理产品或商品发出，然后在规定时间内收取货款的业务。除上述程序控制外，赊销业务还应加强以下几个方面的控制：

①严格订货单制度，强化销售合同的作用。凡销售业务，最好采用订货方式，订单确定后列入销售计划，作为日后发货的依据，防止无计划地发出货物；

②建立赊销业务批准制度。赊销业务应当经过财务负责人的批准，未经批准，销售部门不得指令仓库发货；

③及时登记销售明细账和应收账款明细账。在发出货物后，财务部门应对销售部门开具的发货单及相关的合同、订单等进行核对，正确无误后编制记账凭证，并及时登记销售和应收账款明细账，以充分发挥账簿的控制作用；

④定期与购货单位核对账目，并按有关规定及时收取货款。财务部门应定期向赊购公司寄发应收账款对账单，并根据客户的回函定期与应收账款明细账相核对，对账中发现的问题应交销售部门查明原因，及时处理，销售部门应将差异原因及处理结果报告财务部门。收回的货款应及时登记应收账款明细账，确保双方账目相符。

14.2.4　如何建立仓储管理内部控制

保证物资的品质完好与安全、完整，是仓储部门的责任，仓储管理包括验收、储存、发货等环节，既是企业存货完整无损、安全出入的重要保证，也是企业有条不紊地进行生产销售避免后顾之忧的重要保证，一个内部控制制度完善的企业必然十分重视仓储管理的控制制度。仓储管理内部控制的要点如下。

（1）仓储管理应实行分工负责制，存货的领用、发出、审核、保管、记账均实行分工负责。

（2）采购物资到达公司之后，仓储部门要及时进行验收工作。仓储部门要严格按订购单上要求的名称、规格、数量、质量、到货时间等进行验收。物资验收入库后，仓储部门应填制验收单。

（3）物资验收入库时，仓储部门必须依据其物理特点进行适当的分类管理。

（4）仓储部门必须严格出库管理。只有在收到经批准的发货单，并将发货单与客户的提货单核对无误后，才能进行发货。

（5）对于销售退回的物资，仓储部门应该依据有效的批准文件，及时办理退货入库手续。

（6）下列情况造成的物资损失，由仓储部门及仓库工作人员负责赔偿：①未按规定程序分类保管物资而使物资霉烂变质的或降低品质的；②未按规定程序保管物资而使物资毁损丢失的；③未按规定程序进行发货造成公司损失的；④其他不能说明原因的物资损失。

（7）仓库工作人员应该对其所保管的物资经常进行安全检查、定期（至少每季一次）盘点，并主动与财务部门进行核对，防止物资霉烂变质、毁损丢失。

（8）财务部门应该不定期对仓库保管的物资进行抽查，发现账实不符，应交有关部门查明原因，及时处理。

14.2.5　如何建立固定资产内部控制

加强固定资产内部控制，对于避免固定资产流失具有重要意义。固定资产内部控制的要点如下。

1. 固定资产的购置

（1）固定资产的购置必须经过请购、批准、订购、验收、货款结算等环节。购置业务的全过程不得由一个部门完全办理，各个环节必须分工负责，相关部门之间应该相互牵制。

（2）固定资产的购置必须按照预算进行。每年第四季度，各单位财务部门应该会同设备管理部门编制本单位下年度的固定资产预算计划，固定资产预算经董事会批准后生效。

（3）设备使用部门应该根据经营管理的需要，提前向设备管理部门提出请购申请；请购申请应明确填写请购理由、设备名称、数量、规格、预计金额、需用日期等要求。

（4）设备管理部门收到请购单后，应该根据固定资产预算及批准权限，对请购申请进行处理；超越设备管理部门权限的，设备管理部门应及时报请有权批准的部门进行处理。

（5）固定资产的购置由单位设备管理部门或采购部门负责。请购单被批准后，设备管理部门或采购部门应填制订购单，订购单应正确填写所需物品的名称、规格、数量、价格、时间、厂商名称和地址等，预先予以编号，并经被授权的采购员签字。

（6）固定资产的采购，需要预付款项的，必须与供应单位签订合同。合同一经签订，必须及时将合同副本送财务部门备案。固定资产的批量采购，应采取竞价方式确定供应商，以保证供货的质量、及时性和经济性。

（7）购置的固定资产到达之后，设备管理部门要及时通知设备验收部门进行验收。设备管理部门及验收部门要严格按订购单上要求进行验收，并填制验收单。

2. 固定资产的使用与保管、维修

（1）应当建立相关的防范资产被盗和防止自然环境侵蚀的措施，培训操作人员适当使用资产，避免操作不当对资产造成损坏。

（2）需要安装的固定资产，设备管理部门要及时组织固定资产的安装与调试工作。固定资产达到可使用状态后，设备管理部门应该及时将固定资产移交给设备使用部门。移交时，应填制设备移交清单。

（3）设备管理部门应对固定资产实行卡片管理。固定资产卡片必须详细记录固定资产的使用单位或使用人、存放地点、固定资产名称、取得方式、原值、预计使用年限、已使用年限、已提折旧等。

（4）固定资产应定期维修，其维修应纳入预算。因管理不善或使用不当等人为责任而引起的固定资产维修，设备管理部门应查明原因，分清责任，进行相应处理。

（5）固定资产至少每年盘点一次，由设备管理部门会同财务部门进行。

（6）固定资产的内部转移、出售转让、投资转出和报废清理，应该办理申请、审批、调拨（清理）、记账等相关手续。固定资产的毁损和非正常报废，应由设备管理部门查明原因，分清责任，进行相应处理。

（7）对固定资产应购买足够的保险，防止火灾、暴风雨或其他灾害造成资产损失。

3. 固定资产的财务处理

（1）资产的保管与资产的财务处理应分离。

（2）财务部门在进行会计处理时，应进行以下检查：①与购置固定资产有关的原始凭证（如合同、验收单、订购单、发票、货运文件等）是否齐全、

合法；②相关凭证（如调拨申请单、内部转移清单等）的内容是否一致；③其他有关人员在单证上的签字是否齐全。

（3）各单位应当根据具体固定资产的性质和消耗方式，合理地确定固定资产的预计使用年限和预计净残值，并根据科技发展、环境及其他因素，合理地选择固定资产的折旧方法。固定资产的预计使用年限、预计净残值和折旧方法一经确定，不得随意变更。如需变更，应报集团公司财务部门等有关部门批准。

（4）固定资产增减变动要及时进行会计处理。对未使用、不需用固定资产要及时办理封存手续。清理报废的固定资产残值应及时入账，实物要妥加保管和统一处理。

（5）财务部门应依据固定资产明细账，定期与设备管理部门进行对账，做到账、卡、物相符。

14.2.6 如何建立成本与费用内部控制

企业为了获取最大限度的利润，提高经济效益，就必须注意控制成本和费用。通过准确计算成本与费用，可以有效控制经营活动，是管理者进行计划、预算和评价等工作必不可少的参照。成本（这里仅讨论生产过程中的成本控制）与费用内部控制的要点如下。

（1）生产必须依计划进行，生产计划必须有严格的成本预算和成本计划。

（2）必须按成本计算对耗用材料进行适应的分配，领用材料必须办理领料手续，只有依据相关的领料单据，仓储部门才能发料。

（3）月末应对材料耗用进行盘点，未用完的材料应办理退料手续。

（4）应该对费用开支实行总额控制，超过费用总额的开支，原则上不予报销。费用总额的控制标准在单位年度预算中确定。

（5）制定并实施健全有效的费用预算与控制标准是单位财务部门的职责。各单位必须建立费用核准制，严格费用开支的审批，特别是预算外的开支，必须履行特殊的审批手续。必须制定并严格执行费用开支范围。

（6）所有费用单据只有经过书面核准才能进行报销。

财务部门在办理各项报销手续时，应该进行如下复核：①成本、费用的开支是否合理、合法，有无相关人员的批准签字；②成本、费用的开支是否超出开支标准或预算范围；超标准或超范围开支是否经特别授权；③相关的原始发票是否真实，计算是否正确。

14.2.7　如何建立筹资管理内部控制

企业发展离不开大量资金的支持，建立有效的筹资管理制度，有助于企业保持自身的金融信誉，较为顺利地筹措到资金。这里所谓筹资管理内部控制主要指银行借款的管理，筹资业务通常经过立项申请、可行性分析、董事会决议、借入款项、会计记录、借款使用监督、归还借款等环节，各环节的内部控制要点如下。

（1）筹资业务由单位财务部门统一管理，各业务部门应该根据本单位的经营管理需要，向财务部门提出立项申请。

（2）财务部门收到立项申请后，应依据其管理权限及时组织相关业务部门调查论证，提出可行性研究报告，并报董事会审批。未经董事会批准，财务部门及其他各部门均不得擅自对外筹资（向银行借款）。

（3）董事会应及时对筹资项目可行性研究报告进行论证。董事会形成的决议应当以书面文件的形式予以记录，并对这些书面文件进行编号保管，以便日后备查。

（4）筹资项目获董事会批准后，财务部门应该依据董事会决议，与银行签订借款合同，编制借款计划书，办理银行借款手续，并进行相应的会计处理。财务部门在进行会计处理时，应进行以下检查：①与银行借款有关的文件（如董事会决议、借款合同、银行进账单等）是否齐全、合法；②相关文件、账单（如借款申请、银行借款合同）的内容是否一致，如不一致，应查明原因，并进行相关处理；③其他有关部门和人员在单证上的签字是否齐全。

（5）财务部门应该加强对借款费用资本化的核算与管理。

（6）银行借款必须按期及时归还。不能如期归还的，资金使用部门必须提前向财务部门提出延期还款申请，财务部门应及时向银行提出延期申请，办理延期手续。

（7）单位财务部门、内审部门应该定期对各公司筹资项目的资金投向、投资效益等情况进行检查，并向董事会提出书面报告，以此保证筹措的资金得到有效的利用。

14.2.8　如何建立投资管理内部控制

企业如果有闲置资金就应当用来进行投资（包括短期投资和长期投资），想要最大限度地减少投资风险，获取投资收益，就需要加强对投资的有效控制。

投资业务通常经过立项申请、可行性分析、董事会决议、投入资本、会计记录、投资监督、收益计算、投资收回等环节，只有在各环节遵守一定的程序或要求，才能够有效减少风险发生的概率。投资各环节的内部控制要点如下。

（1）立项申请由投资管理部门负责。立项申请报送董事会前，投资管理部门应及时组织相关业务部门和财务部门进行调查论证，提出可行性研究报告。未经董事会授权批准，投资管理部门不得擅自进行投资。

（2）董事会应及时对立项申请（投资可行性研究报告）进行论证。董事会形成的投资决议应当以书面文件的形式予以记录，并对这些书面文件进行编号控制，以便日后备查。

（3）投资项目获董事会批准后，财务部门应该依据董事会决议、投资计划书，协助有关部门办理财产转移手续，并进行相应的会计处理。财务部门在进行会计处理时，应进行以下检查：①与投资项目有关的文件（如董事会决议、投资合同、国有资产管理部门批文、资产评估证明、财产转移清单等）是否齐全、合法；②相关文件、账单（如投资计划书、财产转移清单等）的内容是否一致；③其他有关部门和人员在单证上的签字是否齐全。

（4）财务部门应该加强对投资收益的核算与管理。对于收到的利息、股利要及时入账。

（5）财务部门、内审部门应该定期对投资项目的投资金额、投资进度、资金投向、投资效益等情况进行检查，并向董事会提出书面报告。

筹资控制和投资控制都遵循一定的程序，需要各个环节相互联系，环环相扣，最大限度地取得企业的最佳资源配置和利用。在这一过程中，会计主管应当根据公司的实际经济状况给出合理、有效的建议，在内部控制的相关环节发挥必要的作用。

第**15**章
高瞻远瞩，统筹规划——企业预算与财务预测

本章概览

　　企业预算和财务预算是企业有计划地进行生产经营，加强成本控制的重要方法。科学、完善的财务预算必将为企业的财务安全做出贡献。本章将解决以下问题：

　　（1）什么是财务预测？财务预测有哪些基本原则、基本方法？

　　（2）企业财务预算的基本要求有哪些？如何进行全面的财务预算？

15.1　财务预测

15.1.1　认识财务预测

　　未来充满不确定因素，难以准确预测，但是，企业要在未来的发展中立于不败之地，必须要基于已有的资源，运用科学的方法，尽量做出尽可能接近实际发展态势的预测，以此来指导自己的行为，只有这样，才能够增加成功的概率。会计主管的一个重要职责便是做出财务预测。

　　简单来说，财务预测是指估计企业未来的融资需求，它对于企业的意义表现为以下几个方面。

　　（1）财务预测是融资计划的前提。企业销售增加时，要相应增加流动资产，甚至还需增加固定资产。为取得这些增加的资产，企业要筹措资金，除了企业的保留盈余外，企业往往需要通过外部融资取得资金。对外融资的过程往

往需要较长时间，企业需要寻找提供资金的人，向其做出还本付息的承诺或提供盈利前景，并使之相信其投资是安全的并且可以获利的。因此，企业需要预先知道自己的财务需求和偿还能力，提前安排融资计划，否则就可能发生资金周转问题。

（2）财务预测有助于改善投资决策，降低决策的风险。除了估算融资需求之外，财务预测也可以进行企业融资能力的预测，因为根据销售前景估算出的融资需要不一定总能满足。因此，就需要根据可能筹措到的资金来安排销售增长，以及有关的投资项目，使投资决策建立在可行的基础上。这种双向的预测有助于企业的协调发展。

（3）预测的最终意义是有助于应变。财务预测不可能很准确，但不准确的预测并非无意义，预测和计划是超前思考的过程，其结果并非仅仅是一个资金需要量数字，还包括对未来各种可能前景的认识和思考，预测给人们展现了未来的各种可能的前景，促使人们制订出相应的应急计划，从而可以提高企业对不确定事件的反应能力，减少不利事件出现带来的损失，增加利用有利机会带来的收益。

15.1.2　财务预测的基本原则和基本步骤

正确进行财务预测，是会计主管帮助企业保持财务稳定运行的重要途径。掌握一定的原则和方法则有助于提高财务预测的准确性和有效性。

1. 财务预测应当遵循的几个原则

（1）对问题应进行清楚的界定和评价，应该知道要预测的是什么，预测所要解决的问题是什么。同时，应确定预测所要达到的准确程度以及自己或部门愿意或可能为此付出的精力。

（2）预测时间水平需要预先设立，如要确定是要预测下一年的还是要预测今后 20 年的项目现金流等。

（3）要选择使用的具体方法，如要选择宏观方法还是采用微观方法，使用定性的方法还是定量的方法等。

（4）收集数据，确定误差和相关性。使用数据来检验和选择不同的预测技术，确定能够达到一定的准确度时方可真正进行预测。

（5）最后要对前面预测的准确性进行仔细审查，如有必要，应进行修改或者选用其他方法重新预测。

2. 财务预测的基本步骤

（1）销售预测。

财务预测的起点是销售预测，销售预测本身不是财务管理的职能，但它是财务预测的基础，销售预测完成后才能开始财务预测。销售预测对财务预测的质量有重大影响，如果销售的实际状况超出预测很多，企业没有准备足够的资金添置设备或储备存货，则无法满足顾客需要，不仅会失去盈利机会，并且会丧失原有的市场份额；相反，销售预测过高，筹集大量资金购买设备并储备存货，则会造成设备闲置和存货积压，使资产周转率下降，导致权益收益率降低，股价下跌。相对准确的销售预测是做好财务预测的前提。

（2）估计需要的资产。

通常，资产是销售收入的函数，根据历史数据可以分析出该函数关系。根据预计销售收入，以及资产与销售收入的函数，可以预测所需资产的数额。大部分经营负债也是销售的函数，亦应预测负债的自发增长，这种增长可以减少企业外部融资的数额。

（3）估计各项费用和保留盈余。

销售的增加除了引起成本增加之外也会造成相关费用的增加，可以根据预计销售收入估计费用、支出和损失，并在此基础上确定净收益，而净收益和股利支付率共同决定保留盈余所能提供的资金数额。在进行财务预测时，费用的增加意味着所需融资总量的增加，而保留盈余则起到相反的效果，对于二者都需要有一个相对接近实际的预测。

（4）估计所需融资。

根据预计资产总量，减去已有的资产、负债的自发增长和内部提供的资金来源便可得出外部融资的需求。

15.1.3　财务预测的主要方法

预测的方法有很多，可按时间、定性或定量、详细程度、宏观或微观等标志加以分类。预测方法的选用视具体情况而定，决不可因某一技术复杂和高深就草率地加以选择。在此介绍几种主要的财务预测方法，它们具体体现了定性预测或定量预测等方法的实际运用。

1. 销售百分比法

财务预测的销售百分比法，是假设资产、负债和费用与销售收入存在稳定的百分比关系，根据预计销售额和相应的百分比预计资产、负债和所有者权益，然后利用会计等式确定融资需求的方法。预测的步骤如下。

（1）确定资产和负债项目的销售百分比。

确定资产和负债项目的销售百分比，可以根据统一的财务报表数据预计，也可以使用经过调整的用于管理的财务报表数据预计，后者更方便，也更合理。举例说明如下。

【例 15-1】假设某甲公司 2008 年销售收入为 3 000 万元，预计 2009 年的销售收入为 4 000 万元。

各项目销售百分比 = 基期资产（负债）÷ 基期销售额

基于此公式便可根据 2008 年销售收入（3 000 万元）计算的各项经营资产和经营负债的百分比。具体见表 15-1 的"销售百分比"部分所示。其中，基期资产表述为表中的"2008 年实际"一栏，该栏数据除以基期销售额即 2008 年的销售额 3 000 万元，即为该项目的销售百分比，2009 年的预期销售额乘以该销售百分比便可大致预测出该项目在 2009 年应达到的数额。

表 15-1　净经营资产的预计

单位：万元

项　目	2008 年实际	销售百分比	2009 年预测
应收票据	8	0.27%	11
应收账款	398	13.27%	531
预付账款	22	0.73%	29
其他应收款	12	0.40%	16
存货	119	3.97%	159
待摊费用	32	1.07%	43
一年内到期的非流动资产	45	1.50%	60
其他流动资产	8	0.27%	11
长期股权投资	30	1.00%	40
固定资产	1 238	41.27%	1 651
在建工程	18	0.60%	24
无形资产	6	0.20%	8
长期待摊费用	5	0.17%	7

续表

项　目	2008 年实际	销售百分比	2009 年预测
其他非流动资产	3	0.10%	4
经营资产合计	1 944	64.82%	2 594
应付票据	5	0.17%	7
应付账款	100	3.33%	133
预收账款	10	0.33%	13
应付职工薪酬	2	0.07%	3
应交税费	5	0.17%	7
应付利息	12	0.40%	16
应付股利	28	0.93%	37
其他应付款	14	0.47%	19
预提费用	9	0.30%	12
预计负债	2	0.07%	3
一年内到期的非流动负债	50	1.67%	67
其他流动负债	3	0.10%	4
长期应付款	50	1.67%	67
经营负债合计	290	9.68%	388
净经营资产总计	1 654	55.14%	2 206

注意，资产、负债项目占销售额的百分比，也可以根据以前若干年度的平均数确定。

（2）预计各项经营资产和经营负债。

各项经营资产（负债）＝预计销售收入 × 各项目销售百分比

【例 15-1】中，根据预计 2009 年销售收入（4 000 万元）和各项目销售百分比计算的各项经营资产和经营负债，见表 15-1 的"2009 年预测"部分。

资金总需求＝预计净经营资产合计－基期净经营资产合计

＝2 206-1 654=552（万元）

该公司 2009 年需要筹资 552 万元，如何筹集该资金取决于公司的筹资政策。通常，筹资的优先顺序如下：（1）动用现存的金融资产；（2）增加留存收益；（3）增加金融负债；（4）增加股本。

（3）预计可以动用的金融资产。

【例 15-1】中，假设该公司 2008 年底的金融资产为 56 万元，根据过去经验，公司至少要保留 20 万元的货币资金，以备各种意外支付。

可动用金融资产 =56-20=36（万元）

尚需筹集资金 =552-36=516（万元）

（4）预计增加的留存收益。

留存收益是公司内部的筹资来源。只要公司有盈利并且不是全部支付股利，留存收益会使股东权益增长，可以满足或部分满足企业的筹资要求。这部分资金的多少，取决于收益的多少和股利支付率的高低。

留存收益增加 = 预计销售额 × 计划销售净利率 ×（1- 股利支付率）

【例 15-1】中，假设该公司 2009 年计划销售净利率为 4.5%（与 2008 年实际接近）。由于需要的筹资额较大，2009 年该公司不支付股利。

留存收益增加 =4 000 ×4.5% =180（万元）

需要的外部筹资数额 =516-180=336（万元）

这里需要注意一个问题：该留存收益增加额的计算方法隐含了一个假设，即计划销售净利率可以涵盖增加的利息。设置该假设的目的是摆脱筹资预测的数据循环。

在筹资预测时，需要先确定留存收益的增加数额，然后确定需要增加的借款，但是借款的改变反过来又影响留存收益。

其数据关系如下：在股利支付率确定之后，留存收益受净利润的影响；净利润多少受利息支付的影响；利息多少受借款数额的影响；借款增加数额要视留存收益增加额而定。

为了解决该数据循环问题，一个办法是使用多次迭代法，逐步逼近可以使数据平衡的留存收益和借款数额；另一个简单的办法是假设销售净利率可以涵盖借款增加的利息，先确定留存收益，然后确定借款的数额。我们这里使用了后一种处理办法。

（5）预计增加的借款。

需要的外部筹资额，可以通过增加借款或增发股本筹集，涉及资本结构管理问题。通常，在目标资本结构允许时企业会优先使用借款筹资。如果已经不宜再增加借款，则需要增发股本。

【例 15-1】中，假设该公司可以通过借款筹集资金 336 万元，则：

筹集资金总额 = 动用金融资产 + 增加留存收益 + 增加借款

=36+180+336=552（万元）

2.财务预测的其他具体方法

销售百分比法是一种比较简单、粗略的预测方法。首先，该方法假设各项经营资产和经营负债与销售额保持稳定的百分比，可能与事实不符。其次，该方法假设计划销售利润率可以涵盖借款利息的增加，也不一定合理。为了改进财务预测的质量，有时需要使用更精确的方法。

（1）使用回归分析技术。

财务预测的回归分析，是利用一系列的历史资料求得各资产负债表项目和销售额的函数关系，据此预测计划销售额与资产、负债数量，然后预测融资需求的方法。

通常假设销售额与资产、负债等存在线性关系。例如，假设存货与销售额之间存在直线关系，其直线方程为"存货 =a+b× 销售额"，根据历史资料和回归分析的最小二乘法可以求出直线方程的系数 a 和 b，然后根据预计销售额和直线方程预计存货的金额。

完成资产、负债项目的预计后，其他的计算步骤与销售百分比法的相同。

（2）通过编制现金预算预测财务需求。

现金预算是对未来现金流量进行详尽的描述，它不仅是计划的工具，也是预测的工具。本章的15.2节将具体介绍其方法。

（3）使用计算机进行财务预测。

对于大型企业来说，无论是销售百分比法还是回归分析技术法都显得过于简化。实际上影响融资需求的变量很多，如产品的组合、信用政策、价格政策等。把这些变量纳入预测模型后，计算量大增，手工处理已很难胜任，使用计算机是不可避免的。

最简单的计算机财务预测，是使用"电子表软件"，如 Lotus 1-2-3 或 Excel，其计算过程和手工预测几乎没有差别，但更加迅速准确，并且如果要改变一个输入参数，软件能自动重新计算所有预测数据。

比较复杂的预测是使用交互式财务规划模型，它比电子表软件功能更强，其主要好处是能通过"人机对话"进行"反向操作"。这种方法不但可以根据既定销售额预测融资需求，还可以根据既定资金限制预测可达到的销售额。

最复杂的预测是使用综合数据库财务计划系统。该系统建有公司的历史资料库和模型库，用以选择适用的模型并预测各项财务数据；它通常是一个联机实时系统，随时更新数据；可以使用概率技术，分析预测的可靠性；它还是一个综合的规划系统，不仅用于资金的预测和规划，而且包括需求、价格、成本及各项资源的预测和规划；该系统通常也是规划和预测结合的系统，能快速生成预计的财务报表，从而支持财务决策。

15.2 如何完善财务预算

15.2.1 企业财务预算的基本要求

企业财务预算是在预测和决策的基础上，围绕企业战略目标，对一定时期内企业资金取得和投放、各项收入和支出、企业经营成果及其分配等资金运动所做的具体安排。财务预算是企业全面预算的一部分，它和业务预算、资本预算、筹资预算等其他预算相互联系，构成一个数字相互衔接的企业全面预算。

企业财务预算应当围绕企业的战略要求和发展规划，以业务预算、资本预算为基础，以经营利润为目标，以现金流为核心进行编制，并主要以财务报表形式予以充分反映。

企业应当重视财务预算管理工作，将财务预算作为制定、落实内部经济责任制的依据。企业财务预算管理由母公司组织实施，分级归口管理。企业财务预算一般按年度编制，应按照经济活动的责任权限进行，并遵循以下基本原则：

（1）坚持效益优先原则，实行总量平衡，进行全面预算管理；

（2）坚持积极稳健原则，确保以收定支，加强财务风险控制；

（3）坚持权责对等原则，确保切实可行，围绕经营战略实施。

15.2.2 全面预算体系

1. 全面预算的内容

预算是使企业的资源获得最佳生产率和获利率的一种方法，它是计划工作的成果，既是决策的具体化，又是控制生产经营活动的依据。财务预算作为企业全面预算的一部分，应当将其放在企业全面预算的体系中进行全面系统的考察。

全面预算是由一系列预算构成的体系，各项预算之间相互联系，关系比较复杂，很难用一个简单的办法准确描述。图 15-1 是一个简化了的例子，反映了各预算之间的主要联系。

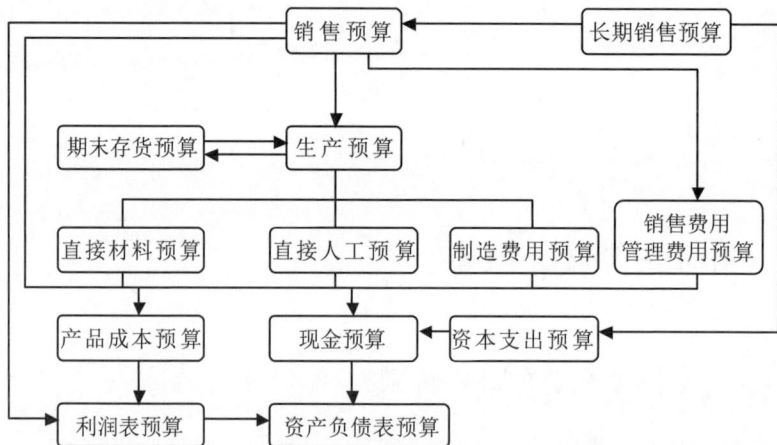

图 15-1　全面预算

全面预算按其涉及的内容分为总预算和专门预算。总预算是指利润表预算和资产负债表预算，它们反映企业的总体状况，是各种专门预算的综合。专门预算是指其他反映企业某一方面经济活动的预算。

全面预算按其涉及的预算期分为长期预算和短期预算。长期预算包括长期销售预算和资本支出预算，有时还包括长期资金筹措预算和研究与开发预算。短期预算是指年度预算，或者时间更短的季度或月度预算，如直接材料预算、现金预算等。

通常长期和短期的划分以 1 年为界限，有时把 2~3 年年期的预算称为中期预算。企业应根据长期市场预测和生产能力，编制长期销售预算，以此为基础，确定本年度的销售预算，并根据企业财力确定资本支出预算。销售预算是年度预算的编制起点，根据"以销定产"的原则确定生产预算，同时确定所需要的销售费用。生产预算的编制，除了要考虑计划销售量外，还要考虑现有存货和年末存货。根据生产预算来确定直接材料、直接人工和制造费用预算。产品成本预算和现金预算是有关预算的汇总。利润表预算和资产负债表预算是全部预算的综合。

2. 全面预算的编制程序

企业预算的编制，涉及经营管理的各个部门，只有执行人参与预算的编制，才能使预算成为他们自愿努力完成的目标，而不是外界强加于他们的枷锁。因此，预算编制程序可以大致表述为"上下结合、分级编制、逐级汇总"。企业预算的具体编制程序如下。

（1）下达目标。企业决策机构根据长期规划企业发展战略和预算期经济形势的初步预测，在决策的基础上，提出下一年度企业财务预算目标，并确定财务预算编制的政策，下达各预算执行单位。

（2）编制上报。最基层成本控制人员自行草编预算，使预算能较为可靠、较为符合实际。各部门汇总部门预算，并初步协调本部门预算，编制出详细的本部门预算方案并上报企业财务管理部门。

（3）审查平衡。企业财务管理部门对各预算执行单位上报的财务预算方案进行审查、汇总，提出综合平衡的建议，充分协调存在的问题，提出初步调整意见并反馈给有关预算执行单位予以修正。

（4）审议批准。在平衡、修正的基础上，企业财务管理部门编制出企业预算方案，报财务预算委员会讨论，经过进一步调整、修订，正式编制企业年度财务预算草案，提交企业决策机构审议批准。

（5）下达执行。批准后的预算下达给各部门执行。

15.2.3　财务预算的编制

财务预算的内容，包括现金收入、现金支出、现金多余或不足的计算，以及不足部分的筹措方案和多余部分的利用方案等。财务预算与其他企业预算密切联系，实际上是其他预算有关现金收支部分的汇总，以及收支差额平衡措施的具体计划。它的编制，要以其他各项预算为基础，或者说其他预算在编制时要为现金预算做好数据准备。因此，对财务预算的介绍应当涉及企业各项具体预算。下面按照生产销售各个环节分别介绍各项预算，并展示它们是如何为编制财务预算准备必要数据的。

1. 销售预算

销售预算是整个预算的编制起点，其他预算的编制都以销售预算作为基础。销售预算的主要内容是销量、单价和销售收入。销量是根据市场预测或销货合同并结合企业生产能力确定的。单价是通过价格决策确定的。销售收入是两者的乘积，在销售预算中计算得出。销售预算通常要分品种、分月份、分销售区域、分推销员来编制。销售预算中通常还包括预计现金收入的计算，其目的是为编制现金预算提供必要的资料。

这里以分季度编制为例，介绍销售预算的编制。

【例 15-2】假设某甲公司 2009 年预计销售情况如表 15-2 所示。本例中，假设每季度销售收入中，本季度收到现金 60%，另外的 40% 现金要到下季度才能收到，且第一季度的现金收入包括两部分，即上年应收账款在本年第一季度收到的货款，以及本季度销售中可能收到的货款部分。则该公司 2009 年度销售预算表可以编制如下。

表 15-2　销售预算表

单位：元

季　　度	一	二	三	四	全年
预计销售量（件）	100	150	200	180	630
预计单位售价	200	200	200	200	200
销售收入	20 000	30 000	40 000	36 000	126 000
上年应收账款	6 200				6 200
第一季度（销货 20 000）	12 000	8 000			20 000
第二季度（销货 30 000）		18 000	12 000		30 000
第三季度（销货 40 000）			24 000	16 000	40 000
第四季度（销货 36 000）				21 600	21 600
现金收入合计	18 200	26 000	36 000	37 600	117 800

2. 生产预算

生产预算是在销售预算的基础上编制的，一般根据预计的销售量按照品种分别编制，其主要内容有销售量、期初和期末存货、生产量。它为进一步预算成本和费用提供依据。

企业的生产和销售一般不可能做到"同步同量"，必须设置一定的存货，以保证在发生意外需求时能按时供货，并可均衡生产。因此，预算期间除了必须备有充足的产品以供销售外，还应考虑预计期初存货和预计期末存货等因素的存在。产品生产量与销售量之间的关系可以表示为：

预计生产量 = 预计销售量 + 预计期末存货 − 预计期初存货

本公式中，预计销售量来自销售预算，预计期初存货等于上季度期末存货量，预计期末存货量根据长期销售趋势来确定，实践中，一般可以按照下一期销售量的一定比例进行估算。

【例 15-3】假设某甲公司各季末存货按下一季度预计销售量的 10% 计算，年初存货是编制预算时预计的，假设年初有存货 10 件，年末留存 20 件。现根据销售预算的相关数据，编制生产预算如表 15-3 所示。

表 15-3　生产预算表　　　　　单位：件

季　度	一	二	三	四	全年
预计销售量	100	150	200	180	630
加：预计期末存货	15	20	18	20	20
合计	115	170	218	200	650
减：预计期初存货	10	15	20	18	10
预计生产量	105	155	198	182	640

上例仅仅是生产预算的最为简单和规范的模板，而生产预算在实际编制中要复杂得多，要受到诸多限制，诸如生产能力、库存容量以及实际销售状况等。例如，有的季度可能销量很大，可以用赶工方法增产，为此要多付加班费，而如果提前在淡季生产，则会因增加存货而多付资金利息。因此，在编制生产预算时需要综合考虑各种因素，权衡利弊得失，选择成本最低的方案。

3. 直接材料预算

直接材料预算主要是用来确定预算期材料采购数量和采购成本的。它是以生产预算为基础编制的，同时要考虑原材料在期初期末的存货水平。

预计采购量 = 预计生产需用量 + 预计期末存量 − 预计期初存量

其中，预计生产需用量 = 单位产品用量 × 预计生产量

直接材料预算的主要内容有直接材料的单位产品材料用量、预计产品生产量、期初和期末存量等。"预计生产量"的数据来自生产预算，"单位产品材料用量"的数据一般可以根据标准单位耗用量和定额耗用量来确定，"生产需用量"是上述两项的乘积。年初和年末的材料存货量，是根据当前情况和长期销售预测估计的，各期"期初材料存量"是上一期的期末存货，各期"期末材料存量"根据下一期生产量的一定百分比确定。

另外，为了便于以后编制财务预算，通常要预计材料采购各季度的现金支出。每个季度的现金支出包括偿还上期应付账款和本期应支付的采购货款。如果材料品种很多，则需要单独编制材料存货预算。

【例 15-4】假设某甲公司生产产品需用的 A 材料，年初和年末材料存量分别是300 千克和 400 千克，各季度"期末材料存量"根据下一季度预计生产量的 20% 计算。

假设材料采购的货款有 50% 在本季度内付清，另外 50% 在下季度付清。"直接材料预算表"如表 15-4 所示。

表 15-4　直接材料预算表

季　度	一	二	三	四	全年
预计生产量（件）	105	155	198	182	640
单位产品材料用量（千克／件）	10	10	10	10	10
生产需用量（千克）	1 050	1 550	1 980	1 820	6 400
加：预计期末存量（千克）	310	396	364	400	400
合计	1 360	1 946	2 344	2 220	6 800
减：预计期初存量（千克）	300	310	396	364	300
预计材料采购量（千克）	1 060	1 636	1 948	1 856	6 500
单价（元／千克）	5	5	5	5	5
预计采购金额（元）	5 300	8 180	9 740	9 280	32 500

预计现金支出

季　度	一	二	三	四	全年
上年应付账款	2 350				2 350
第一季度（采购 5 300 元）	2 650	2 650			5 300
第二季度（采购 8 180 元）		4 090	4 090		8 180
第三季度（采购 9 740 元）			4 870	4 870	9 740
第四季度（采购 9 280 元）				4 640	4 640
合计	5 000	6 740	8 960	9 510	30 210

4. 直接人工预算

直接人工预算也是以生产预算为基础编制的。它用来确定预算期内人工工时的消耗水平和人工成本水平，其主要内容有预计产量、单位产品工时、人工总工时、每小时人工成本和人工总成本。

"预计生产量"数据来自生产预算。单位产品人工工时和每小时人工成本数据，来自标准成本资料。人工总工时和人工总成本是在直接人工预算中计算出来的。直接人工预算的基本计算公式为：

预计直接人工成本 ＝ 每小时工资 × 预计直接人工总工时

其中，

预计直接人工总工时 = 单位产品直接人工工时 × 预计生产量

【例 15-5】某甲公司直接人工预算如表 15-5 所示。

表 15-5　直接人工预算表

季　度	一	二	三	四	全年
预计产量（件）	105	155	198	182	640
单位产品工时（小时 / 件）	10	10	10	10	10
人工总工时（小时）	1 050	1 550	1 980	1 820	6 400
每小时人工成本（元 / 小时）	2	2	2	2	2
人工总成本（元）	2 100	3 100	3 960	3 640	12 800

由于人工工资都需要使用现金支付，所以，不需另外预计现金支出，可直接参加财务预算的汇总。

5. 制造费用预算

制造费用预算是指除直接材料和直接人工之外其他一切生产费用的预算，通常分为变动制造费用和固定制造费用两部分。变动制造费用以生产预算为基础来编制。如果有完善的标准成本资料，用单位产品的标准成本与产量相乘，即可得到相应的预算金额。如果没有标准成本资料，就需要逐项预计计划产量需要的各项制造费用。固定制造费用，需要逐项进行预计，通常与本期产量无关，按每季度实际需要的支付额预计，然后求出全年数。

为了便于以后编制产品成本预算，需要计算制造费用预算分配率，计算公式为：

变动性制造费用分配率 = 变动性制造费用预算总额 ÷ 相关分配标准预算总额

固定性制造费用分配率 = 固定性制造费用预算总额 ÷ 相关分配标准预算总额

其中，相关分配标准预算总额可在生产预算或直接人工工时总数预算中选择。

为了便于以后编制财务预算，需要预计现金支出。制造费用中，折旧费无需用现金支付，在计算时应予剔除，即根据每个季度制造费用数额扣除折旧费后，即可得出"现金支出的费用"。

【例 15-6】假定某甲公司在预算编制中采用变动成本法，变动性制造费用按直接人工工时比例分配，折旧以外的各项制造费用均于当季付现。则制造费用预算如表 15-6 所示。

表 15-6　制造费用预算表

单位：元

季　度	一	二	三	四	全年
变动制造费用：					
间接人工	105	155	198	182	640
间接材料	105	155	198	182	640
修 理 费	210	310	396	364	1 280
水 电 费	105	155	198	182	640
小　计	525	775	990	910	3 200
固定制造费用：					
修 理 费	1 000	1 140	900	900	3 940
折　旧	1 000	1 000	1 000	1 000	4 000
管理人员工资	200	200	200	200	800
保 险 费	75	85	110	190	460
财 产 税	100	100	100	100	400
小　计	2 375	2 525	2 310	2 390	9 600
合　计	2 900	3 300	3 300	3 300	12 800
减：折　旧	1 000	1 000	1 000	1 000	4 000
现金支出的费用	1 900	2 300	2 300	2 300	8 800

为了便于以后编制产品成本预算，需要计算小时费用率。

变动制造费用分配率＝变动性制造费用预算总额÷相关分配标准预算总额＝3 200÷6 400=0.5（元／小时）

固定制造费用分配率＝9 600÷6 400=1.5（元／小时）

6. 产品成本预算

产品成本预算，是生产预算、直接材料预算、直接人工预算、制造费用预算的汇总，其主要内容是产品的单位成本和总成本。单位产品成本的有关数据，来自前述三个预算。生产量、期末存货量来自生产预算，销售量来自销售预算。生产成本、存货成本和销货成本等数据，根据单位成本和有关数据计算得出。

【**例 15-7**】某甲公司产品成本预算如表 15-7 所示。

表 15-7　产品成本预算表

	单 位 成 本			生产成本 （640 件）	期末存货 （20 件）	销货成本 （630 件）
	每千克 或每小时	投入量	成本 （元）			
直接材料	5	10 千克	50	32 000	1 000	31 500
直接人工	2	10 小时	20	12 800	400	12 600
变动制造费用	0.5	10 小时	5	3 200	100	3 150
固定制造费用	1.5	10 小时	15	9 600	300	9 450
合计			90	57 600	1 800	56 700

7. 销售及管理费用预算

销售费用预算是指为了实现销售预算所需支付的费用预算，它以销售预算为基础，分析销售收入、销售利润和销售费用的关系，力求实现销售费用的最有效使用。在进行销售费用预算时，要对过去的销售费用进行分析，考察过去销售费用支出的必要性和效果。销售费用预算应和销售预算相配合，应按品种、地区、用途做出具体预算数额。

管理费用是搞好一般管理业务所必要的费用。在编制管理费用预算时，要分析企业的业务成绩和一般经济状况，务必做到费用合理化。管理费用多属于固定成本，因此，一般是以过去的实际开支为基础，按预算期的可预见变化来进行预测的。预测过程中要充分考察每种费用是否必要，以便提高费用效率。

【**例 15-8**】某甲公司销售及管理费用预算如表 15-8 所示。

表 15-8　销售及管理费用预算表

单位：元

销售费用：	金额
销售人员工资	2 000
广告费	5 500
包装、运输费	3 000
保管费	2 700
管理费用：	金额

续表

管理人员薪金	4 000
福利费	800
保险费	600
办公费	1 400
合 计	20 000
每季度支付现金（20 000÷4）	5 000

8. 现金预算

财务预算主要表现为现金预算。现金预算的编制，以各项营业预算和资本预算为基础，它反映预算期内由于日常经营活动和资本支出引起的一切现金收支及其结果，并做对比说明。其目的在于合理地处理现金收支业务，正确地调度资金，资金不足时筹措资金，资金多余时及时处理现金余额，并且提供现金收支的控制限额，从而保证企业资金的正常流转。

现金预算由四部分组成：现金收入、现金支出、现金多余或不足、现金的筹措和运用。

（1）"现金收入"。

包括期初现金余额和预算期现金收入，如现销收入、收回的应收账款、应收票据到期兑现和票据贴现收入等，其中销货取得的现金收入是其主要来源。期初的"现金余额"是在编制预算时预计的，"销货现金收入"的数据来自销售预算，"可供使用现金"是期初余额与本期现金收入之和。

（2）"现金支出"。

包括预算期预计发生的各项现金支出。"直接材料""直接人工""制造费用""销售及管理费用"的数据分别来自前述有关预算。此外，还包括所得税费用、购置设备、股利分配等现金支出，有关的数据分别来自另行编制的专门预算。

（3）"现金多余或不足"及现金的筹措和运用。

通过分析预算期现金多余或不足即现金收支差额，可以根据该差额和企业有关资金管理的各项正常，确定筹集或运用资金的数额。具体而言，列示现金收入合计与现金支出合计的差额，差额为正，说明收入大于支出，现金有多余，可用于偿还过去向银行取得的借款，或者用于短期投资；差额为负，说明支出大于收入，现金不足，要向银行取得新的借款。

【例 15-9】某甲公司现金预算如表 15-9 所示。

表 15-9　现金预算表

单位：元

季　度	一	二	三	四	全年
期初现金余额	8 000	8 200	6 000	6 290	8 000
加：销货现金收入（表 15-2）	18 200	26 000	36 000	37 600	117 800
可供使用现金	26 200	34 200	42 060	43 890	125 800
减各项支出：					
直接材料（表 15-4）	5 000	6 740	8 960	9 510	30 210
直接人工（表 15-5）	2 100	3 100	3 960	3 640	12 800
制造费用（表 15-6）	1 900	2 300	2 300	2 300	8 800
销售及管理费用（表 15-8）	5 000	5 000	5 000	5 000	20 000
所得税费用	4 000	4 000	4 000	4 000	16 000
购买设备		10 000			10 000
股　利		8 000		8 000	16 000
支出合计	18 000	39 140	24 220	32 450	113 810
现金多余或不足	8 200	-4 940	17 840	11 440	11 990
向银行借款		11 000			-11 000
还银行借款			11 000		11 000
短期借款利息（年利 10%）			550		550
长期借款利息（年利 12%）				1 080	1 080
期末现金余额	8 200	6 060	6 290	10 360	10 360

本例中，该企业需要保留的现金余额为 6 000 元，不足此数时需要向银行借款。假设银行借款的金额要求是 1 000 元的倍数，那么，第二季度借款额为：

借款额 = 最低现金余额 + 现金不足额

=6 000+4 940

=10 940

≈ 11 000（元）

第三季度现金多余，可用于偿还借款。一般按"每期期初借入，每期期末归还"来预计利息，故本例借款期为 6 个月。假设利率为 10%，则应计利息为 550 元：

利息 =11 000×10%×6÷12

=550（元）

此外，还应将长期借款利息纳入预算。本例中，长期借款余额为 9 000 元，利率为 12%，预计在第四季度支付利息 1 080 元。

还款后，仍须保持最低现金余额，否则，只能部分归还借款。

15.2.4 利润表和资产负债表预算的编制

1.利润表预算的编制

财务报表预算是财务管理的重要工具，其作用与历史实际的财务报表的不同，后者主要是向外部报表使用人提供财务信息，根据有关法规的强制性规定，所有企业都要在年终编制历史实际的财务报表。而财务报表预算主要为企业财务管理服务，是控制企业资金、成本和利润总量的重要手段，可以从总体上反映一定期间企业经营的全局情况，通常称之为企业的"总预算"。

利润表预算与实际利润表的内容、格式相同，只不过数据是面向预算期的，它是在汇总销售、成本、销售及管理费用、资本支出等预算的基础上编制而成的。通过编制利润表预算，可以了解企业预期的盈利水平。如果预算利润与最初编制方针中的目标利润有较大差异，就需要调整部门预算，设法达到目标，或者经企业决策者同意后修改目标利润。

【例 15-10】某甲公司的利润表预算如表 15-10 所示，它是根据上述各有关预算编制的。

表 15-10　利润表预算

单位：元

项目	金额
销售收入（表 15-2）	126 000
销货成本（表 15-7）	56 700
毛利	69 300
销售及管理费用（表 15-8）	20 000
利息（表 15-9）	1 630
利润总额	47 670
所得税费用（估计）	16 000
税后净收益	31 670

表中，"销售收入"项目的数据，来自销售收入预算；"销售成本"项目的数据，

来自产品成本预算；"毛利"项目的数据是前两项的差额；"销售及管理费用"项目的数据，来自销售费用及管理费用预算；"利息"项目的数据，来自现金预算；"所得税费用"项目是在利润规划时估计的，并已列入现金预算，它通常不是根据"本年利润"和所得税税率计算出来的，一是因为有一些纳税调整事项存在，二是从预算编制程序上看，如果根据"本年利润"和税率重新计算所得税，就需要修改"现金预算"，引起信贷计划修订，进而改变"利息"，最终又要修改"本年利润"，从而陷入数据的循环修改。

2. 资产负债表预算的编制

资产负债表预算与实际的资产负债表内容、格式相同，只不过数据反映的是预算期末的财务状况。资产负债表预算是利用本期期初资产负债表，根据销售、生产、资本等预算的有关数据加以调整编制的，其目的在于判断预算反映的财务状况的稳定性和流动性。如果通过资产负债表预算的分析，发现某些财务比率不佳，必要时可修改有关预算，以改善财务状况。

【例 15-11】某甲公司资产负债表预算如表 15-11 所示。

表 15-11 资产负债表预算

单位：元

资　产			权　益		
项　目	年初	年末	项　目	年初	年末
现金（表 15-9）	8 000	10 360			
应收账款（表 15-2）	6 200	14 400	应付账款（表 15-4）	2 350	4 640
直接材料（表 15-4）	1 500	2 000	长期借款	9 000	9 000
产成品（表 15-7）	900	1 800	普通股	20 000	20 000
固定资产	35 000	45 000	未分配利润	16 250	31 920
累计折旧（表 15-6）	4 000	8 000	权益总额	47 600	65 560
资产总额	47 600	65 560			

本表中，大部分项目的数据来源已注明在表中。普通股、长期借款两项指标本年度没有变化。年末"未分配利润"是这样计算的：

期末未分配利润＝期初未分配利润＋本期利润－本期股利

＝16 250+31 670-16 000

＝31 920（元）

"应收账款"是根据表 15-2 中的第四季度销售额和本期收现率计算的：

期末应收账款 = 本期销售额 × （1－本期收现率）

=36 000 × （1－60%）

=14 400（元）

"应付账款"是根据表15-4中的第四季度采购金额和付现率计算的：

期末应付账款 = 本期采购金额 × （1－本期付现率）

=9 280 × （1－50%）

=4 640（元）

15.2.5　弹性预算

上述所列示的预算是在生产等标准化的前提下进行的，而事实上，企业的业务量水平往往有一定的变动。为了更全面地掌握可能有的业务状况，需要引进弹性预算。所谓弹性预算，是企业在不能准确预测业务量的情况下，根据本、量、利之间有规律的数量关系，按照一系列业务量水平编制的有伸缩性的预算。只要这些数量关系不变，弹性预算可以持续使用较长时期，不必每月重复编制。弹性预算主要用于各种间接费用预算，有些企业也用于利润预算。

1.弹性预算的特点

为了更好地说明弹性预算的特点，举例如下。

【例15-12】某生产制造部门制造费用的弹性预算如表15-12所示。

表15-12　制造费用预算（多水平法）

单位：元

业务量（直接人工工时）	420	480	540	600	660
占正常生产能力百分比	70%	80%	90%	100%	110%
变动成本：					
运　　输（b=0.2）	84	96	108	120	132
电　　力（b=1.0）	420	480	540	600	660
消耗材料（b=0.1）	42	48	54	60	66
合　　计	546	624	702	780	858
混合成本：					
修 理 费	440	490	544	600	746
油　　料	180	220	220	220	240
合　　计	620	710	764	820	986

续表

固定成本：					
折　旧　费	300	300	300	300	300
管理人员工资	100	100	100	100	100
合　　计	400	400	400	400	400
总　　计	1 566	1 734	1 866	2 000	2 244

该例显示出弹性预算和按特定业务量水平编制的固定预算相比，有以下两个显著特点。

（1）弹性预算是按一系列业务量水平编制的，扩大了预算的适用范围。就表15-12来说，如若仅按600直接人工小时来编制，就成为固定预算，其总额为2 000元，这种预算只有在实际业务量接近600小时的情况下才能发挥作用，如果实际业务量与此相差很多，而仍用2 000元去控制和评价成本，显然是不合适的。采用弹性预算法，可以根据企业情况按实际可能出现的多种业务量水平来列示。这样，无论实际业务量达到何种水平，都有与此相适用的一套成本数据加以预测。

（2）弹性预算是按成本的不同分类列示的，便于在计划期终了时计算"实际业务量的预算成本"即实际应当达到的成本水平，使预算执行情况的评价和考核建立在更加现实和客观的基础上。

采用弹性预算可以根据各项成本同业务量的不同关系，采用不同方法确定"实际业务量的预算成本"，去评价和考核实际成本。例如，实际业务量为500小时，运输费等各项变动成本可用实际工时数乘以单位业务量变动成本来计算，即变动总成本$=500×0.2+500×1+500×0.1=650$（元）；固定总成本不随业务量变动，仍为400元；混合成本可用内插法逐项计算：500小时处在480小时和540小时两个水平之间，修理费应该在490～544元之间，设实际业务的预算修理费为x元，则：

$$\frac{500-480}{540-480} = \frac{x-490}{544-490}$$

$x=508$（元）

油料费用在480小时和540小时的水平时均为220元，500小时当然也应为220元。可见：

500小时预算成本$=（0.2+1+0.1）×500+508+220+400=1\ 778$（元）

这样计算出来的预算成本，比较符合成本的变动规律，用以评价和考核实际成本，比较确切并容易为被考核人所接受。

注意，不能简单地按业务量变动的比例去考核实际成本，如在实际业务量为500小时的情况下，既不能用2 000元去评价实际成本的高低，也不能简单地用"2 000×（500÷600）=1 666（元）"来考核实际成本，因为并不是所有的成本都一定同业务量呈正比例关系的。

2. 弹性预算的编制

（1）编制弹性预算的基本步骤。

①选择业务量的计量单位。编制弹性预算，要选用一个最代表本部门生产经营活动水平的业务量计量单位。例如，以手工操作为主的车间，应选用人工工时；制造单一产品或零件的部门，可以选用实物数量；制造多种产品或零部件的部门，可以选用人工工时或机器工时等。

②确定适用的业务量范围。弹性预算的业务量范围视企业或部门的业务量变化情况而定，务必使实际业务量不至于超出确定的范围。一般来说，可定在正常生产能力的70%~110%之间，或以历史上最高业务量和最低业务量为其上下限。

③逐项研究并确定各项成本和业务量之间的数量关系。

④计算各项预算成本，并用一定的方式来表达。

（2）弹性预算的表达方式。

①多水平法（列表法）。

采用多水平法，首先要在确定的业务量范围内，划分出若干个不同水平，然后分别计算各项预算成本，汇总列入一个预算表格。如表15-12所示，在这个预算中，业务量的间隔为10%，这个间隔可以更大些，也可以更小些，关键要把握好度。间隔较大，可简化编制工作，但过大会减小精确度，失去弹性预算的优势；间隔较小，用以控制成本较为准确，但会增加编制的工作量。

多水平法的优点是不管实际业务量是多少，不必经过计算即可找到与业务量相近的预算成本，用以控制成本比较方便；缺点是往往需要使用插补法来计算"实际业务量的预算成本"，比较麻烦。

②公式法。

因为任何成本都可用公式"$y=a+bx$"（预算成本＝固定成本＋单位变动成本 × 业务量）来近似地表示，所以只要在预算中列示 a（固定成本）和 b（单位变动成本），便可随时利用这一公式计算任一业务量（x）的预算成本（y）。表15-13是一个公式法的弹性预算，其数据资料与前述多水平法一样，只是表达方式不同。

表 15-13　弹性预算（公式法）

单位：元

业务量范围（人工工时）	420~660	
项　目	固定成本（每月）	变动成本（每人工工时）
运　输　费		0.20
电　　力		1.00
消　耗　材　料		0.10
修　理　费	85（备注）	0.85
油　　料	108	0.20
折　旧　费	300	
管理人员工资	100	
合　　计	593	2.35
备　　注	当业务最超过 600 工时后，修理费的固定部分上升为 185 元	

公式法的优点是便于计算任何业务量的预算成本；缺点是阶梯成本和曲线成本只能用数学方法修正为直线，以便用"$y=a+bx$"公式来表示。必要时，还需要在"备注"中说明不同的业务量范围内，应该采用的不同的固定成本金额和单位变动成本金额。

3. 弹性预算的运用

弹性预算主要被用作控制成本支出的工具，在计划期开始时，提供控制成本所需要的数据，在计划期结束后，可用于评价和考核实际成本。

（1）控制支出。

根据弹性预算和每月的生产计划，即可确定各月的成本控制限额。该成本控制限额并不要求十分精确，采用多水平法时可选用与计划业务量水平最接近的一套成本数据作为控制成本的限额；采用公式法时，可根据计划业务量逐项计算成本数额，编制成本限额表。

（2）评价和考核成本控制业绩。

每个计划期结束后，都要编制成本控制情况的报告，以评价和考核各部门成本预算的执行情况并根据需要进行生产调整，实现成本控制。

表 15-14 是部门成本控制报告的一种格式。其中，"实际成本"是根据实际产品成本核算资料填制的；"预算成本"是根据实际业务量和弹性预算（见表 15-12）逐项计算填列的；"差异额"是实际成本减去预算成本的差额，负

数表示节约额，正数表示超支额；"差异率"是差异额占预算成本的百分比，表示节约或超支的相对幅度。这样计算出来的差异额和差异率，已将业务量变动的因素排除在外，用以评价实际成本比较公正、有说服力。

表 15-14　部门成本控制报告

××××年××月　　　　　　　　实际业务量：580 小时　　　　　　　　单位：元

项　目	实际成本	预算成本	差　异	
			差异额	差异率
变动成本：				
运输费	108	116	−8	−7%
电力	616	580	36	6%
消耗材料	68	58	10	17%
合　计	792	754	38	5%
混合成本：				
修理费	560	581	−18	−3%
油料	230	220	10	5%
合　计	790	798	−8	−1%
固定成本：				
折旧费	300	300	0	0%
管理人员工资	110	100	10	10%
合　计	410	400	10	3%
总　计	1 992	1 952	40	2%